Michael Müller

**Effektives Verhalten von Vertriebsmitarbeitern
im Kundenkontakt**

GABLER RESEARCH

Schriftenreihe des Instituts für
Marktorientierte Unternehmensführung
Universität Mannheim

imu

Herausgegeben von
Professor Dr. Hans H. Bauer,
Professor Dr. Dr. h.c. mult. Christian Homburg
und Professorin Dr. Sabine Kuester

Das Institut für Marktorientierte Unternehmensführung (IMU) wurde 1999 an der Universität Mannheim neu konstituiert. Das Institut ist durch Umbenennung aus dem ehemaligen Institut für Marketing entstanden. Es versteht sich als Plattform für anwendungsorientierte Forschung sowie als Forum des Dialogs zwischen Wissenschaft und Praxis.

Ziel dieser Schriftenreihe ist es, wissenschaftliche Erkenntnisse zu publizieren, die für die marktorientierte Unternehmensführung von Bedeutung sind.

Michael Müller

Effektives Verhalten von Vertriebsmitarbeitern im Kundenkontakt

Eine branchenübergreifende Untersuchung

Mit einem Geleitwort von
Prof. Dr. Dr. h.c. mult. Christian Homburg

GABLER RESEARCH

Bibliografische Information der Deutschen Nationalbibliothek
Die Deutsche Nationalbibliothek verzeichnet diese Publikation in der
Deutschen Nationalbibliografie; detaillierte bibliografische Daten sind im Internet über
<http://dnb.d-nb.de> abrufbar.

Dissertation Universität Mannheim, 2009

1. Auflage 2009

Alle Rechte vorbehalten
© Gabler | GWV Fachverlage GmbH, Wiesbaden 2009

Lektorat: Ute Wrasmann | Stefanie Loyal

Gabler ist Teil der Fachverlagsgruppe Springer Science+Business Media.
www.gabler.de

Das Werk einschließlich aller seiner Teile ist urheberrechtlich geschützt. Jede Verwertung außerhalb der engen Grenzen des Urheberrechtsgesetzes ist ohne Zustimmung des Verlags unzulässig und strafbar. Das gilt insbesondere für Vervielfältigungen, Übersetzungen, Mikroverfilmungen und die Einspeicherung und Verarbeitung in elektronischen Systemen.

Die Wiedergabe von Gebrauchsnamen, Handelsnamen, Warenbezeichnungen usw. in diesem Werk berechtigt auch ohne besondere Kennzeichnung nicht zu der Annahme, dass solche Namen im Sinne der Warenzeichen- und Markenschutz-Gesetzgebung als frei zu betrachten wären und daher von jedermann benutzt werden dürften.

Umschlaggestaltung: KünkelLopka Medienentwicklung, Heidelberg
Gedruckt auf säurefreiem und chlorfrei gebleichtem Papier
Printed in Germany

ISBN 978-3-8349-2206-9

Geleitwort

Es steht außer Frage, dass das Verhalten von Vertriebsmitarbeitern im Kundenkontakt von großer Bedeutung für den Vertriebserfolg ist. In der Praxis gibt es daher rege Diskussionen darüber, wie die Effektivität von Vertriebsmitarbeitern im Kundenkontakt gesteigert werden kann. Das profunde Interesse in der Vertriebspraxis an den Erfolgsfaktoren im persönlichen Verkauf hat eine Fülle an praxisorientierter Verkaufsliteratur hervorgebracht, in der Techniken des erfolgreichen Verkaufens vermittelt werden. Derartige Handlungsempfehlungen sind oftmals jedoch weder theoretisch fundiert noch empirisch validiert.

Trotz der hohen Praxisrelevanz findet das Verkäuferverhalten in der anspruchsvollen wissenschaftlichen Literatur relativ wenig Beachtung. Vor knapp 30 Jahren wurde in der Vertriebsforschung zwar die grundlegende Unterscheidung zwischen kunden- und abschlussorientierten Verhaltensweisen eingeführt. Bis heute liefert die empirische Forschung jedoch keine eindeutigen Belege im Hinblick auf die Effektivität der Kunden- und der Abschlussorientierung von Vertriebsmitarbeitern.

Vor diesem Hintergrund ist es ein zentrales Anliegen der Arbeit von Herrn Müller zu untersuchen, inwiefern abschluss- und insbesondere kundenorientierte Verhaltensweisen einen Einfluss auf den Verkaufserfolg eines Vertriebsmitarbeiters und auf die Kundenbindung haben. In der heutigen Vertriebspraxis ist diese Fragestellung von besonderer Bedeutung, da Vertriebsmitarbeiter mit steigenden Kundenerwartungen und einem zunehmenden Produktivitätsdruck seitens der Vertriebsleitung konfrontiert sind. Erkenntnisse darüber, inwiefern Vertriebsmitarbeiter durch ihr kunden- und abschlussorientiertes Verhalten diesen konfliktären Anforderungen gerecht werden können, sind daher für die Verkaufspraxis besonders wertvoll.

Im Einzelnen formuliert Herr Müller auf Basis bestehender Forschungslücken acht Forschungsfragen, für deren Beantwortung er drei separate Studien durchführt. Besonders erwähnenswert ist an dieser Stelle die beeindruckende Datengrundlage, auf der sämtliche Studien basieren. So ist es Herrn Müller gelungen, das Verhalten von Vertriebsmitarbeitern mittels einer branchenübergreifenden Befragung von 56 Vertriebsleitern, 195 Vertriebsmitarbeitern sowie 538 Privat- und Geschäftskunden zu untersuchen. Nur sehr wenige empirische Arbeiten in der Vertriebsforschung beruhen auf einer derart umfassenden Stichprobe. Auf Basis dieser außergewöhnlichen Datengrundlage, einer sorgfältig theoretisch-konzeptionellen Fundierung sowie eines souveränen Umgangs mit den eingesetzten multivariaten Analysemethoden generiert die Arbeit von Herrn Müller eine Reihe interessanter und neuer Erkenntnisse.

So zeigt der Verfasser in der ersten Studie, dass, entgegen der Annahmen bisheriger Forschungsarbeiten, der Einfluss der Kundenorientierung auf den Verkaufserfolg eines Vertriebsmitarbeiters nicht-linear ist. In anderen Worten kann Herr Müller belegen, dass es im Hinblick auf die Verkaufsleistung ein optimales Maß des kundenorientierten Verhaltens gibt und dass dieses optimale Niveau in Abhängigkeit von Kontextfaktoren stark variiert. In der zweiten Studie zeigt Herr Müller, dass der Zusammenhang zwischen kundenorientierten Verhaltensweisen und der Kundenloyalität in hohem Maße von dem Kommunikationsstil eines Kunden und von Merkmalen der Anbieterprodukte beeinflusst wird. Diese neuen Erkenntnisse tragen wesentlich zur Erklärung bisheriger uneinheitlicher empirischer Ergebnisse im Hinblick auf die Effektivität des kundenorientierten Verhaltens bei. In der dritten Studie schließlich definiert Herr Müller verschiedene Verkäufertypen auf Basis ihres kunden- und abschlussorientierten Verhaltens und zeigt Leistungsunterschiede zwischen den einzelnen Verkäufergruppen auf. Zudem identifiziert er eine Reihe von Faktoren, welche das unterschiedliche Verhalten der einzelnen Verkäufertypen begründen.

Insgesamt leistet die Arbeit von Herrn Müller einen wesentlichen Beitrag zur Erweiterung des wissenschaftlichen Kenntnisstands hinsichtlich des effektiven Verhaltens von Vertriebsmitarbeitern im Kundenkontakt. Für die Vertriebspraxis liefert die vorliegende Arbeit unter anderem wichtige Anhaltspunkte, in welchen Verkaufssituationen kundenorientierte Verhaltensweisen mehr oder weniger effektiv sind und welche Maßnahmen der Vertriebsleitung effektives Verhalten im Kundenkontakt begünstigen. Der Arbeit ist daher eine weite Verbreitung in Wissenschaft und Praxis zu wünschen.

Christian Homburg

Vorwort

„You can take away my money and take away my factories, but leave me my sales staff and I'll be back where I was in two years." (Andrew Carnegie)

Der persönliche Verkauf spielt in vielen Branchen eine dominante Rolle bei der Gestaltung der Vertriebsaktivitäten von Unternehmen. Entsprechend stellt der persönliche Verkauf, vor allem in der angloamerikanischen Literatur, wohl eines der am meisten untersuchten Phänomene in der Marketing- und Vertriebsforschung dar. Trotz der Vielzahl an Forschungsarbeiten in diesem Bereich liefern bisherige empirische Studien nur wenige gesicherte Erkenntnisse, was effektives Verhalten im Kundenkontakt konkret ausmacht. Grundsätzlich werden in der Literatur zwei Dimensionen des Verkäuferverhaltens unterschieden: die Kundenorientierung und die Abschlussorientierung eines Vertriebsmitarbeiters. Gemäß der herrschenden Meinung in der Forschung wird die Kundenorientierung als zentraler Treiber und die Abschlussorientierung als schädlich für den nachhaltigen Verkaufserfolg betrachtet. Beide Annahmen konnten allerdings bislang in empirischen Studien nicht eindeutig belegt werden.

Vor dem Hintergrund der hohen Relevanz des Verkäuferverhaltens für den Vertriebserfolg und den bislang eher enttäuschenden Ergebnissen vergangener Forschungsarbeiten ist es das zentrale Ziel der vorliegenden Arbeit, bestehende Forschungslücken im Hinblick auf das kunden- und abschlussorientierte Verhalten von Vertriebsmitarbeitern zu schließen. Konkret soll der Frage nachgegangen werden, inwieweit kunden- und abschlussorientierte Verhaltensweisen tatsächlich dazu beitragen, dass Vertriebsmitarbeiter sowohl eine hohe Verkaufsleistung als auch eine hohe Kundenbindung erzielen. Ferner sollen Faktoren identifiziert werden, welche förderlich für das effektive Verhalten von Vertriebsmitarbeitern im Kundenkontakt sind.

Die vorliegende Arbeit entstand während meiner Tätigkeit als wissenschaftlicher Mitarbeiter am Lehrstuhl für Allgemeine Betriebswirtschaftslehre und Marketing I an der Universität Mannheim. Sie wurde im Dezember 2009 von der Fakultät für Betriebswirtschaftslehre als Dissertationsschrift angenommen.

An dieser Stelle möchte ich mich bei einer Reihe von Personen bedanken, welche mich in den letzten dreieinhalb Jahren begleitet und zu dem erfolgreichen Abschluss meines Promotionsvorhabens beigetragen haben. Besonderer Dank gilt zuallererst meinem Doktorvater Herrn Professor Dr. Dr. h.c. mult. Christian Homburg. Sein Blick für das Wesentliche und sein Gespür für interessante Fragestellungen haben mir bei der Verfassung der Dissertationsschrift und der gemeinsamen Publikationen sehr geholfen. Auch bin ich ihm für seine große Unterstützung bei der Gewinnung von Kooperationspartnern für dieses Promotionsprojekt sehr dankbar. Durch die vielfältigen Projekte in meiner Zeit an seinem Lehrstuhl habe ich sowohl fachlich als auch persönlich sehr viel gelernt. Darüber hinaus gilt mein Dank Herrn Professor Dr. Hans H. Bauer für die zeitnahe Erstellung des Zweitgutachtens meiner Dissertationsschrift.

Weiterhin möchte ich mich bei meinen (ehemaligen) Kollegen für die schöne Zeit am Lehrstuhl bedanken. Insbesondere danke ich meinem „Coach" Prof. Dr. Martin Klarmann herzlich für seine maßgebliche Unterstützung bei der Entstehung der gemeinsamen Publikationen. Daneben danke ich Dr. Jana Prigge, Martin Artz, Jan Allmann und Britta Rautenberg für die spannende und erfolgreiche Zusammenarbeit in gemeinsamen Projekten. Zudem danke ich Stephan Bingemer, Torsten Bornemann, Silke Esser, Dr. Andreas Fürst, Alexander Hahn, Laura Hainle, Prof. Dr. Nicole Koschate, Melanie Krämer, Max Kretzer, Christina Kühnl, Beate Scherer, Jens Schmitt, Dr. Matthias Staritz, Dirk Totzek, Prof. Dr. Jan Wieseke und Dr. Sabine Winkelmann für die vielen angenehmen fachlichen und persönlichen Gespräche. Ich bin wirklich stolz, ein Teil dieses Lehrstuhlteams gewesen zu sein. Schließlich möchte ich mich bei den zahlreichen studentischen Hilfskräften herzlich bedanken, die mich bei meiner Arbeit tatkräftig unterstützt haben.

Mein größter Dank gilt jedoch meiner Freundin Tatjana Volkmer, die mir auch in hektischen Zeiten stets zur Seite gestanden hat, sowie insbesondere meinen Eltern Ulla und Erich. Sie haben mich auf meinem Lebensweg stets tatkräftig und liebevoll unterstützt und mir die notwendigen Talente mitgegeben, um eine hervorragende Ausbildung genießen zu dürfen. Ihnen möchte ich daher in tiefster Dankbarkeit diese Arbeit widmen.

Michael Müller

Inhaltsverzeichnis

Geleitwort V

Vorwort VII

Inhaltsverzeichnis IX

Abbildungsverzeichnis XIII

Tabellenverzeichnis XV

1 Einführung in das Thema 1

   1.1 Praktische Relevanz des Verkäuferverhaltens 1

   1.2 Kunden- und Abschlussorientierung als zentrale Dimensionen des Verkäuferverhaltens 2

   1.3 Stand der Forschung zur Kunden- und Abschlussorientierung von Vertriebsmitarbeitern 4

   1.4 Forschungsfragen und Aufbau der Arbeit 16

2 Der Einfluss kundenorientierter Verhaltensweisen auf den Verkaufserfolg ... 24

   2.1 Einleitung 24

   2.2 Eine kosten-nutzentheoretische Betrachtung der Kundenorientierung von Vertriebsmitarbeitern 27

      2.2.1 Nutzen der Kundenorientierung 28

      2.2.2 Kosten der Kundenorientierung 30

      2.2.3 Der optimale Grad der Kundenorientierung 31

   2.3 Bezugsrahmen der Untersuchung 32

      2.3.1 Auswirkungen des kundenorientierten Verhaltens von Verkäufern ... 34

      2.3.2 Kontextbezogene Einflüsse auf den optimalen Grad des kundenorientierten Verhaltens 35

   2.4 Herleitung der Hypothesen 35

2.4.1 Herleitung der Hypothesen zu den Haupteffekten 35

    2.4.1.1 Der direkte Einfluss der Kundenorientierung auf die Verkaufsleistung 35

    2.4.1.2 Der indirekte Einfluss der Kundenorientierung auf die Verkaufsleistung über die Einstellungen des Kunden 37

2.4.2 Herleitung der Hypothesen zu den moderierenden Effekten 38

    2.4.2.1 Der moderierende Einfluss der Produktwichtigkeit auf den optimalen Grad der Kundenorientierung 40

    2.4.2.2 Der moderierende Einfluss der Produktindividualität auf den optimalen Grad der Kundenorientierung 41

    2.4.2.3 Der moderierende Einfluss der Preispositionierung des Anbieters auf den optimalen Grad der Kundenorientierung 43

    2.4.2.4 Der moderierende Einfluss der Wettbewerbsintensität auf den optimalen Grad der Kundenorientierung 44

2.5 Datenerhebung und Stichprobe 45

2.6 Messung der Konstrukte 48

2.7 Ergebnisse der empirischen Untersuchung 55

    2.7.1 Ergebnisse der Hypothesenprüfung zu den Haupteffekten 55

    2.7.2 Stabilität der Ergebnisse zu den Haupteffekten 58

    2.7.3 Ergebnisse der Hypothesenprüfung zu den moderierenden Effekten 60

2.8 Diskussion der Ergebnisse 63

    2.8.1 Implikationen für die Forschung 63

    2.8.2 Implikationen für die Praxis 66

3 Der Einfluss kundenorientierter Verhaltensweisen auf die Kundenloyalität . 71

3.1 Einleitung 71

3.2 Bezugsrahmen der Untersuchung 75

    3.2.1 Facetten und Auswirkungen des kundenorientierten Verhaltens 75

Inhaltsverzeichnis

3.2.2 Kontextbezogene Einflüsse auf den Zusammenhang zwischen kundenorientierten Verhaltensweisen und der Kundenloyalität 77

3.3 Herleitung der Hypothesen 80

   3.3.1 Herleitung der Hypothesen zu den Haupteffekten 80

      3.3.1.1 Der durchschnittliche Einfluss der funktionalen Kundenorientierung auf die Kundenloyalität 80

      3.3.1.2 Der durchschnittliche Einfluss der relationalen Kundenorientierung auf die Kundenloyalität 81

   3.3.2 Herleitung der Hypothesen zu den moderierenden Effekten 82

      3.3.2.1 Der moderierende Einfluss der Facetten des Kommunikationsstils eines Kunden auf den Zusammenhang zwischen kundenorientierten Verhaltensweisen und der Kundenloyalität 82

      3.3.2.2 Der moderierende Einfluss von Merkmalen der Produkte eines Anbieters auf den Zusammenhang zwischen kundenorientierten Verhaltensweisen und der Kundenloyalität 87

3.4 Datenerhebung und Stichprobe 93

3.5 Messung der Konstrukte 94

3.6 Ergebnisse der empirischen Untersuchung 99

   3.6.1 Ergebnisse der Hypothesenprüfung zu den Haupteffekten 100

   3.6.2 Ergebnisse der Hypothesenprüfung zu den moderierenden Effekten ... 100

3.7 Diskussion der Ergebnisse 103

   3.7.1 Implikationen für die Forschung 103

   3.7.2 Implikationen für die Praxis 110

4 Kunden- und abschlussorientiertes Verhalten von Vertriebsmitarbeitern - Status Quo und Erfolgsfaktoren 112

4.1 Einleitung 112

4.2 Typen von Vertriebsmitarbeitern auf Basis kunden- und abschlussorientierter Verhaltensweisen 114

4.3 Leistungsunterschiede zwischen den verschiedenen Verkäufertypen............ 121

4.4 Einflussgrößen des kunden- und des abschlussorientierten Verhaltens von Verkäufern... 128

    4.4.1 Die Bedeutung persönlicher Eigenschaften für das Verhalten im Kundenkontakt.. 128

        4.4.1.1 Persönlichkeitsmerkmale von Vertriebsmitarbeitern............... 128

        4.4.1.2 Persönliche Einstellungen von Vertriebsmitarbeitern............. 130

        4.4.1.3 Persönliche Fähigkeiten von Vertriebsmitarbeitern................ 135

    4.4.2 Die Bedeutung von Managementmaßnahmen für das Verhalten im Kundenkontakt.. 141

        4.4.2.1 Die Gestaltung der Vergütungssysteme.................................. 141

        4.4.2.2 Der Führungsstil der Vertriebsleiter.. 146

        4.4.2.3 Die Gestaltung von Schulungsmaßnahmen............................ 153

4.5 Zusammenfassung der Erkenntnisse und abschließende Handlungsempfehlungen.. 156

5 Schlussbetrachtung 164

Literaturverzeichnis... 175

Abbildungsverzeichnis

Abbildung 1: Das Verkaufsgitter von Blake und Mouton (1972) 4
Abbildung 2: Nutzen, Kosten und das optimale Maß der Kundenorientierung für den Verkaufserfolg 29
Abbildung 3: Beispielhafte graphische Veranschaulichung des Einflusses von Moderatorvariablen auf das optimale Maß der Kundenorientierung für den Verkaufserfolg 32
Abbildung 4: Konzeptioneller Bezugsrahmen des Untersuchungsmodells 33
Abbildung 5: Ergebnisse der Hypothesenprüfung zu den Haupteffekten 56
Abbildung 6: Das Vertriebsmitarbeiter-Portfolio zur Bestimmung eines Übermaßes des kundenorientierten Verhaltens 69
Abbildung 7: Konzeptioneller Bezugsrahmen des Untersuchungsmodells 75
Abbildung 8: Moderierende Einflüsse auf den Zusammenhang zwischen der funktionalen bzw. relationalen Kundenorientierung und der Kundenloyalität 106
Abbildung 9: Aufteilung der befragten Kunden nach Tätigkeitsbereichen 114
Abbildung 10: Facetten des kunden- und des abschlussorientierten Verhaltens 115
Abbildung 11: Verkäufertypen auf Basis ihres kunden- und abschlussorientierten Verhaltens 119
Abbildung 12: Unterschiede zwischen den Verkäufertypen hinsichtlich ihres kunden- und abschlussorientierten Verhaltens 120
Abbildung 13: Leistungsunterschiede zwischen den Verkäufertypen 123
Abbildung 14: Unterschiede zwischen den Verkäufertypen hinsichtlich der Qualität der Kundenbetreuung 125

Abbildung 15: Unterscheide zwischen den Verkäufertypen im Hinblick auf
Persönlichkeitsmerkmale 129

Abbildung 16: Unterschiede zwischen den Verkäufertypen im Hinblick auf
deren Motivation 131

Abbildung 17: Unterschiede zwischen den Verkäufertypen im Hinblick auf
persönliche Einstellungen 133

Abbildung 18: Unterschiede zwischen den Verkäufertypen im Hinblick auf
persönliche Fähigkeiten 137

Abbildung 19: Status Quo der variablen Vergütung unter den befragten Vertriebsmitarbeitern 142

Abbildung 20: Unterschiede zwischen den Verkäufertypen im Hinblick auf die
variable Vergütung 143

Abbildung 21: Unterschiede zwischen den Verkäufertypen im Hinblick auf das
Verhalten der Vertriebsleiter 147

Abbildung 22: Entscheidungskompetenzen der befragten Vertriebsmitarbeiter 151

Abbildung 23: Unterschiede zwischen den Verkäufertypen im Hinblick auf deren
Entscheidungskompetenzen 152

Abbildung 24: Status Quo der Inhalte von Schulungsmaßnahmen unter den
befragten Vertriebsmitarbeitern 154

Abbildung 25: Zentrale Unterschiede zwischen den Verkäufertypen im Hinblick
auf die Gestaltung von Schulungsmaßnahmen 155

Abbildung 26: Zentrale Unterschiede zwischen den Top und Soft Sellern 157

Abbildung 27: Zentrale Unterschiede zwischen den Top und Hard Sellern 159

Abbildung 28: Zentrale Unterschiede zwischen den Soft und Hard Sellern 160

Tabellenverzeichnis

Tabelle 1:	Die SOCO-Skala nach Saxe und Weitz (1982)	6
Tabelle 2:	Überblick über zentrale Studien zu den Einflussgrößen der Kundenorientierung von Kundenkontaktmitarbeitern	10
Tabelle 3:	Überblick über zentrale Studien zu den Auswirkungen der Kundenorientierung von Kundenkontaktmitarbeitern	14
Tabelle 4:	Überblick über die Forschungsfragen der Arbeit und deren Beantwortung im Rahmen der einzelnen Kapitel	23
Tabelle 5:	Überblick über die Hypothesen 2 bis 6	39
Tabelle 6:	Charakteristika der Stichprobe	47
Tabelle 7:	Korrelationen und Messinformationen zu den Konstrukten der Haupteffekte des Untersuchungsmodells	51
Tabelle 8:	Indikatoren der Konstrukte	52
Tabelle 9:	Effekte alternativer Konzepte der Kundenorientierung	59
Tabelle 10:	Der Einfluss von Moderatorvariablen auf das optimale Maß der Kundenorientierung für den Verkaufserfolg	61
Tabelle 11:	Korrelationen und Messinformationen zu den Hauptkonstrukten des Untersuchungsmodells	96
Tabelle 12:	Indikatoren der Konstrukte	97
Tabelle 13:	Ergebnisse der Hypothesenprüfung	101
Tabelle 14:	Mögliche Indikatoren der Kundenorientierung von Vertriebsmitarbeitern	126
Tabelle 15:	Mögliche Indikatoren der Abschlussorientierung von Vertriebsmitarbeitern	127

Tabelle 16:	Mögliche Indikatoren persönlicher Einstellungen von Vertriebsmitarbeitern	139
Tabelle 17:	Mögliche Indikatoren persönlicher Fähigkeiten von Vertriebsmitarbeitern	140
Tabelle 18:	Mögliche Indikatoren der Facetten des Führungsstils von Vertriebsleitern	150

1 Einführung in das Thema

1.1 Praktische Relevanz des Verkäuferverhaltens

Gerade in Zeiten der Globalisierung und wirtschaftlicher Krisen stehen Unternehmen vor der Herausforderung, Geschäftsbeziehungen zu attraktiven Kunden aufzubauen und zu pflegen, um langfristig am Markt bestehen zu können. In diesem Zusammenhang nehmen Vertriebsmitarbeiter eine entscheidende Rolle ein, da sie das zentrale Bindeglied zwischen Unternehmen und Kunden darstellen und so am besten in der Lage sind, die Bedürfnisse der Kunden zu identifizieren und zu befriedigen (vgl. Harris/ Mowen/Brown 2005). Oftmals fungieren sie sogar als alleiniger Ansprechpartner des Kunden (vgl. Crosby/Evans/Cowles 1990, S. 68). Dementsprechend prägt das Verhalten von Vertriebsmitarbeitern in hohem Maße die Anbieterwahrnehmung des Kunden (vgl. Hartline/Maxham/McKee 2000). Unter Berücksichtigung der zunehmenden Angleichung des Leistungsangebots von Unternehmen sind es zudem gerade Vertriebsmitarbeiter und insbesondere deren Verhaltensweisen, welche oftmals den Unterschied ausmachen und somit über den Vertriebserfolg entscheiden (vgl. Homburg/Schäfer/ Schneider 2008, S. 245).

In vielen Branchen bewegen sich Vertriebsmitarbeiter in einem Spannungsfeld, welches auf zwei grundlegenden strategischen Zielsetzungen im Vertrieb basiert (vgl. Homburg/Schäfer/Beutin 2002). Auf der einen Seite sind Vertriebsmitarbeiter gefordert, umfassend auf die Bedürfnisse der Kunden einzugehen und diese mittels geeigneter Produktlösungen zu befriedigen, um Kunden langfristig an das Unternehmen zu binden. Auf der anderen Seite sind Vertriebsmitarbeiter einem zunehmenden Produktivitätsdruck ausgesetzt (vgl. Ahearne/Mathieu/Rapp 2005; Ramani/Kumar 2008). Dieser hat sich speziell in den letzten Jahren verhärtet, da viele Unternehmen in einem verstärkten internationalen Wettbewerb mit Anbietern aus Niedriglohnländern stehen. Während in anderen Unternehmensbereichen wie der Produktion und Verwaltung in der Vergangenheit bereits erhebliche Produktivitätssteigerungspotentiale realisiert wurden, steht mittlerweile der Vertrieb im Fokus der Bemühungen zur Steigerung der Effizienz (vgl. auch Dannenberg/Zupancic 2009).

Die aufgezeigten Entwicklungen stellen folglich enorme Anforderungen an das Verhalten von Vertriebsmitarbeitern im Kundenkontakt. Unter der Maßgabe der Vertriebsleitung, Kundengespräche möglichst effektiv zu gestalten im Sinne der Befriedigung von Kundenbedürfnissen und der Erreichung der Vertriebsziele, stellt sich die Frage, welche Verhaltensweisen von Vertriebsmitarbeitern in bestimmten Verkaufssituationen besonders relevant sind. Vertriebsmanager stehen zudem vor der Frage, welche Verkäufertypen am besten geeignet sind, um die hochgesteckten Ziele zu erreichen, und welche Maßnahmen sie selbst ergreifen können, damit Vertriebsmitarbeiter sich im Kundenkontakt effektiv verhalten. An diesem Punkt setzt die vorliegende Arbeit an.

1.2 Kunden- und Abschlussorientierung als zentrale Dimensionen des Verkäuferverhaltens

In Anlehnung an die zwei genannten strategischen Zielsetzungen im Vertrieb, der Aufbau und die Festigung von Kundenbeziehungen sowie die Steigerung der Produktivität, lässt sich das Verkäuferverhalten entlang zweier zentraler Verhaltensdimensionen charakterisieren: kunden- und abschlussorientiertes Verhalten (vgl. Winkelmann 2008). Unter der *Kundenorientierung* von Vertriebsmitarbeitern lassen sich generell Verhaltensweisen subsummieren, welche in erster Linie darauf abzielen, die Bedürfnisse der Kunden zu identifizieren und diese durch geeignete Produktlösungen zu befriedigen. Für kundenorientierte Verkäufer haben die Interessen der Kunden folglich oberste Priorität. Letztendlich soll kundenorientiertes Verhalten zu einer Steigerung der Kundenzufriedenheit und der Kundenbindung führen (vgl. bspw. Homburg/Stock 2000; Saxe/

Weitz 1982). Die *Abschlussorientierung* von Vertriebsmitarbeitern hingegen beinhaltet im Allgemeinen Verhaltensweisen, bei denen die Verfolgung der wirtschaftlichen Interessen des Unternehmens im Fokus steht. Abschlussorientierung bedeutet, den Kunden gezielt zu einem Kaufabschluss zu bewegen. Abschlussorientierte Verkäufer sind in Kundengesprächen demnach in erster Linie daran interessiert, Aufträge zu generieren (vgl. bspw. Wachner/Plouffe/Gregoire 2009).

Einer der ersten Ansätze, welcher Verhaltensmuster von Vertriebsmitarbeitern anhand ihrer Kunden- und Abschlussorientierung beschreibt, stellt das Verkaufsgitter von Blake und Mouton (1972) dar, welches in Abbildung 1 dargestellt ist. Die Autoren argumentieren, dass im persönlichen Verkauf sämtliche Verhaltensweisen eines Vertriebsmitarbeiters auf zwei „Bezugsobjekte" gerichtet sind: der Kunde und der Verkaufsabschluss. In Abhängigkeit des Interesses eines Verkäufers an seinen Kunden sowie an der Erzielung von Verkaufsabschlüssen identifizieren die Autoren fünf Verkaufsstile und diskutieren deren Vor- und Nachteile.

Seit dieser Arbeit sind eine Vielzahl wissenschaftlicher Arbeiten zur Kunden- und Abschlussorientierung von Vertriebsmitarbeitern veröffentlicht worden. Im folgenden Abschnitt soll daher zunächst ein Überblick über den Stand der Forschung in diesem Bereich vermittelt werden. Im Anschluss daran werden die zentralen Forschungsfragen der vorliegenden Arbeit hergeleitet. Deren Beantwortung soll generell Erkenntnisse dahingehend liefern, wie sich Vertriebsmitarbeiter in dem angedeuteten Spannungsfeld, welches sich aus steigenden Kundenanforderungen und einem verschärften Produktivitätsdruck im Vertrieb ergibt, effektiv verhalten können und welche Voraussetzungen effektives Verhalten im Kundenkontakt begünstigen.

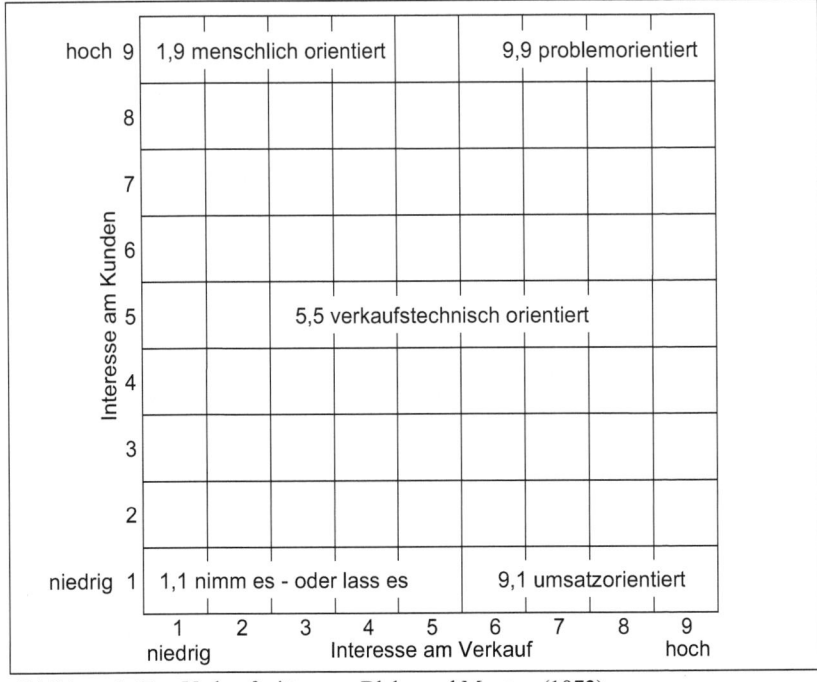

```
hoch 9 | 1,9 menschlich orientiert        | 9,9 problemorientiert
     8 |                                   |
     7 |                                   |
     6 |                                   |
     5 |         5,5 verkaufstechnisch orientiert
     4 |                                   |
     3 |                                   |
     2 |                                   |
niedrig 1| 1,1 nimm es - oder lass es     | 9,1 umsatzorientiert
         1   2   3   4   5   6   7   8   9
         niedrig        Interesse am Verkauf        hoch
```
(Interesse am Kunden auf der y-Achse)

Abbildung 1: Das Verkaufsgitter von Blake und Mouton (1972)

1.3 Stand der Forschung zur Kunden- und Abschlussorientierung von Vertriebsmitarbeitern

Forschungsarbeiten zur Kunden- und Abschlussorientierung von Vertriebsmitarbeitern lassen sich in drei Themenbereiche einteilen:

- Forschungsarbeiten zur Definition, Konzeptualisierung und Operationalisierung der Kunden- und Abschlussorientierung,
- Forschungsarbeiten zu den Determinanten und Auswirkungen der Abschlussorientierung sowie
- Forschungsarbeiten zu den Determinanten und Auswirkungen der Kundenorientierung von Vertriebsmitarbeitern.

Der wohl in der Forschung prominenteste *Ansatz zur Messung der Kunden- und Abschlussorientierung* von Vertriebsmitarbeitern wurde von Saxe und Weitz (1982) entwickelt, die sogenannte SOCO (Selling Orientation-Customer Orientation)-Skala (vgl. Tabelle 1 sowie für einen Überblick über die methodischen Grundlagen Homburg/Giering 1996). Konkret stellt die SOCO-Skala ein Instrument zur Messung der Kundenorientierung von Verkäufern dar, welches sich aus zwei Faktoren zusammensetzt. Der erste Faktor besteht aus zwölf „positiv" formulierten Indikatoren, welche kundenorientiertes Verhalten beschreiben. Der zweite Faktor besteht aus zwölf „negativ" formulierten Indikatoren, welche als ein Maß für abschlussorientiertes Verhalten betrachtet werden. Im Laufe der Jahre wurde die SOCO-Skala auf ihre Anwendbarkeit in verschiedenen Branchen getestet. Des Weiteren wurden Modifikationen der Skala entwickelt, wie beispielsweise die Reduktion der Skala von 24 auf 10 Indikatoren (vgl. Michaels/Day 1985; Periatt/LeMay/Chakrabarty 2004; Tadepalli 1995; Thomas/Soutar/Ryan 2001). Bis heute findet das auf Saxe und Weitz (1982) zurückzuführende Konzept zur Messung der Kundenorientierung breite Anwendung in hochwertigen wissenschaftlichen Arbeiten (vgl. bspw. Brady/Cronin 2001; Homburg/Wieseke/Bornemann 2009).

Allerdings sind einige Aspekte des Konzepts von Saxe und Weitz (1982) kritisch zu betrachten. Erstens ist die grundlegende *Definition* der Kundenorientierung „as the practice of the marketing concept at the level of the individual salesperson and customer" (vgl. Saxe/Weitz 1982, S. 343) sehr breit gefasst und weist somit einen eher generischen Charakter auf, was zur Entwicklung alternativer Konzeptualisierungen der Kundenorientierung geführt hat (vgl. bspw. Brown et al. 2002; Haas 2006). Anhand dieser unterschiedlichen Konzeptualisierungen lassen sich zwei grundlegende Dimensionen des kundenorientierten Verhaltens identifizieren. In der Literatur zum persönlichen Verkauf wird Kundenorientierung in Anlehnung an die SOCO-Skala überwiegend als eine Reihe *aufgabenbezogener* Verhaltensweisen aufgefasst. Hier steht folglich die Kommunikation auf einer fachlichen Ebene im Vordergrund, beispielsweise der Austausch von Informationen zur Identifikation geeigneter Produktlösungen für den Kunden (vgl. bspw. Goff et al. 1997; Jones/Busch/Dacin 2003; Langerak 2001; Williams/Attaway 1996). In der Dienstleistungsliteratur werden hingegen auch *zwischenmenschliche* Verhaltensweisen als Teil der Kundenorientierung eines Kundenkontaktmitarbeiters betrachtet. Somit wird gemäß dieser Sichtweise auch die Kommunikation auf einer persönlichen Ebene berücksichtigt, beispielsweise der Austausch von Informationen, um den Kunden persönlich besser kennenzulernen und folglich eine persönliche Beziehung zu diesem aufzubauen (vgl. Brown et al. 2002; Donavan/Brown/Mowen 2004).

Indikatoren der Kundenorientierung
1. I try to help customers achieve their goals.
2. I try to achieve my goals by satisfying customers.
3. A good salesperson has to have the customer's best interest in mind.
4. I try to get customers to discuss their needs with me.
5. I try to influence a customer by information rather than by pressure.
6. I offer the product of mine that is best suited to the customer's problem.
7. I try to find out what kind of product would be most helpful to a customer.
8. I answer a customer's questions about products as correctly as I can.
9. I try to bring a customer with a problem together with a product that helps him solve that problem.
10. I am willing to disagree with a customer in order to help him make a better decision.
11. I try to give customers an accurate expectation of what the product will do for them.
12. I try to figure out what a customer's needs are.
Indikatoren der Abschlussorientierung
1. I try to sell a customer all I can convince him to buy, even if I think it is more than a wise customer would buy.
2. I try to sell as much as I can rather than to satisfy a customer.
3. I keep alert for weaknesses in a customer's personality so I can use them to put pressure on him to buy.
4. If I am not sure a product is right for a customer, I will still apply pressure to get him to buy.
5. I decide what products to offer on the basis of what I can convince customers to buy, not on the basis of what will satisfy them in the long run.
6. I paint too rosy a picture of my products, to make them sound as good as possible.
7. I spend more time trying to persuade a customer to buy than I do trying to discover his needs.
8. It is necessary to stretch the truth in describing a product to a customer.
9. I pretend to agree with customers to please them.
10. I imply to a customer that something is beyond my control when it is not.
11. I begin the sales talk for a product before exploring a customer's needs with him.
12. I treat a customer as a rival.

Tabelle 1: Die SOCO-Skala nach Saxe und Weitz (1982)

Zweitens wird die *Konzeptualisierung* des Konstrukts der Kundenorientierung gemäß der Arbeit von Saxe und Weitz (1982) in zweifacher Hinsicht kritisiert. Zum einen bemängelt Schwepker (2003), dass kundenorientiertes Verhalten lediglich auf einen zugrundeliegenden Faktor zurückgeführt wird (bestehend aus den zwölf positiv formulierten Indikatoren der SOCO-Skala). Vielmehr fordert er eine mehrdimensionale Konzeptualisierung der Kundenorientierung, „to fully uncover the dimensions underlying customer-oriented selling" (vgl. Schwepker 2003, S. 166). In einzelnen Forschungsarbeiten wurde dies bereits umgesetzt (vgl. Donavan/Brown/Mowen 2004; Haas 2009).

Zum anderen wird die Betrachtung der Abschlussorientierung als „Negation der Kundenorientierung" kritisch gesehen. Gemäß der SOCO-Skala liegen die Kunden- und Abschlussorientierung auf einem Kontinuum, mit der Kundenorientierung am „positiven" Ende und der Abschlussorientierung am „negativen" Ende des Kontinuums. Dies würde jedoch implizieren, dass Kunden- und Abschlussorientierung (perfekt) negativ miteinander korreliert sind und sich quasi gegenseitig ausschließen. Thomas, Soutar und Ryan (2001, S. 67) zeigen jedoch, dass es sich bei der Kunden- und Abschlussorientierung um „distinct, although related, constructs" handelt, welche sogar positiv miteinander korreliert sind. Diese Ergebnisse entsprechen der Sichtweise von Blake und Mouton (1972), welche anhand ihres Verkaufsgitters aufzeigen, dass kunden- und abschlussorientiertes Verhalten sich nicht gegenseitig ausschließt, sondern vielmehr in Kombination miteinander auftreten kann. Dementsprechend werden in jüngeren Forschungsarbeiten Kunden- und Abschlussorientierung als separate Konstrukte behandelt (vgl. Harris/Mowen/Brown 2005; Wachner/Plouffe/Gregoire 2009).

Drittens schließlich weist die *Operationalisierung* der Kunden- und Abschlussorientierung mittels der SOCO-Skala Schwachpunkte auf. Zum einen sind die Indikatoren zur Messung der Kundenorientierung teilweise sehr abstrakt, wie man an folgendem Beispiel erkennen kann: „A good salesperson has to have the customer's best interest in mind" (vgl. Saxe/Weitz 1982, S. 345). In diesem Zusammenhang bemängeln McFarland, Challagalla und Shervani (2006, S. 103), dass es die bisherige Forschung bislang weitgehend versäumt hat zu untersuchen, welche konkreten Verhaltensweisen Vertriebsmitarbeiter im Kundenkontakt zeigen. Vor diesem Hintergrund bleibt es unklar, welche spezifischen Verhaltensweisen die Kundenorientierung von Vertriebsmitarbeitern näher beschreiben.

Zum anderen sind die Indikatoren der SOCO-Skala zur Messung der Abschlussorientierung von Verkäufern sehr negativ formuliert, beispielsweise „It is necessary to stretch the truth in describing a product to a customer" (vgl. Saxe/Weitz 1982, S. 346). Dies ist wohl dem traditionellen Verständnis geschuldet, dass abschlussorientierte Verkäufer manipulatives und betrügerisches Verhalten an den Tag legen, um einen Verkaufsabschluss zu erzielen. Harris, Mowen und Brown (2005, S. 31) stellen in diesem Zusammenhang die Notwendigkeit eines derart negativen Verständnisses der Abschlussorientierung in Frage. Daher sehen die Autoren weiteren Forschungsbedarf im Hinblick auf die Entwicklung alternativer Messinstrumente der Abschlussorientierung von Vertriebsmitarbeitern.

Zusammenfassend lässt sich auf Basis der aufgezeigten konzeptionellen Defizite festhalten, dass trotz der Vielzahl an wissenschaftlichen Arbeiten in der Forschung bislang kein klares Verständnis darüber vorliegt, was eigentlich kunden- und abschlussorientiertes Verhalten im Kundenkontakt konkret ausmacht. Die vorliegende Arbeit soll zur Schließung dieser Verständnislücken beitragen (vgl. Kapitel 1.4).

Dadurch, dass in der Vergangenheit die Abschlussorientierung von Vertriebsmitarbeitern gemäß der Konzeptualisierung von Saxe und Weitz (1982) überwiegend als das Gegenteil der Kundenorientierung betrachtet wurde, existieren nur wenige Arbeiten, welche explizit *Einflussgrößen und Auswirkungen des abschlussorientierten Verhaltens* von Verkäufern untersucht haben (vgl. Boles et al. 2001; Flaherty et al. 2009; Harris/Mowen/Brown 2005; Huang 2008; Wachner/Plouffe/Gregoire 2009). Die Abschlussorientierung von Vertriebsmitarbeitern wurde, wie bereits erwähnt, zwar mittels der SOCO-Skala in vielen Studien erhoben. Die in der SOCO-Skala enthaltenen Aussagen zur Abschlussorientierung wurden jedoch als negativ formulierte Indikatoren der Kundenorientierung betrachtet, so dass in der Regel eine separate Betrachtung der Abschlussorientierung ausblieb. Allerdings gibt es eine Reihe von Studien zu Konstrukten, welche der Abschlussorientierung von Verkäufern gemäß dem traditionell sehr negativen Verständnis ähneln. Insbesondere sind hier Studien zu unmoralischen Verhaltensweisen (vgl. Belizzi/Hite 1989; Lagace/Dahlstrom/Gassenheimer 1991; Roman/Munuera 2005; Roman/Ruiz 2005) sowie zu sogenannten „coercive sales tactics" von Verkäufern zu nennen (vgl. McFarland 2003; McFarland/Challagalla/Shervani 2006; Payan/McFarland 2005; Venkatesh/Kohli/Zaltman 1995). Generell lässt sich jedoch festhalten, dass die bisherige Forschung kaum gesicherte Erkenntnisse hervorgebracht hat, welche Faktoren einen Einfluss auf die Abschlussorientierung von Verkäufern haben und inwiefern abschlussorientiertes Verhalten sich auf die Beziehung zu Kunden und den Verkaufserfolg auswirkt. Daher ist es ein weiteres Ziel der vorliegenden Arbeit, neue Erkenntnisse im Hinblick auf die Treiber und die Effektivität der Abschlussorientierung von Vertriebsmitarbeitern zu gewinnen.

Während es an Forschungsarbeiten zu den Effekten der Abschlussorientierung von Verkäufern mangelt, sind in den letzten 30 Jahren eine Vielzahl an Studien veröffentlicht worden, welche *Einflussgrößen und Auswirkungen des kundenorientierten Verhaltens* von Verkäufern untersucht haben (vgl. für einen Überblick Haas 2008; Schwepker 2003). Das große Forschungsinteresse an der Kundenorientierung lässt sich wohl auf den sich in den 80er Jahren vollzogenen Paradigmenwechsel im Marketing von der Transaktions- zur Beziehungsorientierung zurückführen (vgl. Dwyer/Schurr/Oh 1987; Weitz/Bradford 1999). In Tabelle 2 sind zunächst zentrale Studien zu den *Determinanten* der Kundenorientierung von Kundenkontaktmitarbeitern aufgeführt. Neben Studien zur Kundenorientierung im persönlichen Verkauf sind hier auch Studien aus dem Dienstleistungs- bzw. Servicebereich aufgelistet, da diese eine weitere zentrale Forschungsströmung darstellen, in der die Bedeutung kundenorientierten Verhaltens untersucht wird.

Determinanten der Kundenorientierung von Kundenkontaktmitarbeitern
[(+) = positiver Einfluss; (-) = negativer Einfluss]

	Facetten der Unternehmenskultur	Facetten des Führungsstils	Gestaltung von Steuerungsmaßnahmen
Organisationale Determinanten der Kundenorientierung	• Marktorientierung (+) (Langerak 2001; Mengue 1996; Siguaw/Brown/Widing 1994; • Kundenorientierung (+) (Boles et al. 2001; Cross et al. 2007) • Positives Arbeitsklima (+) (Boles et al. 2001; Hartline/Maxham McKee 2000; Susskind/Kacmar/Borchgrevink 2003)	• Leistungsorientierung (+) (Avila/Tadepalli 1999; Homburg/Stock 2002; Stock/Hoyer 2002) • Mitarbeiterorientierung (+) (Homburg/Stock 2002; Stock/Hoyer 2002) • Kundenorientierung (+) (Homburg/Stock 2002; Stock/Hoyer 2002; Wieseke et al. 2007) • Empowerment (+) (Martin/Bush 2006; Peccei/Rosenthal 2001) • Transformational Leadership (+) (Martin/Bush 2006)	• Ergebnisorientierte Steuerung (+) (Joshi/Randall 2001) • Verhaltensorientierte Steuerung (+) (Joshi/Randall 2001) • Vergütung nach Umsatz (-) (Widmier 2002) • Vergütung nach Kundenzufriedenheit (+) (Widmier 2002)
	Persönlichkeitsmerkmale	**Persönliche Einstellungen**	**Persönliche Fähigkeiten**
Persönliche Determinanten der Kundenorientierung	• Extrovertiertheit (+) (Flaherty et al. 2009) • Gewissenhaftigkeit (+) (Licata et al. 2003; Liu/Chen 2006) • Verträglichkeit (+) (Brown et al. 2002; Flaherty et al. 2009; Licata et al. 2003; Liu/Chen 2006) • Emotionale Stabilität (+) (Brown et al. 2002; Flaherty et al. 2009; Liu/Chen 2006) • Offenheit für Erfahrungen (+) (Licata et al. 2003)	• Lernorientierung (+) (Harris/Mowen/Brown 2005) • Organisationales Commitment (+) (Homburg/Wieseke/Hoyer 2009; Joshi/Randall 2001; O Hara/Boles/Johnston 1991; Pettijohn/Pettijohn/Taylor 2002; Thakor/Joshi 2005; Wieseke et al. 2007) • Mitarbeiterzufriedenheit (+) (Bettencourt/Brown 2003; Bettencourt/Brown/MacKenzie 2005; Hoffman/Ingram 1991; Pettijohn/Pettijohn/Taylor 2002) • Rollenklarheit (+) (Bettencourt/Brown 2003; Flaherty/Dahlstrom/Skinner 1999) • Rollenkonflikte (-) (Bettencourt/Brown 2003; Flaherty/Dahlstrom/Skinner 1999)	• Einfühlungsvermögen (+) (Widmier 2002) • Anpassungsfähigkeit (+) (McIntyre et al. 2000) • Emotionale Intelligenz (+) (Rozell/Pettijohn/Parker 2004) • Fachkompetenz (+) (Peccei/Rosenthal 1997) • Verkaufsfähigkeiten (+) (Pettijohn/Pettijohn/Taylor 2002)

Tabelle 2: Überblick über zentrale Studien zu den Einflussgrößen der Kundenorientierung von Kundenkontaktmitarbeitern

Wie aus Tabelle 2 ersichtlich ist, lassen sich die Einflussgrößen der Kundenorientierung zunächst in organisationale und persönliche Determinanten einteilen. Unter den *organisationalen* Größen stellen insbesondere Facetten der Unternehmenskultur und des Führungsstils zentrale Determinanten des kundenorientierten Verhaltens dar. So konnte beispielsweise gezeigt werden, dass die Marktorientierung eines Unternehmens kundenorientiertes Verhalten fördert. Dies ist allerdings wenig überraschend, stellt doch die Kundenorientierung von Mitarbeitern die Umsetzung einer marktorientierten Geschäftsphilosophie auf individueller Ebene dar (vgl. Siguaw/Brown/Widing 1994). Ferner zeigen Studien zu Facetten des Führungsstils von Vorgesetzten beispielsweise, dass die Delegation von Entscheidungskompetenzen an die Mitarbeiter sich positiv auf deren Engagement und insbesondere deren Kundenorientierung auswirkt, da Kundenkontaktmitarbeiter so besser in der Lage sind, individuell und flexibel auf einzelne Kunden einzugehen (vgl. bspw. Martin/Bush 2006). Relativ wenige gesicherte Erkenntnisse bestehen allerdings dahingehend, inwieweit die Ausgestaltung von Steuerungs- bzw. Anreizsystemen kundenorientiertes Verhalten fördert oder beeinträchtigt.

Die *persönlichen* bzw. mitarbeiterbezogenen Determinanten der Kundenorientierung lassen sich zunächst in drei Gruppen einteilen:

- *Persönlichkeitsmerkmale* von Kundenkontaktmitarbeitern: Hierbei handelt es sich um zeitlich stabile Charakterzüge von Mitarbeitern, welche im Wesen einer Person fest verankert und somit nur schwer beeinfluss- bzw. veränderbar sind.

- *Persönliche Einstellungen* von Kundenkontaktmitarbeitern: Hierbei handelt es sich um innere Denkhaltungen von Mitarbeitern, welche sich auf deren Arbeitsumfeld beziehen und einen motivierenden Charakter aufweisen. Derartige Einstellungen lassen sich durch Führungsmaßnahmen gezielt beeinflussen.

- *Persönliche Fähigkeiten* von Kundenkontaktmitarbeitern: Hiermit sind bestimmte Fertigkeiten von Mitarbeitern gemeint, welche (in gewissem Maße) erlernbar und somit veränderbar sind und im Kundenkontakt eine bedeutsame Rolle spielen.

Im Rahmen wissenschaftlicher Studien konnte gezeigt werden, dass die fünf Merkmale der Persönlichkeit gemäß des sogenannten „Fünf-Faktoren-Modells" (vgl. hierzu ausführlich Borkenau/Ostendorf 1993; Nerdinger 2001) sich positiv auf das kundenorientierte Verhalten von Mitarbeitern auswirken. Des Weiteren stellen unter den persönlichen Einstellungen die Zufriedenheit und das Commitment von Kundenkontaktmitarbeitern, d.h. die Identifikation und Verbundenheit gegenüber dem Arbeitgeber, zentrale Treiber der Kundenorientierung dar (vgl. Hoffman/Ingram 1991; Homburg/Wieseke/ Hoyer 2009). Schließlich wurden in Studien zu persönlichen Fähigkeiten von Kundenkontaktmitarbeitern beispielsweise deren Fachwissen und Einfühlungsvermögen als Determinanten des kundenorientierten Verhaltens identifiziert (vgl. Peccei/Rosenthal 1997; Widmier 2002).

Zusammenfassend lässt sich festhalten, dass es im Rahmen der Forschung zur Kundenorientierung von Mitarbeitern eine Reihe an Studien gibt, welche einzelne, spezifische Einflussfaktoren der Kundenorientierung untersucht haben (vgl. Haas 2008). Allerdings mangelt es an Erkenntnissen hinsichtlich des Zusammenspiels einzelner Faktoren. Beispielsweise gibt es kaum Studien, die den Einfluss von Führungsmaßnahmen auf das kundenorientierte Verhalten in Abhängigkeit persönlicher Eigenschaften von Kundenkontaktmitarbeitern untersucht haben. Eine Ausnahme stellt die Arbeit von Widmier (2002) dar, in der gezeigt wird, dass das Einfühlungsvermögen von Verkäufern einen moderierenden Einfluss auf den Zusammenhang zwischen der variablen Vergütung nach Kundenzufriedenheit bzw. Umsatz und der Kundenorientierung von Vertriebsmitarbeitern hat. Vor diesem Hintergrund ist es ein Ziel der vorliegenden Arbeit, Wissenschaftlern und Praktikern weitere Erkenntnisse zu vermitteln, inwieweit Maßnahmen der Vertriebsleitung zur Förderung der Kundenorientierung sowie persönliche Eigenschaften der Kundenkontaktmitarbeiter ineinandergreifen.

Im Rahmen der Forschung zu den *Auswirkungen* des kundenorientierten Verhaltens wurde vor allem untersucht, inwieweit dieses sich auf die Arbeitsleistung von Kundenkontaktmitarbeitern, beispielsweise auf den erzielten Umsatz von Vertriebsmitarbeitern, auswirkt. Ferner wurde die Wirkung der Kundenorientierung auf den Kunden untersucht, insbesondere, inwieweit kundenorientiertes Verhalten zu einer Steigerung der Kundenzufriedenheit, des Kundenvertrauens und der Kundenloyalität beiträgt. Tabelle 3 liefert einen Überblick über zentrale wissenschaftliche Arbeiten zu den Auswirkungen der Kundenorientierung von Kundenkontaktmitarbeitern. Analog zu Tabelle 2 sind hier wiederum sowohl Studien aus dem Verkaufsbereich als auch aus dem Dienstleistungs- bzw. Servicebereich aufgelistet. Zudem findet eine Aufteilung der Studien anhand der bereits angedeuteten, unterschiedlichen Konzeptualisierungen der Kundenorientierung statt. Während, wie bereits erwähnt, in einem Großteil der wissenschaftlichen Arbeiten Kundenorientierung als eine Reihe aufgabenbezogener, funktionaler Verhaltensweisen konzeptualisiert wird (bspw. die Bestimmung des Kundenbedarfs durch den Verkäufer), werden in neueren Arbeiten auch personenbezogene, relationale Verhaltensweisen von Kundenkontaktmitarbeitern (bspw. der höfliche Umgang mit dem Kunden, Gespräche über private Themen) als Bestandteil der Kundenorientierung betrachtet.

Die in Tabelle 3 dargestellten Studienergebnisse liefern ein uneinheitliches Bild im Hinblick auf die Effektivität des kundenorientierten Verhaltens. Auf der einen Seite konnte fast durchgängig gezeigt werden, dass die Kundenorientierung von Kundenkontaktmitarbeitern sich positiv auf die Kundenzufriedenheit, das Kundenvertrauen und auf die Kundenloyalität auswirkt. Allerdings gibt es in diesem Zusammenhang, wie Tabelle 3 zeigt, relativ wenige empirische Untersuchungen, die den direkten Einfluss des kundenorientierten Verhaltens auf die Kundenloyalität bzw. -bindung untersucht haben.

Konzepte der Kunden-orientierung	Mitarbeiter- und kundenbezogene Auswirkungen der Kundenorientierung [(+) = positiver Einfluss; (/) = nicht signifikanter Einfluss; (-) = negativer Einfluss]			
	Mitarbeiterleistung	Kundenvertrauen	Kundenzufriedenheit	Kundenloyalität
Kundenorientierung als eine Reihe aufgabenbezogener Verhaltensweisen	• Bass/Hebert/Tomkiewicz 2003 (-) • Boles et al. 2001 (+) • Cross et al. 2007 (+) • Franke/Park 2006 (+, /) • George 1991 (+) • Honeycutt/Siguaw/Hunt 1995 (-, /) • Howe/Hoffman/Hardigree 1994 (/) • Jaramillo/Grisaffe 2009 (+, /) • Jaramillo et al. 2007a (+) • Jaramillo et al. 2007b (/) • Joshi/Randall 2001 (/) • Keillor/Parker/Pettijohn 2000 (+) • Kelley/Hoffman 1997 (+, /) • Lopez et al. 2005 (+) • Martin/Bush 2006 (+) • McIntyre et al. 2000 (+) • Pettijohn/Pettijohn/Taylor 2007 (/) • Reid et al. 2004 (+) • Rozell/Pettijohn/Parker 2004 (+) • Saxe 1979 (/) • Saxe/Weitz 1982 (+, -, /) • Siguaw/Honeycutt 1995 (-) • Swenson/Herche 1994 (+) • Wachner/Plouffe/Grégoire 2009 (+)	• Bejou/Ennew/Palmer 1998 (+) • Bejou/Wray/Ingram 1996 (+) • Huang 2008 (+) • Langerak 2001 (+) • Macintosh 2007 (+) • Swanson/Kelley/Dorsch 1997 (+) • Vorhies/Rao/Kurtz 1998 (+) • Williams 1998 (+) • Wray/Palmer/Bejou 1994 (+)	• Baldauf/Cravens 1999 (/) • Bejou/Ennew/Palmer 1998 (+) • Bejou/Wray/Ingram 1996 (+) • Bettencourt/Brown 1997 (+) • Brady/Cronin 2001 (+) • Goff et al. 1997 (+) • Homburg/Wiesecke/Hoyer 2009 (+) • Huang 2008 (+) • Katsikea/Skarmeas 2003 (+) • Langerak 2001 (+) • Macintosh 2007 (+) • Schneider et al. 2005 (+) • Stock/Hoyer 2005 (+) • Susskind/Kacmar/Borchgrevink 2003 (+) • Swanson/Kelley/Dorsch 1997 (+) • Tadepalli 1992 (+) • Williams 1998 (+) • Wray/Palmer/Bejou 1994 (+)	• Dean 2007 (+) • Jones/Busch/Dacin 2003 (+) • Williams 1998 (+) • Williams/Attaway 1996 (+)
Kundenorientierung als eine Reihe aufgabenbezogener *und* personenbezogener Verhaltensweisen	• Bettencourt/Gwinner/Meuter 2001 (+) • Boles et al. 2000 (+, /) • Brown et al. 2002 (+, /) • Donavan/Brown/Mowen 2004 (+) • Flaherty et al. 2009 (/) • Licata et al. 2003 (+, /) • Siders/George/Dharwadkar 2001 (+, /)	• Boles/Johnson/Barksdale 2000 (+) • Crosby/Evans/Cowles 1990 (+) • Parsons 2002 (+) • Swan/Bowers/Richardson 1999 (+)	• Boles/Johnson/Barksdale 2000 (+) • Crosby/Evans/Cowles 1990 (+) • Parsons 2002 (+)	

Tabelle 3: Überblick über zentrale Studien zu den Auswirkungen der Kundenorientierung von Kundenkontaktmitarbeitern

Auf der anderen Seite konnte in der Marketing- und Vertriebsforschung bislang nicht eindeutig gezeigt werden, dass kundenorientiertes Verhalten sich positiv auf die Arbeitsleistung von Kundenkontaktmitarbeitern auswirkt. Während eine Reihe von Studien zwar einen positiven Effekt der Kundenorientierung auf die Mitarbeiterleistung identifiziert, zeigen wiederum Ergebnisse anderer Arbeiten, dass kundenorientiertes Verhalten keinen oder sogar einen negativen Effekt auf die Mitarbeiterleistung hat. Auf Basis dieser enttäuschenden Ergebnisse stellen Franke und Park (2006, S. 700) den Nutzen der Kundenorientierung von Vertriebsmitarbeitern für den Verkaufserfolg in Frage. Es bleibt also unklar, inwieweit kundenorientiertes Verhalten zu einer Steigerung der Verkaufsleistung beiträgt.

Bei Betrachtung der bisherigen Forschung zu der Kundenorientierung von Kundenkontaktmitarbeitern fällt ferner auf, dass es zwar eine Vielzahl an Studien zu den Determinanten und Auswirkungen der Kundenorientierung gibt, mögliche moderierende Effekte auf den Zusammenhang zwischen der Kundenorientierung und bestimmten Erfolgsgrößen (bspw. der Verkaufsleistung oder der Kundenzufriedenheit) bislang jedoch stark vernachlässigt wurden. Ausnahmen stellen in diesem Zusammenhang die Studien von Lopez et al. (2005), Saxe und Weitz (1982), Stock und Hoyer (2005) sowie von Wachner, Plouffe und Gregorie (2009) dar. Dieser bisherige Mangel an Forschungsinteresse ist überraschend, erscheint es doch offensichtlich, dass die Effektivität bestimmter Verhaltensweisen im Verkauf von Rahmenbedingungen der Verkaufssituation abhängt, wie beispielsweise die vorhandene Beziehung zwischen Verkäufer und Kunde, persönliche Präferenzen und Interessen des Kunden sowie Merkmale des zu beschaffenden Produkts (vgl. Weitz 1981). Hier scheint es demnach noch großen Forschungsbedarf zu geben, wie Franke und Park (2006, S. 699) im Rahmen ihrer Meta-Analyse zu den Effekten der Kundenorientierung von Verkäufern betonen.

Schließlich gilt es festzuhalten, dass bei der Analyse von Einflussgrößen und Auswirkungen Kundenorientierung stets als ein aggregiertes Konstrukt konzeptualisiert wurde (vgl. bspw. Brown et al. 2002; Donavan/Brown/Mowen 2004). Mögliche unterschiedliche Effekte der Facetten der Kundenorientierung in bestimmten Verkaufs- oder Servicekontexten wurden daher bislang nicht untersucht.

1.4 Forschungsfragen und Aufbau der Arbeit

Die Ausführungen in Kapitel 1.3 zeigen, dass es trotz der Vielzahl an Studien, in denen kunden- und abschlussorientiertes Verhalten untersucht wurde, noch beachtliche Forschungslücken gibt. Bis heute liefert die Forschung keine klare Antwort auf die Frage, inwieweit kunden- und abschlussorientierte Verhaltensweisen von Verkäufern in bestimmten Verkaufskontexten zu einer Steigerung des Vertriebserfolgs und der Kundenbindung beitragen. Wie jedoch in Kapitel 1.1 angedeutet wird, ist die umfassende Beantwortung einer solchen Frage für die Vertriebspraxis von hoher Relevanz. Die vorliegende Arbeit hat daher zum Ziel, bestehende Forschungslücken durch die Beantwortung der im Folgenden erläuterten Forschungsfragen zu schließen.

Zunächst ist es ein zentrales Ziel der Arbeit, ein besseres Verständnis im Hinblick auf die Facetten und die Effektivität der *Kundenorientierung* von Vertriebsmitarbeitern zu entwickeln. Neue Erkenntnisse hierzu sind gerade in der heutigen Unternehmenspraxis von großer Relevanz, da der Kunde in der Regel oberste Priorität genießt und Kundenorientierung folglich in aller Munde ist (vgl. Day 1994; Homburg/Stock 2000). Wie bereits angedeutet, herrscht in der Literatur kein klares Verständnis darüber, was kundenorientiertes Verhalten konkret ausmacht. In der Forschung existieren auf der einen Seite zwar eine Reihe verschiedener Konzeptualisierungen der Kundenorientierung (vgl. Brown et al. 2002; Donavan/Brown/Mowen 2004; Thomas/Soutar/Ryan 2001; Schwepker 2003), die Indikatoren zur Messung der Kundenorientierung sind jedoch oftmals sehr unpräzise. Auf der anderen Seite sind in den vergangenen 20 Jahren eine Reihe von Konstrukten entwickelt worden, welche inhaltliche Parallelen zur Kundenorientierung von Vertriebs- oder Servicemitarbeitern aufweisen, bisweilen jedoch überwiegend separat untersucht wurden. Als Beispiele seien hier die Konzepte des „Adaptive Selling" (vgl. Spiro/Weitz 1990), des „Relationship Selling" (vgl. Beverland 2001; Crosby/Evans/Cowles 1990; Jolson 1997) sowie des „Active Empathetic Listening" (vgl. Castleberry/Shepherd/Ridnour 1999; Drollinger/Comer/Warrington 2006; Ramsey/Sohi 1997) genannt. Durch die Integration derartiger Konzepte soll im Rahmen dieser Arbeit folgende Forschungsfrage geklärt werden:

Forschungsfrage 1: Was macht kundenorientiertes Verhalten in Verkaufsgesprächen konkret aus?

Wie aus Tabelle 3 ersichtlich ist, konnte in wissenschaftlichen Studien nicht eindeutig belegt werden, dass kundenorientiertes Verhalten zu einer Steigerung des Verkaufserfolgs führt. Diese Ergebnisse sind auf den ersten Blick überraschend, wird die Kundenorientierung in der Forschung und Praxis doch überwiegend als Grundvoraussetzung für Erfolg im persönlichen Verkauf angesehen (vgl. bspw. Keillor/Parker/Pettijohn 2000; Herndl 2009; Homburg/Krohmer 2009). Allerdings deuten jüngere Forschungsarbeiten an, dass kundenorientiertes Verhalten auch seine „dunklen Seiten" hat und folglich die Verkaufsleistung eines Vertriebsmitarbeiters schmälern kann (vgl. Franke/Park 2006; Haas 2009; Reinartz/Kumar 2002). Vor diesem Hintergrund soll in der vorliegenden Arbeit untersucht werden, inwieweit kundenorientiertes Verhalten tatsächlich förderlich für den Verkaufserfolg ist. Neben dem grundsätzlichen Zusammenhang zwischen der Kundenorientierung und der Verkaufsleistung stellt sich ferner die Frage, in welchen Verkaufskontexten Kundenorientierung mehr oder weniger relevant für den Vertriebserfolg ist. Beispielsweise erscheint es offensichtlich, dass ein kostenführendes Unternehmen gegenüber seinen Kunden anders auftreten kann als ein Premiumanbieter, der im Vergleich zu dem Kostenführer mehr über den Kundennutzen eines Produktes als über dessen Preis argumentieren muss. In anderen Worten stellt sich die Frage, inwieweit Kontextfaktoren einen moderierenden Einfluss auf den Zusammenhang zwischen der Kundenorientierung von Verkäufern und deren Verkaufsleistung haben. Zusammenfassend lassen sich auf Basis der aufgeführten Argumentation folgende Forschungsfragen ableiten:

Forschungsfrage 2: Inwieweit führt kundenorientiertes Verhalten in Verkaufsgesprächen zu einer Steigerung des Verkaufserfolgs?

Forschungsfrage 3: In welchen Situationen ist kundenorientiertes Verhalten für den Verkaufserfolg mehr oder weniger relevant?

Neben der Bedeutung für den Verkaufserfolg stellt sich gleichermaßen die Frage, welche Wirkung kundenorientierte Verhaltensweisen auf den Kunden haben (vgl. Kapitel 1.1). In bisherigen Studien konnte zwar überwiegend gezeigt werden, dass die Kundenorientierung von Verkäufern sich allgemein positiv auf die Zufriedenheit und die Loyalität der Kunden auswirkt (vgl. Tabelle 3). Diese Ergebnisse erscheinen höchst plausibel, ist es doch ein zentrales Ziel der Kundenorientierung, Kunden zufriedenzustellen. Aufgrund des Mangels an Studien zu moderierenden Einflüssen bleibt es jedoch unklar, in welchen Situationen Kunden besonderen Wert auf kundenorientiertes Verhalten legen. In diesem Zusammenhang hat es die bisherige Forschung zudem vernachlässigt zu untersuchen, inwiefern einzelne Facetten der Kundenorientierung einen unterschiedlichen Effekt auf Kunden haben können. Auch diese Forschungslücke lohnt es sich zu schließen. Beispielsweise weist kundenorientiertes Verhalten auf der fachlichen Ebene völlig unterschiedliche Kommunikationsinhalte wie kundenorientiertes Verhalten auf der persönlichen Ebene auf (vgl. Haas 2006, 2009). In Abhängigkeit der Kommunikationspräferenzen eines Kunden erscheint es daher möglich, dass aufgabenbezogene und personenbezogene Kundenorientierung in bestimmten Situationen unterschiedliche Effekte haben (vgl. McFarland/Challagalla/Shervani 2006). Ein Kunde wird beispielsweise bei dem Kauf einer komplexen Produktionsanlage zunächst einmal großen Wert auf die Vermittlung von Fachinformationen legen, während er in solchen Situationen im Allgemeinen wohl weniger offen für informelle, private Gespräche ist. Vor diesem Hintergrund soll die vorliegende Arbeit neue Erkenntnisse liefern, inwie-

Einführung in das Thema

weit kundenorientierte Verhaltensweisen in bestimmten Situationen zu einer Steigerung der Kundenabsicht beitragen, dem Unternehmen treu zu bleiben. Entsprechend lassen sich die vierte und fünfte Forschungsfrage formulieren:

Forschungsfrage 4: Inwieweit führen kundenorientierte Verhaltensweisen zu einer Steigerung der Kundenloyalität?

Forschungsfrage 5: In welchen Situationen legen Kunden mehr oder weniger Wert auf bestimmte kundenorientierte Verhaltensweisen?

In Kapitel 1.3 wird deutlich, dass die *Abschlussorientierung* als eigenständiges Konstrukt im Vergleich zur Kundenorientierung von Verkäufern bisher nur sehr geringes Forschungsinteresse auf sich gezogen hat. Für Vertriebsmitarbeiter in der Praxis stellt sich allerdings die Frage, inwieweit abschlussorientiertes Verhalten hilfreich ist, um dem Effizienzdruck im Vertrieb gerecht zu werden, ohne gleichzeitig Kundenbeziehungen zu gefährden. Vor diesem Hintergrund soll der vorliegenden Arbeit zunächst ein „moderneres" Verständnis der Abschlussorientierung zugrunde gelegt werden, welches unmoralische und betrügerische Verhaltensweisen ausschließt. In anderen Worten, ein weiteres Ziel der Arbeit besteht darin aufzuzeigen, was abschlussorientiertes Verhalten im Kontext langfristiger Kundenbeziehungen bedeutet. Entsprechend lautet die sechste Forschungsfrage:

Forschungsfrage 6: Was macht abschlussorientiertes Verhalten in Verkaufsgesprächen im Kontext langfristiger Kundenbeziehungen konkret aus?

Des Weiteren soll in einem nächsten Schritt der Frage nachgegangen werden, wie effektiv abschlussorientiertes Verhalten im Rahmen von Geschäftsbeziehungen mit Kunden ist. Als weitere Forschungsfrage lässt sich somit festhalten:

Forschungsfrage 7: Inwieweit hat abschlussorientiertes Verhalten einen Einfluss auf den Verkaufserfolg und die Kundenloyalität?

Schließlich haben die bisherigen Ausführungen gezeigt, dass wissenschaftliche Arbeiten sich bislang auf die Identifikation einzelner Determinanten der Kundenorientierung von Verkaufs- oder Servicemitarbeitern konzentriert haben. In diesem Zusammenhang wurden persönliche Eigenschaften und Charakteristika der Vertriebsführung als Treiber des kundenorientierten Verhaltens weitgehend isoliert behandelt. Allerdings deutete in der Vergangenheit bereits Fiedler (1967) mit der Kontingenztheorie der Führung an, dass die Effektivität von Führungsmaßnahmen von bestimmten Rahmenbedingungen (bspw. von Charakteristika der Vertriebsmitarbeiter) abhängig ist. Für Vertriebsleiter in der Praxis stellt sich daher die Frage, bei welchen Verkäuferpersönlichkeiten Führungsmaßnahmen in gewünschter Weise greifen. Vor diesem Hintergrund soll in der vorliegenden Arbeit unter Berücksichtigung persönlicher Eigenschaften *und* Maßnahmen des Vertriebsmanagements untersucht werden, warum sich Vertriebsmitarbeiter in Verkaufsgesprächen kunden- und/oder abschlussorientiert verhalten. Demnach lautet die achte Forschungsfrage:

Forschungsfrage 8: Inwieweit beeinflussen persönliche Eigenschaften von Vertriebsmitarbeitern und Maßnahmen des Vertriebsmanagements kunden- und abschlussorientiertes Verhalten in Verkaufsgesprächen?

Zur Beantwortung der aufgeführten Forschungsfragen werden in den folgenden Kapiteln der Aufbau und die Ergebnisse von drei separaten Studien dargestellt. Die empirische Grundlage bildet für alle Studien eine umfangreiche branchenübergreifende Befragung von 56 Vertriebsleitern, 195 Vertriebsmitarbeitern und 538 Privat- und Geschäftskunden. Die befragten Vertriebsleiter und -mitarbeiter sind in insgesamt 33 Vertriebseinheiten von zwölf verschiedenen Unternehmen tätig.

Die vorliegende Arbeit gliedert sich in insgesamt fünf Kapitel. Nachdem im ersten Kapitel die praktische Relevanz des kunden- und abschlussorientierten Verhaltens und der Stand der Forschung in diesem Bereich aufgezeigt sowie die Forschungsfragen dieser Arbeit hergeleitet wurden, wird in Kapitel 2 die erste empirische Studie vorgestellt. Die erste Studie dient vornehmlich der Beantwortung der Forschungsfragen 2 und 3 und konzentriert sich daher auf den Zusammenhang zwischen der Kundenorientierung von Vertriebsmitarbeitern und deren Verkaufsleistung. Zudem soll die erste Studie auch einen Beitrag zur Beantwortung der ersten Forschungsfrage leisten. Kapitel 2 ist in Form eines wissenschaftlichen Arbeitspapiers gegliedert. Dabei erfolgt zu Beginn des Kapitels eine kurze Erläuterung der Relevanz der spezifischen Thematik der ersten Studie (Abschnitt 2.1). Im Anschluss daran werden in Abschnitt 2.2 einige theoretische Vorüberlegungen zu dem Nutzen und den Kosten kundenorientierter Verhaltensweisen in Verkaufsgesprächen getroffen. Auf deren Basis werden im Folgenden der konzeptionelle Bezugsrahmen des Untersuchungsmodells dargestellt (Abschnitt 2.3) sowie die zu testenden Hypothesen des Modells hergeleitet (Abschnitt 2.4). Nach der Beschreibung der Datenerhebung (Abschnitt 2.5) und der Messung der Konstrukte (Abschnitt 2.6) werden die Ergebnisse der empirischen Untersuchung vorgestellt (Abschnitt 2.7). Abschließend erfolgt eine Diskussion der Ergebnisse sowohl aus wissenschaftlicher als auch aus praktischer Sicht (Abschnitt 2.8).

In Kapitel 3 der vorliegenden Arbeit wird die zweite empirische Studie vorgestellt. Während sich Studie 1 auf den Zusammenhang zwischen der Kundenorientierung von Verkäufern und der Verkaufsleistung konzentriert, steht in Studie 2 der Zusammenhang zwischen der Kundenorientierung von Verkäufern und der Kundenloyalität im Fokus. Entsprechend dient Kapitel 3 der Beantwortung der ersten Forschungsfrage und insbesondere der Forschungsfragen 4 und 5. Analog zu Kapitel 2 ist auch dieses Kapitel in Form eines wissenschaftlichen Arbeitspapiers gegliedert. Somit erfolgt zu Beginn des Kapitels eine kurze Einleitung in die spezifische Thematik der zweiten Studie (Abschnitt 3.1). In Abschnitt 3.2 erfolgt auf Basis theoretischer Aussagen die Entwicklung des konzeptionellen Bezugsrahmens des Untersuchungsmodells, bevor in Abschnitt 3.3 die zu testenden Hypothesen hergeleitet werden. Daran schließt sich die Erläuterung der Datenerhebung (Abschnitt 3.4) und der Messung der Konstrukte (Abschnitt 3.5). In Abschnitt 3.6 werden die Ergebnisse der empirischen Untersuchung dargestellt, bevor diese in Abschnitt 3.7 wiederum aus wissenschaftlicher und praktischer Sicht diskutiert und interpretiert werden.

In Kapitel 4 der vorliegenden Arbeit wird schließlich die dritte empirische Studie vorgestellt. Neben der Beantwortung der ersten Forschungsfrage dient diese Studie überwiegend der Beantwortung der Forschungsfragen 6, 7 und 8. Entsprechend werden im Rahmen der dritten Studie neben kundenorientierten auch abschlussorientierte Verhaltensweisen von Vertriebsmitarbeitern betrachtet. Kapitel 4 ist in Form eines managementorientierten Arbeitspapiers strukturiert. Nach einem kurzen Einstieg in die Thematik (Abschnitt 4.1) werden in Abschnitt 4.2 in Anlehnung an das Verkaufsgitter von Blake und Mouton (1972) verschiedene Verkäufertypen auf Basis ihres kunden- und abschlussorientierten Verhaltens definiert. Im Anschluss daran wird untersucht, inwieweit zwischen den einzelnen Verkäufertypen Leistungsunterschiede bestehen (Abschnitt 4.3). Während Abschnitt 4.4 sich mit den Einflussgrößen des kunden- und abschlussorientierten Verhaltens von Verkäufern beschäftigt, werden im abschließenden Abschnitt 4.5 die Erkenntnisse der dritten Studie nochmals zusammengefasst sowie Handlungsempfehlungen für die Vertriebspraxis abgeleitet. Innerhalb der Abschnitte 4.3 und 4.4 werden zudem auf Basis der Studienergebnisse spezifische Erfolgsfaktoren formuliert.

Zum Abschluss werden in Kapitel 5 sowohl die zentralen Ergebnisse dieser Arbeit als auch die sich hieraus ergebenden generellen Schlussfolgerungen für die Forschung und Vertriebspraxis zusammengefasst. Tabelle 4 liefert nochmals einen Überblick, inwiefern die einzelnen Studien zur Beantwortung der aufgeworfenen Forschungsfragen beitragen.

Einführung in das Thema

Forschungsfragen der Arbeit		Beantwortung der Forschungsfragen		
		Kapitel 2 (Studie 1)	Kapitel 3 (Studie 2)	Kapitel 4 (Studie 3)
Forschungsfrage 1:	Was macht kundenorientiertes Verhalten in Verkaufsgesprächen konkret aus?	√	√	√
Forschungsfrage 2:	Inwieweit führt kundenorientiertes Verhalten in Verkaufsgesprächen zu einer Steigerung des Verkaufserfolgs?	√		
Forschungsfrage 3:	In welchen Situationen ist kundenorientiertes Verhalten für den Verkaufserfolg mehr oder weniger relevant?	√		
Forschungsfrage 4:	Inwieweit führen kundenorientierte Verhaltensweisen zu einer Steigerung der Kundenloyalität?		√	
Forschungsfrage 5:	In welchen Situationen legen Kunden mehr oder weniger Wert auf bestimmte kundenorientierte Verhaltensweisen?		√	
Forschungsfrage 6:	Was macht abschlussorientiertes Verhalten in Verkaufsgesprächen im Kontext langfristiger Kundenbeziehungen konkret aus?			√
Forschungsfrage 7:	Inwieweit hat abschlussorientiertes Verhalten einen Einfluss auf den Verkaufserfolg und die Kundenloyalität?			√
Forschungsfrage 8:	Inwieweit beeinflussen persönliche Eigenschaften von Vertriebsmitarbeitern und Maßnahmen des Vertriebsmanagements kunden- und abschlussorientiertes Verhalten in Verkaufsgesprächen?			√

Tabelle 4: Überblick über die Forschungsfragen der Arbeit und deren Beantwortung im Rahmen der einzelnen Kapitel

2 Der Einfluss kundenorientierter Verhaltensweisen auf den Verkaufserfolg

Wie in Kapitel 1.4 erwähnt, steht in diesem Kapitel der Zusammenhang zwischen der Kundenorientierung von Vertriebsmitarbeitern und deren Verkaufsleistung im Mittelpunkt der Betrachtung. Wie zudem bereits angedeutet, ist das Kapitel in Form eines wissenschaftlichen Arbeitspapiers gegliedert und hat zum Ziel, die eingangs formulierten Forschungsfragen 1 sowie insbesondere 2 und 3 zu beantworten (vgl. Tabelle 4).

2.1 Einleitung

Als einer der Grundpfeiler einer marktorientierten Geschäftsphilosophie (vgl. Kohli/Jaworski 1990; Narver/Slater 1990) wird die Kundenorientierung eines Unternehmens als wichtiger Treiber für den Unternehmenserfolg angesehen (vgl. Deshpande/Farley/Webster 1993). In diesem Zusammenhang betont Day (1994, S. 37), dass „for over 40 years, managers have been exhorted to ... put the customer at the top of the organizational chart." Tatsächlich bestätigt die bisherige Forschung größtenteils den positiven Effekt der Kundenorientierung eines Unternehmens auf dessen Markterfolg (vgl. bspw. Kirca/Jayachandran/Bearden 2005). Gleichermaßen konnte bereits mehrfach gezeigt werden, dass die Kundenorientierung von Kundenkontaktmitarbeitern zu einer Steigerung der Mitarbeiterleistung (vgl. bspw. Brown et al. 2002) und der Kundenzufriedenheit führt (vgl. bspw. Stock/Hoyer 2005).

Allerdings haben sowohl Akademiker als auch Praktiker hin und wieder davor gewarnt, dass eine übertriebene Kundenorientierung ungewollte Nebeneffekte haben kann. Beispielsweise kann die Kundenorientierung eines Unternehmens dessen Innovativität beeinträchtigen, da die Kundenbedürfnisse sich oftmals auf bekannte bzw. vertraute Produkte beschränken (vgl. Lukas/Ferrel 2000, S. 240). Entsprechend hält

Matsuo (2006, S. 243) fest, dass die Konzentration auf diese Bedürfnisse Firmen dazu verleitet, den Status Quo beizubehalten und gleichzeitig ihre Innovationsbemühungen zu vernachlässigen. Außerdem verursacht eine exzessive Kundenorientierung von Vertriebsmitarbeitern in Form einer überzogenen Berücksichtigung von Kundeninteressen substantielle Kosten, „such as the salesperson's time spent identifying customer problems, [and] possibly reduced margins or increased service costs" (vgl. Franke/Park 2006, S. 694). In der Tat fordern Kunden oftmals heutzutage als Belohung für ihre Treue spezielle Serviceleistungen, Sonderanfertigungen, Preisnachlässe sowie eine umfangreiche Betreuung durch Vertriebsmitarbeiter (vgl. Peterson/Lucas 2001; Reinartz/Kumar 2002), deren Bewilligung sich negativ auf die Produktivität bzw. den Vertriebserfolg auswirkt.

Gegeben der möglichen Vorteile und der angedeuteten „dunklen Seite" der Kundenorientierung stellt sich die Frage, inwieweit es ein optimales Maß der Kundenorientierung gibt. Dies ist in wissenschaftlichen Arbeiten bislang noch nicht untersucht worden. Bei genauerer Betrachtung der bisherigen Forschung zu den Effekten der Kundenorientierung von Vertriebsmitarbeitern scheint eine Untersuchung dieser Fragestellung jedoch umso berechtigter.

Aus Tabelle 3 in Kapitel 1.3 wird, wie bereits angedeutet, insbesondere ersichtlich, dass die Kundenorientierung von Vertriebsmitarbeitern sich durchweg positiv auf kundenbezogene Erfolgsgrößen wie die Kundenzufriedenheit, das Kundenvertrauen und die Kundenloyalität auswirkt. Jedoch sind die Ergebnisse hinsichtlich des Einflusses der Kundenorientierung auf die Verkäuferleistung bzw. den Verkaufserfolg sehr uneinheitlich. Konkret wurden neben positiven Effekten in einer nicht unerheblichen Anzahl von Studien auch nicht-signifikante und sogar negative Effekte identifiziert. Entsprechend liefern neueste Meta-Analysen nur schwache empirische Unterstützung für einen positiven Zusammenhang zwischen der Kundenorientierung von Vertriebsmitarbeitern und deren Verkaufserfolg (vgl. Franke/Park 2006; Jaramillo et al. 2007a).

Die Existenz einer *nicht-linearen* Beziehung zwischen der Kundenorientierung und der Verkaufsleistung könnte die bisherigen divergierenden Ergebnisse wissenschaftlicher Arbeiten bezüglich eines *linearen* Zusammenhangs erklären. Daher werden in der vorliegenden Studie mögliche nicht-lineare Effekte der Kundenorientierung von Verkäufern untersucht. Konkret wird im folgenden Abschnitt zunächst eine theoretische Betrachtung des Nutzens und der Kosten der Kundenorientierung von Vertriebsmitarbeitern vorgenommen. Daraus wird einerseits die Vermutung abgeleitet, dass der Zusammenhang zwischen der Kundenorientierung von Verkäufern und deren Verkaufsleistung die Form eines umgekehrten U aufweist. Eine derartige Beziehung würde bedeuten, dass es tatsächlich im Hinblick auf den Verkaufserfolg ein optimales Maß des kundenorientierten Verhaltens in Verkaufsgesprächen gibt. Andererseits wird unterstellt, dass der Einfluss der Kundenorientierung von Vertriebsmitarbeitern auf kundenbezogene Erfolgsgrößen kontinuierlich positiv ist.

Da situative Faktoren den Effekt der Kundenorientierung auf die Verkäuferleistung beeinflussen können (vgl. bspw. Wachner/Plouffe/Gregoire 2009), wird in der vorliegenden Studie zudem untersucht, inwiefern die Individualität und Wichtigkeit der Produkte eines Anbieters, die Preispositionierung des Anbieters sowie die Intensität des Wettbewerbs einen moderierenden Einfluss auf das optimale Niveau der Kundenorientierung von Verkäufern haben.

Ein wichtiger Aspekt dieser Studie ist die empirische Bestätigung der zentralen Hypothesen mittels triadischer Daten. Im Einzelnen erfolgt die Messung kundenorientierter Verhaltensweisen in Verkaufsgesprächen anhand von Daten aus der Befragung von 195 Vertriebsmitarbeitern (vgl. Kapitel 1.4). Zudem werden Daten von über 500 Kunden dieser Vertriebsmitarbeiter herangezogen, um die kundenbezogenen Auswirkungen der Kundenorientierung zu messen. Schließlich werden Angaben der 56 befragten Vertriebsleiter aus den 33 an der Studie teilnehmenden Geschäftseinheiten verwendet, um die bereits erwähnten situativen Faktoren zu messen.

2.2 Eine kosten-nutzentheoretische Betrachtung der Kundenorientierung von Vertriebsmitarbeitern

Die Kundenorientierung von Vertriebsmitarbeitern in Verkaufsgesprächen wird durch eine Reihe von Verhaltensweisen charakterisiert, welche primär darauf abzielen, Kundenbedürfnisse zu identifizieren und zu befriedigen und dadurch Kunden langfristig zufrieden zu stellen (vgl. Pettijohn/Pettijohn/Taylor 2002 sowie Kapitel 1.2). In früheren Untersuchungen wurde bereits mehrfach gezeigt, dass kundenorientiertes Verhalten von Verkäufern zu positiven Einstellungen seitens der Kunden führt (vgl. Tabelle 3 in Kapitel 1.3). Wie bereits erwähnt sind jedoch die Ergebnisse empirischer Studien bezüglich des Einflusses kundenorientierter Verhaltensweisen auf den Verkaufserfolg uneinheitlich. Konkret wurden in wissenschaftlichen Arbeiten positive, negative und auch nicht-signifikante Zusammenhänge ermittelt.

Vor diesem Hintergrund sollen in diesem Abschnitt theoretische Überlegungen getroffen werden, welche diese widersprüchlichen Ergebnisse integrieren bzw. erklären. Es wird die Vermutung aufgestellt, dass die Kundenorientierung von Vertriebsmitarbeitern einen nicht-linearen Zusammenhang mit deren Verkaufsleistung in Form eines umgekehrten U aufweist, während kundenorientiertes Verhalten einen durchweg positiven Einfluss auf Einstellungen des Kunden hat. Diese Überlegungen basieren auf zwei Grundgedanken. Erstens lässt sich das Gesetz des abnehmenden Grenzertrags auf den Nutzen steigender Kundenorientierung für den Verkaufserfolg anwenden. In diesem Zusammenhang scheint der Effekt des abnehmenden Nutzens der Kundenorientierung im Hinblick auf die Einstellungen der Kunden deutlich weniger ausgeprägt zu sein, sofern er überhaupt vorhanden ist. Zweitens kann eine Steigerung des kundenorientierten Verhaltens „kostspielig" sein, was sich im Verkaufserfolg, jedoch nicht in der Einstellung eines Kunden gegenüber dem Anbieter bzw. Vertriebsmitarbeiter widerspiegelt. Diese Kosten der Kundenorientierung steigen vermutlich umso stärker, je höher das absolute Niveau der Kundenorientierung eines Verkäufers ist. Diese Überlegungen sollen im Folgenden im Detail entwickelt werden.

2.2.1 Nutzen der Kundenorientierung

Eine erhöhte Kundenorientierung ist für den Verkaufserfolg in mehrerer Hinsicht vorteilhaft. Im Einzelnen haben Studien gezeigt, dass kundenorientiertes Verhalten zu mehr spontanen Kaufentscheidungen (vgl. bspw. George 1991), zu mehr Wiederholungskäufen (vgl. bspw. Lopez et al. 2005), zu einer Steigerung des Cross-Selling (vgl. bspw. Siders/George/Dharwadkar 2001), zu einem erhöhten Verkauf von Produktinnovationen (vgl. bspw. Wachner/Plouffe/Gregoire 2009) sowie zu einer geringeren Preissensitivität von Kunden führt (vgl. bspw. Moon/Chadee/Tikoo 2008).

Allerdings weisen all diese Effekte eine natürliche Grenze auf. Zum einen ist der Bedarf eines Kunden an Produkten und Dienstleistungen eines Anbieters begrenzt. Konkret ist die Nachfrage eines Privatkunden für ein bestimmtes Produkt beispielsweise aufgrund des Bedarfs für andere Produkte begrenzt (vgl. bspw. Hoyer/MacInnis 2009). Bei Firmenkunden wird der Bedarf für ein bestimmtes Produkt beispielsweise durch die nachgelagerte Nachfrage der Kunden eines Kunden bestimmt (vgl. bspw. Webster/Wind 1972). Daher kann selbst durch ein hohes Maß an kundenorientiertem Verhalten die Nachfrage eines Kunden nicht unendlich erhöht werden (vgl. Keillor/Parker/Pettijohn 2000). Zum anderen bestimmen Budgetrestriktionen des Kunden die Grenze für Preissteigerungen, welche durch kundenorientiertes Verhalten erzielt werden können (vgl. bspw. Anderson 1996). Ferner kann bei Firmenkunden die Kostenstruktur des Wettbewerbs eine natürliche Grenze für die Zahlungsbereitschaft eines Kunden darstellen (vgl. Henke/Yeniyurt/Zhang 2009). In Anlehnung an das Gesetz des abnehmenden Grenzertrags kann folglich erwartet werden, dass der Grenznutzen der Kundenorientierung für den Verkaufserfolg mit steigender Kundenorientierung abnimmt. Die

Folge ist ein konkaver Zusammenhang zwischen der Kundenorientierung von Verkäufern und deren Nutzen für den Verkaufserfolg, wie er in Abbildung 2 dargestellt ist.

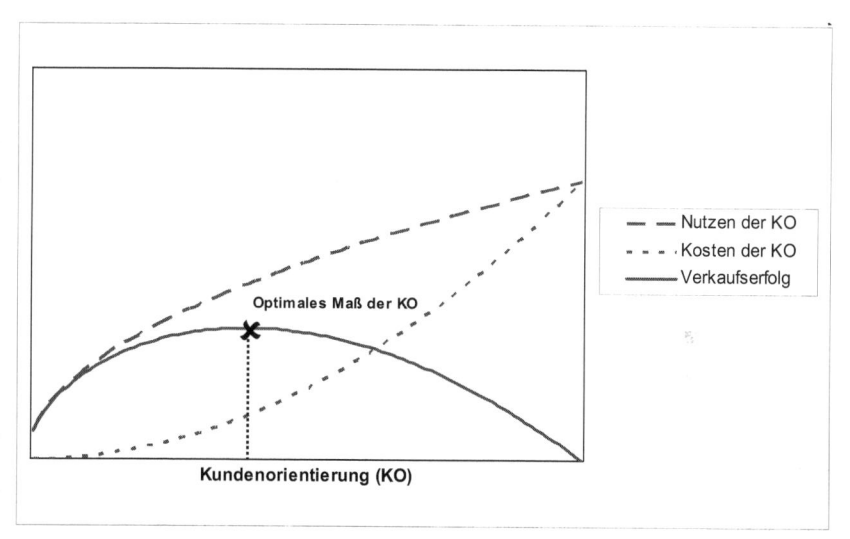

Abbildung 2: Nutzen, Kosten und das optimale Maß der Kundenorientierung für den Verkaufserfolg

Des Weiteren weist die Kundenorientierung von Verkäufern auch vorteilhafte Effekte im Hinblick auf die Bildung von Kundeneinstellungen auf, wie beispielsweise eine Steigerung der Kundenzufriedenheit (vgl. bspw. Goff et al. 1997) und des Kundenvertrauens (vgl. bspw. Crosby/Evans/Cowles 1990). Zwei Gründe sprechen in diesem Zusammenhang gegen den Effekt des abnehmenden Grenznutzens der Kundenorientierung für die Erzielung positiver Kundeneinstellungen. Erstens scheinen Kundeneinstellungen deutlich höhere natürliche Grenzen zu haben. Untersuchungen haben gezeigt, dass Kunden extrem positive Einstellungen vorweisen können, wie es beispielsweise anhand der Konstrukte „Kundenvergnügen" (vgl. Rust/Oliver 2000) und „Kundenbegeisterung" (vgl. Wakefield/Blodgett 1999) in wissenschaftlichen Arbeiten gezeigt wurde. Zweitens bekräftigen bisherige Studien die Existenz eines linearen Zusammenhangs zwischen der Kundenorientierung von Vertriebsmitarbeitern und positiven Einstellungen der Kunden (vgl. wiederum Tabelle 3 in Kapitel 1.3).

2.2.2 Kosten der Kundenorientierung

Während die bisherige Marketing- und Vertriebsforschung das Thema Kosten der Kundenorientierung weitgehend vernachlässigt hat, scheint eine Zunahme des kundenorientierten Verhaltens von Vertriebsmitarbeitern durchaus mit Kosten verbunden zu sein, welche sich im Verkaufserfolg niederschlagen. Erstens können Kosten entstehen durch eine Fehlallokation der zeitlichen Ressourcen von Verkäufern (vgl. Weeks/Kahle 1990). Vertriebsmitarbeiter, welche in hohem Maße kundenorientiert sind, könnten sich beispielsweise übermäßig auf ihre Bestandskunden konzentrieren, anstatt Zeit in die Neukundenakquisition zu investieren. Die Vernachlässigung von Neukunden kann zu entgangenen Verkaufsabschlüssen führen, welche für das Unternehmen einen höheren Wert haben könnten als der Zusatznutzen aus der intensiveren Betreuung von Bestandskunden (vgl. Henry 1975).

Zweitens könnten Vertriebsmitarbeiter, welche in hohem Maße den Anforderungen bzw. Interessen der Kunden gerecht werden wollen, verstärkt zu „wertvernichtenden" Verhaltensweisen tendieren, um einen Abschluss zu erzielen. Als Beispiele seien hier überzogene Preiszugeständnisse sowie das Gewähren teurer Geschenke und kostenloser Services genannt (vgl. D'Andrea 2005). Kunden belohnen derartige Zugeständnisse jedoch oftmals nicht angemessen, wie beispielsweise mit einer entsprechenden Steigerung des Einkaufsvolumens (vgl. Reinartz/Kumar 2002). Infolgedessen kann ein Übermaß an Kundenorientierung die Verkäuferleistung durch sinkende Deckungsbeiträge tatsächlich schmälern.

Schließlich können Verkäufer, um ihre Kunden vollständig zufriedenzustellen, diesen kundenspezifische Sonderanfertigungen und Lieferzeiten versprechen, was zu einer Steigerung der Komplexitätskosten im Produktions- und Logistikbereich eines Unternehmens führen und folglich die Produktivität beeinträchtigen kann (vgl. Gilmore/Pine 1997).

Da derartige Effekte speziell bei einer stark ausgeprägten Kundenorientierung auftreten, lässt sich vermuten, dass die Grenzkosten mit zunehmender Kundenorientierung ansteigen. Diese Dynamik spiegelt sich in einem konvexen Zusammenhang zwischen der Kundenorientierung von Verkäufern und den dadurch entstehenden Kosten wider (vgl. Abbildung 2). Vor diesem Hintergrund lässt sich ein Netto-Effekt der Kundenorientierung aus der Differenz zwischen dem Nutzen und den Kosten des kundenorientierten Verhaltens berechnen. Wie aus Abbildung 2 ersichtlich wird, erreicht diese Differenz bei einem bestimmten Maß des kundenorientierten Verhaltens ein Maximum, was ein optimales Niveau der Kundenorientierung für den Verkaufserfolg impliziert.

2.2.3 Der optimale Grad der Kundenorientierung

Ferner lässt sich vermuten, dass das optimale Niveau der Kundenorientierung in Abhängigkeit bestimmter Kontextfaktoren variiert, da die Steigungen der Nutzen- und Kostenkurve je nach Situation unterschiedlich verlaufen können. Konkret kann beispielsweise erwartet werden, dass bei bestimmten Marktgegebenheiten der Nutzen einer Zunahme der Kundenorientierung höher ausfällt. Dies hat zur Folge, dass sich in derartigen Situationen eine neue maximale Differenz zwischen dem Nutzen und den Kosten der Kundenorientierung ergibt, was zu einem höheren optimalen Niveau der Kundenorientierung für den Verkaufserfolg führt. Dieser Effekt wird in Abbildung 3 graphisch veranschaulicht. In diesem Beispiel ist der Nutzen der Kundenorientierung bei einer hohen Ausprägung der Moderatorvariablen höher als bei einer niedrigen Ausprägung. Dadurch ergibt sich bei hohen Werten des Moderators ein höheres optimales Niveau der Kundenorientierung als bei niedrigen Werten des Moderators. Die Existenz unterschiedlicher optimaler Niveaus der Kundenorientierung in Abhängigkeit bestimmter Rahmenbedingungen könnte eine weitere Erklärung darstellen für die bislang uneinheitlichen Ergebnisse hinsichtlich des Einflusses der Kundenorientierung von Verkäufern auf deren Verkaufserfolg.

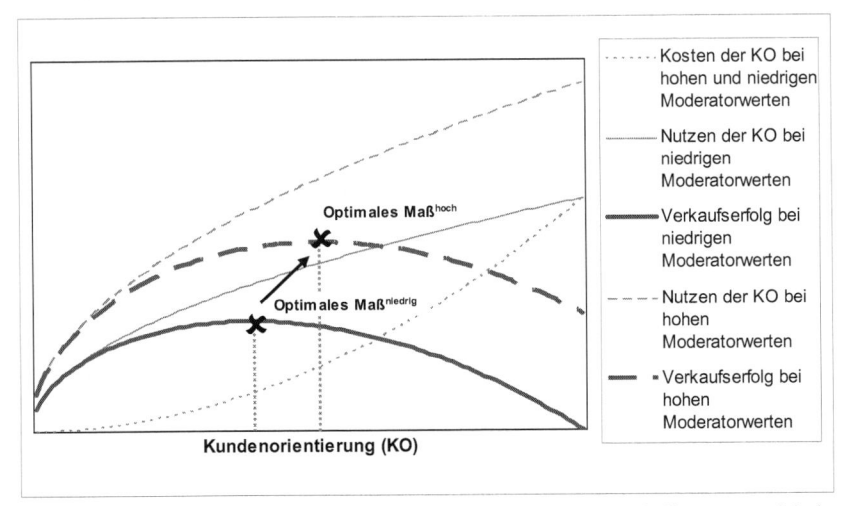

Abbildung 3: Beispielhafte graphische Veranschaulichung des Einflusses von Moderatorvariablen auf das optimale Maß der Kundenorientierung für den Verkaufserfolg

2.3 Bezugsrahmen der Untersuchung

Basierend auf den im vorherigen Abschnitt getroffenen theoretischen Vorüberlegungen soll nun der konzeptionelle Untersuchungsrahmen der vorliegenden Studie hergeleitet werden. Abbildung 4 liefert einen Überblick über das Untersuchungsmodell und die spezifischen Konstrukte, welche im Folgenden näher erläutert werden sollen.

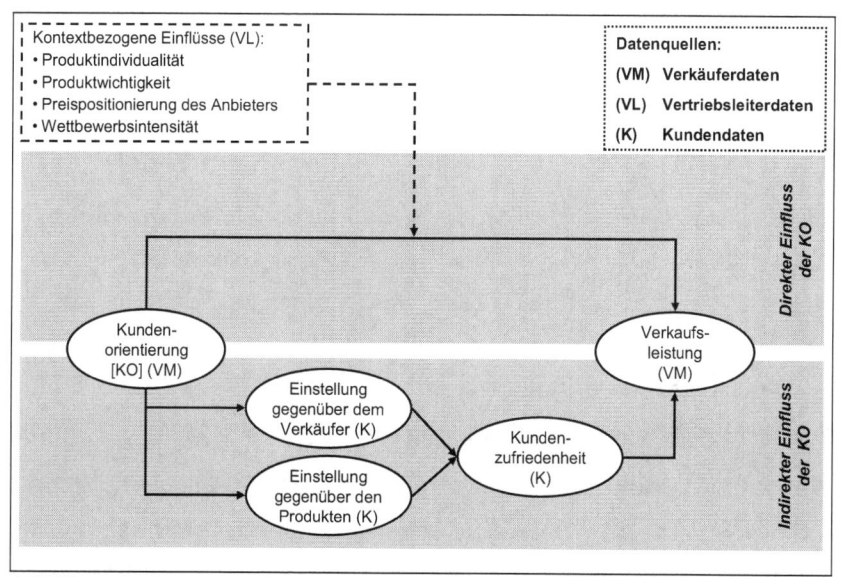

Abbildung 4: Konzeptioneller Bezugsrahmen des Untersuchungsmodells

Im Hinblick auf die Konzeptualisierung der *Kundenorientierung* wird auf die Charakterisierung des kundenorientierten Verkaufens nach Saxe und Weitz (1982, S. 344) zurückgegriffen. Konkret werden kundenorientierte Verhaltensweisen im Rahmen dieser Studie in vier Facetten zusammengefasst:

- *Systematische Bedarfsermittlung*, womit eine Reihe von Verhaltensweisen gemeint ist, welche zum Ziel haben, die Ziele, Bedürfnisse und Interessen eines Kunden sukzessive zu identifizieren,

- *Bedarfsorientierte Leistungspräsentation*, definiert als eine Reihe von Verhaltensweisen, welche darauf abzielen, den Kundennutzen der Produkte und Dienstleistungen eines Anbieters zu vermitteln sowie für den Kunden geeignete Produktlösungen zu identifizieren,

- *Berücksichtigung von Kundeninteressen*, womit Verhaltensweisen gemeint sind, welche zum Ziel haben, durch die umfassende Berücksichtigung von Kundeninteressen in Verkaufsverhandlungen eine Einigung zu erzielen, und schließlich

- *Vermeidung von Abschlussdruck*, definiert als eine Reihe von Verhaltensweisen, durch die in Verkaufsverhandlungen eine Einigung erzielt werden soll, ohne den Kunden unter Druck zu setzen.

2.3.1 Auswirkungen des kundenorientierten Verhaltens von Verkäufern

Auf Basis der in Abschnitt 2.2 getroffenen theoretischen Überlegungen werden im Rahmen der vorliegenden Studie sowohl verkaufs- als auch kundenbezogene Auswirkungen des kundenorientierten Verhaltens von Vertriebsmitarbeitern betrachtet. Als verkaufsbezogene Auswirkung wird die *Verkäuferleistung* als das finanzielle Ergebnis der Verkaufsaktivitäten von Vertriebsmitarbeitern definiert, beispielsweise der erzielte Umsatz innerhalb eines bestimmten Zeitraums (vgl. Cravens et al. 1993).

Bezüglich der kundenbezogenen Auswirkungen wird der direkte Effekt des kundenorientierten Verhaltens auf zwei spezifische Kundeneinstellungen untersucht. Erstens verschaffen sich Kunden in Verkaufsgesprächen einen Eindruck von ihrem Kundenbetreuer selbst (vgl. Webster 1968). Zweitens bilden sich Kunden während der Interaktion mit Verkäufern eine Meinung über die Produkte eines Anbieters (vgl. O'Shaughnessy 1972). Vor diesem Hintergrund werden für das Untersuchungsmodell sowohl die *Einstellung eines Kunden gegenüber dem Vertriebsmitarbeiter* als auch die *Einstellung eines Kunden gegenüber den Produkten des Anbieters* als kundenbezogene Auswirkungen der Kundenorientierung von Verkäufern berücksichtigt. Diese lassen sich definieren als das Ausmaß, zu dem ein Kunde den Vertriebsmitarbeiter bzw. die Produkte des Anbieters positiv bewertet. Des Weiteren wird untersucht, inwiefern diese beiden Konstrukte einen Einfluss auf die generelle *Kundenzufriedenheit* mit dem Anbieter haben. Die Kundenzufriedenheit ist hier definiert als die Gesamtbewertung eines Kunden seiner bisherigen Einkaufserfahrungen bei einem Anbieter (vgl. Anderson/Fornell/Lehmann 1994). Schließlich, wie aus Abbildung 4 ersichtlich wird, wird im Rahmen der Studie der Einfluss der Kundenzufriedenheit auf die Verkäuferleistung untersucht.

2.3.2 Kontextbezogene Einflüsse auf den optimalen Grad des kundenorientierten Verhaltens

Basierend auf der theoretischen Argumentation in Kapitel 2.2 werden in der vorliegenden Studie ferner vier situative Faktoren berücksichtigt, welche Merkmale der Produkte eines Anbieters sowie dessen Wettbewerbsposition beschreiben. Diese Konstrukte sind wie folgt definiert:

- *Produktindividualität* als das Ausmaß, zu dem die Produkte und Dienstleistungen eines Anbieters an die spezifischen Bedürfnisse der Kunden angepasst werden,

- *Produktwichtigkeit* als die generelle Wichtigkeit der Produkte und Dienstleistungen eines Anbieters für dessen Kunden zur Erreichung ihrer eigenen Ziele,

- *Preispositionierung des Anbieters* als das generelle Preisniveau eines Anbieters im Vergleich mit dessen Wettbewerbern, sowie

- *Wettbewerbsintensität* als das Ausmaß des Wettbewerbs in dem jeweiligen Marktumfeld eines Anbieters (vgl. Kohli/Jaworski 1990).

2.4 Herleitung der Hypothesen

Nachdem im vorhergehenden Abschnitt das Untersuchungsmodell und die einzelnen Konstrukte eingeführt wurden, werden im Folgenden zunächst die Hypothesen zu den in Kapitel 2.2 bereits angedeuteten Haupteffekten des kundenorientierten Verhaltens hergeleitet, bevor im Anschluss daran die Hypothesen zu den im Rahmen dieser Studie betrachteten moderierenden Effekten entwickelt werden.

2.4.1 Herleitung der Hypothesen zu den Haupteffekten

2.4.1.1 Der direkte Einfluss der Kundenorientierung auf die Verkaufsleistung

Aufgrund des hohen Stellenwerts für den Unternehmenserfolg handelt es sich bei dem Verkaufserfolg von Vertriebsmitarbeitern um „one of the most widely researched topics in the field of marketing" (vgl. MacKenzie/Podsakoff/Ahearne 1998, S. 87). Aus diesem Grund hat der potentielle Einfluss des kundenorientierten Verkaufens auf die Verkäuferleistung in der Vergangenheit beachtliches Forschungsinteresse auf sich gezogen (vgl. Schwepker 2003). Aus theoretischer Sicht lässt sich argumentieren, dass Kunden ein hohes Maß der Kundenorientierung von Verkäufern belohnen, beispielsweise durch eine Erhöhung der Kundenloyalität und des Bedarfsdeckungsanteils des jeweiligen Anbieters, was zu einer Steigerung des Verkaufserfolgs des jeweiligen Vertriebsmitarbeiters führt (vgl. Saxe/Weitz 1982). Allerdings liefern, wie in Kapitel 2.1 bereits erwähnt, zwei kürzlich durchgeführte Meta-Analysen unzureichende empirische Belege für einen direkten, kontinuierlich positiven Einfluss des kundenorientierten Verhaltens auf die Verkäuferleistung (vgl. Franke/Park 2006; Jaramillo et al. 2007a).

Unter Berücksichtigung des Nutzens und der Kosten der Kundenorientierung von Verkäufern (vgl. Kapitel 2.2) wird die Vermutung aufgestellt, dass der Zusammenhang zwischen der Kundenorientierung in Verkaufsgesprächen und der Verkäuferleistung die Form eines umgekehrten U aufweist. In anderen Worten kann erwartet werden, dass die Verkäuferleistung bei einem mittleren Niveau der Kundenorientierung am größten ist, während sie bei niedrigen und sehr hohen Niveaus des kundenorientierten Verhaltens geringer ausfällt.

Gemäß Abbildung 2 in Kapitel 2.2 lässt sich konkret vermuten, dass mit zunehmender Kundenorientierung deren Grenznutzen abnimmt und deren Grenzkosten zunehmen, wodurch sich ein optimales Maß des kundenorientierten Verhaltens für den Verkaufserfolg ergibt. In den folgenden Ausführungen sollen die Kosten steigender Kundenorientierung anhand der in dieser Studie betrachteten vier Facetten der Kundenorientierung veranschaulicht werden. Erstens erfordert die präzise Ermittlung des Kundenbedarfs sowie die entsprechende bedarfsorientierte Vorstellung von Produkten und Dienstleistungen einen substantiellen Anteil der verfügbaren Zeit von Vertriebsmitarbeitern. Je stärker ein Verkäufer sich folglich kundenorientiert verhält, desto weniger Kunden kann dieser in einem bestimmten Zeitraum betreuen, was zu entgangenen Erlösen führen kann. Zweitens kann eine übertriebene Berücksichtigung von Kundeninteressen die Verkaufsleistung eines Vertriebsmitarbeiters schmälern, beispielsweise durch überzogene Preiszugeständnisse, kostenfrei gewährte Services oder kostspielige Sonderanfertigungen (vgl. Franke/Park 2006). Drittens kann eine vollständige Vermeidung des Aufbaus von Abschlussdruck den Verkaufsprozess verlängern, was zusätzliche Zeit der Vertriebsmitarbeiter in Anspruch nimmt und diese wiederum daran hindert, andere Kunden zu kontaktieren (vgl. Bursk 2006). Darüber hinaus kann eine komplette Vermeidung von Abschlussdruck den Verkaufsabschluss sogar verhindern, beispielsweise wenn der Kunde während des Verkaufsprozesses plötzlich entscheidet, bei einem Wettbewerber zu kaufen (vgl. Sheth 1973). Vor diesem Hintergrund lässt sich die folgende Hypothese aufstellen:

H_1: *Der Zusammenhang zwischen der Kundenorientierung von Vertriebsmitarbeitern und deren Verkaufsleistung ist nicht-linear in Form eines umgekehrten U.*

2.4.1.2 Der indirekte Einfluss der Kundenorientierung auf die Verkaufsleistung über die Einstellungen des Kunden

Im Hinblick auf die Einstellungen eines Kunden gegenüber dem Vertriebsmitarbeiter und den Produkten des Anbieters wird ein kontinuierlich positiver Einfluss des kundenorientierten Verhaltens erwartet. Die zentrale Erklärung für diese Behauptung liegt darin, dass Kunden die kundenorientierten Bemühungen von Verkäufern sehr zu schätzen wissen und kundenorientiertes Verhalten folglich einen starken Einfluss auf Kundenbewertungen ausübt, während die Kosten der Kundenorientierung sich nicht in den Einstellungen eines Kunden widerspiegeln.

Im Einklang mit bisherigen Forschungsarbeiten (vgl. bspw. Crosby/Stephens 1987) kann zudem vermutet werden, dass die Einstellungen eines Kunden gegenüber dem Vertriebsmitarbeiter und den Produkten des Anbieters starke Treiber der Gesamtzufriedenheit eines Kunden mit dem Anbieter darstellen. Aus diesem Grund wird ein durchweg positiver Zusammenhang zwischen den beiden spezifischen Kundeneinstellungen und der generellen Kundenzufriedenheit unterstellt. Da eine Steigerung der Kundenzufriedenheit wiederum mit positiven Auswirkungen verbunden ist wie beispielsweise eine Erhöhung des Bedarfsdeckungsanteils des Anbieters (vgl. Keiningham/Munn/ Evans 2003), kann schließlich ein positiver Effekt der Kundenzufriedenheit auf den Verkaufserfolg eines Vertriebsmitarbeiters vermutet werden. Da diese unterstellten Zusammenhänge in vergangenen Studien bereits weitgehend empirisch bestätigt wurden, sind die entsprechenden Hypothesen (H_2-H_6) in Tabelle 5 zusammengefasst.

2.4.2 Herleitung der Hypothesen zu den moderierenden Effekten

Im Folgenden soll der potentielle Einfluss der Wichtigkeit und Individualität der Produkte des Anbieters, der Preispositionierung des Anbieters sowie der Wettbewerbsintensität auf das optimale Maß der Kundenorientierung für den Verkaufserfolg von Vertriebsmitarbeitern diskutiert werden. Gegeben der Kosten der Kundenorientierung von Verkäufern (vgl. H_1), wird generell die Vermutung aufgestellt, dass die Höhe des Zusatznutzens einer Steigerung der Kundenorientierung von Kontextfaktoren abhängt. In anderen Worten wird erwartet, dass in bestimmten Verkaufskontexten der Zusatznutzen einer erhöhten Kundenorientierung eine Steigerung des kundenorientierten Verhaltens über das allgemein optimale Niveau rechtfertigt, da die zusätzlichen Kosten einer Steigerung der Kundenorientierung überkompensiert werden. Gemäß Abbildung 3 führt der höhere Grenznutzen einer Zunahme der Kundenorientierung – d.h. eine größere Steigung der Nutzenkurve - tatsächlich zu einem höheren optimalen Maß der Kundenorientierung für den Verkaufserfolg.

Untersuchter Zusammenhang	Erwarteter Effekt	Begründung der Hypothesen	Ausgewählte Literatur
Der Einfluss der Kundenorientierung von Verkäufern auf spezifische Kundeneinstellungen			
Kundenorientierung → Einstellung des Kunden gegenüber dem Vertriebsmitarbeiter	kontinuierlich positiv (H_2)	- Kundenorientierte Verkäufer nehmen die Interessen der Kunden sehr ernst und sind sehr bemüht, die Bedürfnisse der Kunden zu befriedigen - Kunden schätzen derartige Bemühungen und entwickeln eine positive Einstellung gegenüber kundenorientierten Vertriebsmitarbeitern - Empirische Belege für positiven Effekt vorhanden	Goff et al. 1997; Macintosh 2007
Kundenorientierung → Einstellung des Kunden gegenüber den Produkten des Anbieters	kontinuierlich positiv (H_3)	- Kundenorientierte Verkäufer erläutern den spezifischen Kundennutzen der Produkte und Services eines Anbieters und erarbeiten Produktlösungen, welche den Kundenanforderungen bestmöglich gerecht werden - Kunden erkennen folglich ihre Vorteile aus den Produkten und Services eines Anbieters und entwickeln diesen gegenüber eine positive Einstellung - Empirische Belege für positiven Effekt vorhanden	Brady/Cronin 2001
Die Auswirkungen spezifischer Kundeneinstellungen			
Einstellung des Kunden gegenüber den Produkten des Anbieters → Kundenzufriedenheit	kontinuierlich positiv (H_4)	- Die Kundenzufriedenheit mit dem Anbieter stellt eine Gesamtbewertung der Geschäftsbeziehung dar und wird von mehreren Faktoren beeinflusst - Die Einstellungen des Kunden gegenüber den Vertriebsmitarbeiter und den Produkten des Anbieters stellen in diesem Zusammenhang zwei zentrale Determinanten der Gesamtzufriedenheit dar - Empirische Belege für positiven Effekt vorhanden	Crosby/Stephens 1987; Humphreys/Williams 1996
Einstellung des Kunden gegenüber dem Vertriebsmitarbeiter → Kundenzufriedenheit	kontinuierlich positiv (H_5)		
Kundenzufriedenheit → Verkäuferleistung	kontinuierlich positiv (H_6)	- Die Kundenzufriedenheit ist ein starker Treiber der Kundenloyalität - Eine Zunahme der Kundenzufriedenheit geht dadurch einher mit einer Steigerung der Zahlungsbereitschaft, der Weiterempfehlungsbereitschaft und der zukünftigen Kaufbereitschaft eines Kunden - Diese Effekte schlagen sich in einer höheren Verkäuferleistung nieder - Empirische Belege für positiven Effekt vorhanden	Ahearne/Mathieu/Rapp 2005; Anderson 1998; Keiningham/Munn/Evans 2003

Tabelle 5: Überblick über die Hypothesen 2 bis 6

2.4.2.1 Der moderierende Einfluss der Produktwichtigkeit auf den optimalen Grad der Kundenorientierung

Zur Erklärung des Einflusses der Produktwichtigkeit auf das optimale Maß der Kundenorientierung wird auf die Theorie des wahrgenommenen Risikos zurückgegriffen (vgl. Bauer 1960). Die zentrale Annahme dieses Ansatzes ist, dass Kaufentscheidungen mit einem wahrgenommenen Risiko verbunden sind. Das bedeutet, dass die Auswirkungen einer Kaufentscheidung zum Zeitpunkt der Entscheidung mit Unsicherheit behaftet sind (vgl. Tullous/Munson 1992). Eine zentrale Komponente des wahrgenommenen Risikos von Kunden ist deren Unsicherheit im Hinblick darauf, ob ein bestimmtes Produkt oder eine bestimmte Dienstleistung ihren spezifischen Leistungsanforderungen vollständig gerecht werden (vgl. Dowling/Staelin 1994).

In diesem Kontext lässt sich vermuten, dass das wahrgenommene Risiko eines Kunden bei wichtigen Produkten größer ist als bei weniger wichtigen Produkten. Bei wichtigen Produkten sind die negativen Konsequenzen des Kaufs eines unpassenden Produkts deutlich gravierender als bei Produkten mit geringer Wichtigkeit für den Kunden (vgl. Bloch/Richins 1983). Beispielhaft seien an dieser Stelle als mögliche negative Konsequenzen monetäre Verluste durch die Kosten der Ersetzung des Produkts oder, im Business-to-Business Bereich, durch Stillstandszeiten in der Produktion genannt. Folglich werden Kunden bei wichtigen Produkten einen höheren Bedarf an Produktinformationen und Beratung durch ihren Kundenbetreuer aufweisen als bei weniger wichtigen Produkten, um das wahrgenommene Risiko einer Fehlentscheidung zu verringern.

Damit ein Verkauf erfolgreich abgeschlossen werden kann, müssen Vertriebsmitarbeiter den höheren Informationsbedarf ihrer Kunden berücksichtigen und diesen Hilfestellung leisten, um die Unsicherheit der Kunden zu reduzieren. Folglich wird erwartet, dass das optimale Niveau des kundenorientierten Verhaltens in Verkaufsgesprächen bei für den Kunden wichtigen Produkten höher ist als bei weniger wichtigen Produkten. Sofern die Produkte des Anbieters für den Kunden von hoher Wichtigkeit sind, sind

Vertriebsmitarbeiter vermutlich in der Lage, ihren Umsatz bzw. ihre Abschlussquote durch eine Steigerung der Kundenorientierung in einem größeren Umfang zu erhöhen als bei weniger wichtigen Produkten. Derartige zusätzliche Bemühungen von Verkäufern mögen sein, mehr Zeit mit einzelnen Kunden zu verbringen, um deren Produktbedürfnisse präzise zu definieren und daraufhin Lösungen anzubieten, welche den Kundenbedarf bestmöglich abdecken. Alternativ könnten Vertriebsmitarbeiter im Interesse der Kunden zusätzliche Dienstleistungen anbieten, wie beispielsweise Garantien zur Reduktion des wahrgenommenen Risikos der Kunden. In anderen Worten wird erwartet, dass bei wichtigen Produkten der Zusatznutzen einer Steigerung der Kundenorientierung höher ist als bei weniger wichtigen Produkten. Gemäß Abbildung 3 führt ein höherer Nutzen zu einem höheren optimalen Maß der Kundenorientierung für den Verkaufserfolg. Entsprechend wird angenommen:

H_7: *Das optimale Maß der Kundenorientierung von Vertriebsmitarbeitern für die Verkaufsleistung ist bei für den Kunden wichtigen Produkten höher als bei für den Kunden weniger wichtigen Produkten.*

2.4.2.2 *Der moderierende Einfluss der Produktindividualität auf den optimalen Grad der Kundenorientierung*

In vielen Branchen, vor allem im Business-to-Business Bereich, werden Produkte und Dienstleistungen oftmals sehr spezifisch an die Bedürfnisse der Kunden angepasst. Als Beispiele sind hier Fertigungsanlagen in der Automobilindustrie oder Finanzierungslösungen für Firmenkunden in der Finanzdienstleistungsbranche zu nennen. Folglich stellt die Produktindividualisierung in einem solchen Umfeld ein zentrales Thema in Verkaufsgesprächen dar. In einem derartigen Kontext müssen Vertriebsmitarbeiter ihre Bemühungen bzw. Verhaltensweisen verstärkt an den Bedürfnissen der Kunden ausrichten (vgl. Spiro/Weitz 1990). Vor diesem Hintergrund wird erwartet, dass das Ausmaß der Individualität der Produkte eines Anbieters einen wesentlichen Einfluss auf das optimale Niveau der Kundenorientierung für den Verkaufserfolg aufweist.

In diesem Zusammenhang wird erneut das Konzept des wahrgenommenen Risikos herangezogen, um diese Vermutung theoretisch zu fundieren. Konkret wird zunächst erwartet, dass das wahrgenommene Risiko eines Kunden bei stark individualisierten Produkten und Dienstleistungen höher ist als bei geringfügig individualisierten bzw. standardisierten Produkten. Dies lässt sich damit begründen, dass Kunden bei individualisierten Produkten im Vorfeld größere Schwierigkeiten bei der Bewertung haben, ob das betrachtete Produkt auch tatsächlich ihren Anforderungen vollständig gerecht werden wird, was zu einem gesteigerten Unsicherheitsempfinden führt. Folglich lässt sich vermuten, dass zur Reduzierung der größeren Kundenunsicherheit bei individualisierten Produkten ein höheres Maß der Kundenorientierung optimal ist als bei standardisierten Produkten. Ähnlich der Argumentation zur Fundierung von H_7 sind Vertriebsmitarbeiter bei hoch individualisierten Produkten wohl in der Lage, ihren Umsatz bzw. ihre Abschlussquote in größerem Umfang zu steigern als bei standardisierten Produkten, indem sie mehr Zeit mit einzelnen Kunden verbringen, um deren Leistungsanforderungen genau zu erfassen und die Kunden während des Kaufprozesses maßgeblich zu unterstützen.

Des Weiteren deutet die wissenschaftliche Literatur an, dass Kunden für maßgeschneiderte Produkte bereit sind einen Preisaufschlag zu zahlen (vgl. Moon/Chadee/Tikoo 2008). Anders ausgedrückt wird erwartet, dass Kunden weniger preissensibel sind, wenn Leistungen erworben werden, welche umfassend den Kundenbedürfnissen angepasst sind und folglich einen hohen Wert für Kunden schaffen. Daher lässt sich vermuten, dass mit zunehmender Kundenorientierung Vertriebsmitarbeiter in der Lage sind, bei individualisierten Produkten höhere Margen auszuhandeln als bei standardisierten Produkten. Höhere Preise für individualisierte Produkte würden folglich größere Anstrengungen zur Befriedigung der Kundenbedürfnisse rechtfertigen.

Vor diesem Hintergrund wird die Hypothese aufgestellt, dass bei hoch individualisierten Produkten der Zusatznutzen einer Steigerung der Kundenorientierung größer ist als bei standardisierten Produkten. Als Konsequenz lässt sich festhalten:

H_8: *Das optimale Maß der Kundenorientierung von Vertriebsmitarbeitern für die Verkaufsleistung ist bei individualisierten Produkten höher als bei standardisierten Produkten.*

2.4.2.3 Der moderierende Einfluss der Preispositionierung des Anbieters auf den optimalen Grad der Kundenorientierung

Weiterhin wird erwartet, dass das optimale Niveau des kundenorientierten Verhaltens in Abhängigkeit der Preispositionierung des Anbieters variiert. Aus der Kundenperspektive stellt das allgemeine Preisniveau eines Anbieters ein wichtiges Indiz für die Qualität der Anbieterprodukte dar und folglich für den entsprechenden materiellen oder immateriellen Wert, den der Kunde durch den Erwerb erhält (vgl. bspw. Rao/ Monroe 1989). Wenn demnach das Preisniveau eines Anbieters wesentlich über dem Marktdurchschnitt liegt, erwarten Kunden zusätzliche Vorteile, damit sie die höheren Preise akzeptieren.

In ihrer Rolle als primäre Informationsquelle des Kunden müssen Vertriebsmitarbeiter in der Lage sein, höhere Preise gegenüber Kunden zu rechtfertigen. Insbesondere wenn das Preisniveau des Anbieters deutlich über dem Marktdurchschnitt liegt, müssen Verkäufer vermutlich stärkere Anstrengungen vornehmen, um den Kundennutzen der Produkte und Dienstleistungen klar herauszuarbeiten und somit den überdurchschnittlichen Wert des Angebotes zu verdeutlichen. Beispielsweise könnten in diesem Zusammenhang dem Kunden auch zusätzliche Services angeboten werden wie Schulungsmaßnahmen zur Sicherstellung der fachgemäßen Bedienung von Produkten. Wenn im Gegensatz hierzu das Preisniveau des Anbieters deutlich unter dem Marktdurchschnitt liegt, können Vertriebsmitarbeiter sich in ihrer Verkaufsargumentation auch stärker auf die niedrigen Preise berufen, wodurch vermutlich ein geringeres Maß der Kundenorientierung ausreichend ist, um das gewünschte Verkaufsergebnis zu erzielen.

In anderen Worten lässt sich die Vermutung aufstellen, dass der Zusatznutzen einer Zunahme des kundenorientierten Verhaltens wesentlich höher ausfällt, wenn das Preisniveau des Anbieters deutlich über anstatt deutlich unter dem Marktdurchschnitt liegt. Bei gegebenen Kosten der Kundenorientierung würde dieser Umstand bei einem überdurchschnittlichen Preisniveau des Anbieters wiederum zu einem höheren optimalen Maß der Kundenorientierung für den Verkaufserfolg führen (vgl. Abbildung 3). Entsprechend wird die folgende Annahme getroffen:

H_9: *Das optimale Maß der Kundenorientierung von Vertriebsmitarbeitern für die Verkaufsleistung ist bei einem überdurchschnittlichen Preisniveau des Anbieters höher als bei einem unterdurchschnittlichen Preisniveau.*

2.4.2.4 Der moderierende Einfluss der Wettbewerbsintensität auf den optimalen Grad der Kundenorientierung

Schließlich wird aus mehreren Gründen erwartet, dass das optimale Niveau der Kundenorientierung auf wettbewerbsintensiven Märkten höher ist als auf weniger wettbewerbsintensiven Märkten. Zunächst verfügen Kunden auf Märkten mit hoher Wettbewerbsintensität über eine stärkere relative Marktmacht als auf weniger wettbewerbsintensiven Märkten (vgl. Appiah-Adu/Singh 1998). Entsprechend haben Kunden in einem sehr wettbewerbsintensiven Umfeld vermutlich auch höhere Erwartungen hinsichtlich der Produkt- und Dienstleistungsqualität eines Anbieters. Demzufolge sind Wettbewerber – und insbesondere Vertriebsmitarbeiter der Konkurrenz – bei hohem Wettbewerb wohl stärker bemüht, mittels einer ausgeprägten Kundenorientierung Kunden zu gewinnen und an das jeweilige Unternehmen zu binden (vgl. Kohli/Jaworski 1990). Des Weiteren gibt es in einem wettbewerbsintensiven Umfeld oftmals kaum

Qualitätsunterschiede im Hinblick auf die angebotenen Produkte und Dienstleistungen, wodurch die Differenzierung gegenüber Wettbewerbern erschwert wird. Bei hohem Wettbewerb erhöht sich daher der Druck auf Vertriebsmitarbeiter, zusätzliche Anstrengungen vorzunehmen, um sich von den Verkäufern der Konkurrenz abzuheben, den Kundenerwartungen gerecht zu werden und folglich einen überdurchschnittlichen Verkaufserfolg zu erzielen. Als Konsequenz kann vermutet werden, dass ein hohes Maß der Kundenorientierung bei hohem Wettbewerb einen höheren Nutzen stiftet als bei geringem Wettbewerb. Auf ähnliche Art und Weise behaupten Kohli und Jaworski (1990, S. 15), dass die Vorteile der Marktorientierung für Unternehmen in wettbewerbsintensiven Branchen größer sind als für Unternehmen in Branchen mit geringerem Wettbewerb. Sofern nur geringer Wettbewerb auf einem Markt herrscht, können sich Vertriebsmitarbeiter einfacher vom Wettbewerb abheben, beispielsweise mittels der Qualität und Einzigartigkeit der Produkte und Dienstleistungen des Anbieters. In solchen Fällen ist wohl ein geringeres Maß des kundenorientierten Verhaltens notwendig, um einen überdurchschnittlichen Verkaufserfolg zu erzielen. Vor diesem Hintergrund lässt sich die folgende Hypothese aufstellen:

H_{10}: *Das optimale Maß der Kundenorientierung von Vertriebsmitarbeitern für die Verkaufsleistung ist bei hoher Wettbewerbsintensität höher als bei geringer Wettbewerbsintensität.*

2.5 Datenerhebung und Stichprobe

Um die im vorherigen Abschnitt aufgestellten Hypothesen mittels einer breiten Datenbasis zu prüfen, wurde im Rahmen der vorliegenden Studie eine umfassende Befragung von Vertriebsmanagern, Vertriebsmitarbeitern und Kunden durchgeführt (vgl. Kapitel 1.4). Um die notwendigen Daten erheben zu können, wurden Unternehmen aus verschiedenen Branchen eingeladen an der Studie teilzunehmen und gebeten, Kontaktdaten der zu befragenden Vertriebsleiter, -mitarbeiter und Kunden zur Verfügung zu stellen. Als Gegenleistung für die Teilnahme an der Studie wurde jedem Unternehmen ein individualisierter Ergebnisbericht – inklusive eines Benchmarking der teilnehmenden Unternehmen – und ein Workshop zur Diskussion von Verbesserungspotentialen angeboten. Daraufhin stimmten zwölf Unternehmen – überwiegend aus dem Business-to-Business Bereich – mit insgesamt 33 Geschäftseinheiten einer Teilnahme an der Studie zu.

Die Erhebung der Daten erfolgte in jeder teilnehmenden Geschäftseinheit in zwei Schritten. Zunächst wurden die Vertriebsleiter und deren jeweilige Mitarbeiter befragt. Nachdem diese über die Ziele und den Umfang des Forschungsprojektes informiert waren, wurden den Teilnehmern Fragebögen zugeschickt mit der Bitte um Beantwortung und Rücksendung innerhalb von vier Wochen. Auf diese Weise wurden verwertbare Antworten von 56 Vertriebsleitern (entspricht einer Rücklaufquote von 84,9%) und 195 Vertriebsmitarbeitern (entspricht einer Rücklaufquote von 67,2%) generiert.

Im zweiten Schritt wurden Kontaktdaten von im Durchschnitt zehn Kunden je teilnehmendem Vertriebsmitarbeiter zur Verfügung gestellt, wodurch die Möglichkeit bestand, mehrere Kunden pro Vertriebsmitarbeiter zu befragen, um so ein repräsentatives Feedback seitens der Kunden zu erhalten. Nachdem auch die Kunden per Post über die Ziele der Studie aufgeklärt waren, wurden diese telefonisch befragt, wodurch verwertbare Antworten von 538 Kunden erzielt wurden. Tabelle 6 liefert einen Überblick über zentrale Merkmale der Studienteilnehmer.

Die Daten aus den drei verschiedenen Quellen (Vertriebsleiter, -mitarbeiter und Kunden) werden mittels Zahlencodes zusammengeführt. Da die Analyseeinheit der Studie der einzelne Vertriebsmitarbeiter ist und die Verkäuferleistung die zentrale abhängige Variable darstellt, werden die Daten auf der Ebene der Vertriebsmitarbeiter zusammengeführt. Insbesondere werden die Kundenantworten auf der Verkäuferebene aggregiert.

A. Branchenzugehörigkeit der befragten Vertriebsmitarbeiter	%
Finanzdienstleistungen	32
Logistik	22
Gesundheitswesen	14
Maschinenbau	2
Chemie	17
Informationstechnologie	13
B. Verkaufserfahrung der befragten Vertriebsmitarbeiter	**%**
≤ 5 Jahre	14
5 - 10	31
11 - 15	21
16 - 20	19
21 - 25	5
26 - 30	5
> 30 Jahre	5
C. Anzahl der von einem Vertriebsmitarbeiter betreuten Kunden	**%**
1 - 10	20
11 - 20	16
21 - 50	22
51 - 100	17
> 100	25

Tabelle 6: Charakteristika der Stichprobe

Da eine derartige Datenaggregation problematisch ist, sofern Bewertungen, die sich auf den gleichen Vertriebsmitarbeiter beziehen, eine hohe Varianz aufweisen, wurde im Vorfeld für jede auf der Kundenseite gemessene Variable der $r_{wg(J)}$-Index berechnet (vgl. James/Demaree/Wolf 1984). Diese Kennzahl wird verwendet, um die Konsistenz der Antworten von Probanden zu untersuchen. In der vorliegenden Studie liegen die $r_{wg(J)}$-Werte für die drei zentralen, auf Kundenseite gemessenen Konstrukte (d.h. für die Einstellung des Kunden gegenüber dem Vertriebsmitarbeiter, die Einstellung des Kunden gegenüber den Produkten des Anbieters sowie für die Gesamtzufriedenheit des Kunden) alle über einem Wert von 0,89, was auf eine hohe Konsistenz der Antworten, welche sich auf den gleichen Vertriebsmitarbeiter beziehen, schließen lässt (vgl. Brown/Hauenstein 2005). Zusätzlich liegen die $r_{wg(J)}$-Werte für zwei auf der Kundenseite gemessene Kontrollvariablen über einem Wert von 0,70, was ebenfalls auf eine akzeptable Konsistenz hindeutet. Insgesamt scheint daher die Aggregation der Kundenantworten für jeden Vertriebsmitarbeiter gerechtfertigt.

2.6 Messung der Konstrukte

Ein Großteil der verwendeten Skalen zur Messung der Konstrukte orientiert sich an bisherigen Forschungsarbeiten. Die entsprechenden Fragebögen für die Vertriebsleiter, Vertriebsmitarbeiter und Kunden wurden im Vorfeld unter Praktikern getestet und auf Basis erhaltener Kommentare weiter präzisiert. Tabelle 8 am Ende dieses Abschnitts liefert einen vollständigen Überblick über die verwendeten Indikatoren zur Messung der Konstrukte und deren Anwendung in früheren wissenschaftlichen Studien.

Die *Kundenorientierung* von Vertriebsmitarbeitern wird mit insgesamt 17 Indikatoren gemessen. Für jede Facette des kundenorientierten Verhaltens in Verkaufsgesprächen (d.h. für die systematische Bedarfsermittlung, die bedarfsorientierte Leistungspräsentation, die Berücksichtigung von Kundeninteressen und für die Vermeidung von Abschlussdruck) werden zwischen drei und sechs Indikatoren verwendet. Die Indikatoren beruhen im Wesentlichen auf der Konzeptualisierung und Operationalisierung der Kundenorientierung nach Saxe und Weitz (1982) sowie auf der Arbeit von Dubinsky (1980), dessen umfassende Analyse von 84 Verkaufstechniken auch kundenorientierte Verhaltensweisen berücksichtigt.

Um die Anzahl der Parameter im Rahmen des Untersuchungsmodells auf einem überschaubaren Niveau zu halten und gleichzeitig die mehrdimensionale Struktur des Konstrukts zu erhalten, werden gemäß dem Vorschlag von Bagozzi und Edwards (1998) sogenannte „Item Parcels" zur Messung der Kundenorientierung von Verkäufern verwendet. Konkret wird für jede der vier Facetten der Kundenorientierung die durchschnittliche Bewertung des jeweiligen Vertriebsmitarbeiters aus den entsprechenden Skalen errechnet. Diese Durchschnittswerte werden im Anschluss als Indikatoren der Kundenorientierung der Verkäufer verwendet. Eine wichtige Voraussetzung der Verwendung solcher Durchschnittswerte ist, dass die aggregierten Skalen lediglich auf einen zugrundeliegenden Faktor zurückzuführen sind (vgl. Bandalos/Finney 2001). Die Ergebnisse einer konfirmatorischen Faktorenanalyse (vgl. Tabelle 8) zeigen für alle

Indikatoren relativ hohe Indikatorreliabilitäten, wodurch auf einen starken Einfluss des jeweiligen zugrundeliegenden Faktors geschlossen werden kann. Dadurch ist die Eindimensionalität der aggregierten Skalen bestätigt (vgl. Gerbing/Anderson 1988).

Die Messung der *Verkäuferleistung* erfordert eine Skala, welche vergleichbare Ergebnisse unter den teilnehmenden Vertriebsmitarbeitern liefert. Da im Rahmen der Studie Vertriebsmitarbeiter aus verschiedenen Unternehmen und Branchen befragt wurden, wird die Vergleichbarkeit objektiver Leistungsdaten (bspw. tatsächlich erzielte Umsätze in €) als problematisch eingestuft (vgl. Behrman/Perreault 1982). Infolgedessen wurden gemäß Oliver und Anderson (1994) die teilnehmenden Vertriebsmitarbeiter gefragt, ihre eigene Verkaufsleistung im Vergleich mit der ihrer Kollegen auf einer Skala von 1 (= „deutlich schlechter") bis 7 (= „deutlich besser") anhand von drei Indikatoren zu bewerten: die Anzahl der generierten Aufträge, der erzielte Umsatz und der erzielte Deckungsbeitrag. In diesem Zusammenhang schlussfolgern Churchill et al. (1985, S. 117) auf Basis ihrer Meta-Analyse der Determinanten des Verkaufserfolgs, dass „self-report measures of performance do not lead to significantly higher correlations than other ′more objective′ performance measures". Daher wird unter Berücksichtigung des vorliegenden Studiendesigns das verwendete Maß zur Bestimmung der Verkaufsleistung der Vertriebsmitarbeiter als valides Instrument betrachtet.

Auf Basis der Daten aus der Kundenbefragung werden die *Einstellung des Kunden gegenüber dem Vertriebsmitarbeiter* mit drei Indikatoren und die *Einstellung des Kunden gegenüber den Produkten des Anbieters* mit vier Indikatoren gemessen. Die verwendeten Indikatoren basieren auf den Arbeiten von Crosby und Stephens (1987) sowie von Brady und Cronin (2001). Die *Kundenzufriedenheit* wird mittels vier Indikatoren gemessen, welche bereits von Homburg und Stock (2004) verwendet wurden.

Darüber hinaus werden einige Kontrollvariablen in das Untersuchungsmodell aufgenommen. Sämtliche Kontrollvariablen werden mittels eines Indikators gemessen, basierend auf früheren Forschungsarbeiten. Im Einzelnen wird im Hinblick auf die Verkäuferleistung die Erfahrung von Vertriebsmitarbeitern als weitere Determinante berücksichtigt. Hinsichtlich der Einstellung des Kunden gegenüber dem Vertriebsmitarbeiter und den Produkten des Anbieters sowie hinsichtlich der generellen Kundenzufriedenheit wird für den Einfluss der wahrgenommenen Servicequalität kontrolliert. Schließlich wird die wahrgenommene Qualität der kundenbezogenen Geschäftsprozesse als weiterer möglicher Einflussfaktor der Kundenzufriedenheit betrachtet. Tabelle 7 liefert einen Überblick über Korrelationen und weitere Kennzahlen der Konstrukte, welche für die Analyse der postulierten Haupteffekte verwendet werden.

Im Hinblick auf die Moderatorvariablen werden Einschätzungen der befragten Vertriebsleiter verwendet. Konkret wurden die Vertriebsleiter gebeten, die Individualität und Wichtigkeit typischer, durch ihre Geschäftseinheit vermarkteter Produkte zu bewerten. Die *Produktindividualität* wird in diesem Zusammenhang in Anlehnung an die Arbeit von Stump (1995) mit vier Indikatoren gemessen, während die *Produktwichtigkeit* basierend auf der Arbeit von Porter, Wiener und Frankwick (2003) mit zwei Indikatoren gemessen wird. Die *Wettbewerbsintensität* wird mit fünf Indikatoren in Anlehnung an die Arbeit von Jaworski und Kohli (1993) gemessen. Schließlich wurden die befragten Vertriebsleiter gebeten, die generelle *Preispositionierung* ihrer Geschäftseinheit im Vergleich mit ihren Wettbewerbern einzuschätzen.

Um die Reliabilität und Validität der Konstruktmessung zu bewerten, werden für jeden Faktor einzeln konfirmatorische Faktorenanalysen mittels der Mplus-Software (Version 4.1) durchgeführt (vgl. Muthen/Muthen 2006). Generell deuten die Ergebnisse auf akzeptable psychometrische Eigenschaften der Konstrukte hin. Insbesondere weisen alle Faktorreliabilitäten einen Wert über dem empfohlenen Schwellenwert von 0,70 auf (vgl. Tabelle 7). Zudem liegen die Indikatorreliabilitäten mit wenigen Ausnahmen über dem Grenzwert von 0,40 (vgl. Bagozzi/Baumgartner 1994 sowie Tabelle 8).

Variable	MW	SA	FR	DEV	1	2	3	4	5	6	7	8
1. Kundenorientierung (VM)	5,85	0,56	0,86	0,61	1,00							
2. Verkäuferleistung (VM)	4,96	0,93	0,88	0,71	0,30	1,00						
3. Einstellung des Kunden gegenüber dem Verkäufer (K)	6,13	0,98	0,93	0,81	0,25	0,20	1,00					
4. Einstellung des Kunden gegenüber den Produkten des Anbieters (K)	5,33	0,94	0,85	0,59	0,24	0,22	0,15	1,00				
5. Kundenzufriedenheit (K)	5,67	0,96	0,94	0,78	0,15	0,32	0,42	0,59	1,00			
6. Erfahrung des Verkäufers (VM)	13,30	8,36	n/a*	n/a*	-0,04	0,30	-0,01	0,00	0,01	1,00		
7. Dienstleistungsqualität (K)	4,96	1,19	n/a*	n/a*	-0,14	0,14	0,30	0,23	0,42	0,07	1,00	
8. Qualität der kundenbezogenen Geschäftsprozesse (K)	4,82	1,15	n/a*	n/a*	-0,09	0,15	0,17	0,13	0,38	0,04	0,55	1,00

VM = Verkäuferdaten
K = Kundendaten
MW = Mittelwert
SA = Standardabweichung
FR = Faktorreliabilität
DEV = Durchschnittlich erfasste Varianz
* Single-Item-Messung, Faktorreliabilität und durchschnittlich erfasste Varianz können nicht berechnet werden

Tabelle 7: Korrelationen und Messinformationen zu den Konstrukten der Haupteffekte des Untersuchungsmodells

I. Kundenorientierung von Vertriebsmitarbeitern	Indikator-Reliabilität
Systematische Bedarfsermittlung	0,83
Bedarfsorientierte Leistungspräsentation	0,79
Berücksichtigung von Kundeninteressen	0,33
Vermeidung von Abschlussdruck	0,47
II. Facetten der Kundenorientierung von Vertriebsmitarbeitern	
Systematische Bedarfsermittlung (Verkäufer); in Anlehnung an Castleberry/Shepherd/Ridnour (1999), Saxe/Weitz (1982); siebenstufige Skala: "überhaupt nicht zutreffend" bis "vollkommen zutreffend"	
Ich erkundige mich nach den konkreten Leistungsanforderungen meiner Kunden.	0,47
Bei mehreren Ansprechpartnern auf Kundenseite erkundige ich mich nach den speziellen Erwartungen bzw. Anforderungen jedes Gesprächsbeteiligten an unseren Leistungen.	0,45
Ich stelle gezielte Fragen, um den konkreten Bedarf meiner Kunden zu bestimmen.	0,60
Ich binde meine Kunden aktiv in das Gespräch ein, um deren konkreten Bedarf zu bestimmen.	0,64
Ich höre meinen Kunden sehr aufmerksam zu, um ein richtiges Verständnis für ihren konkreten Bedarf zu bekommen.	0,51
Ich fasse Aussagen meiner Kunden zusammen, um ein richtiges Verständnis für ihren konkreten Bedarf zu bekommen.	0,43
Bedarfsorientierte Leistungspräsentation (Verkäufer); in Anlehnung an Dubinsky (1980), Saxe/Weitz (1982); siebenstufige Skala: "überhaupt nicht zutreffend" bis "vollkommen zutreffend"	
Ich richte die Vorstellung unserer Leistungen sehr an den Bedürfnissen meiner Kunden aus.	0,40
Ich schildere vor allem die für meine Kunden besonders relevanten fachlichen Informationen.	0,40
Ich schildere meinen Kunden vor allem die Vorteile unserer Leistungen, die für sie von besonderer Relevanz sind. (Bspw. Kosteneinsparungen, einfache Handhabung, Sicherheit etc.)	0,47
Ich orientiere mich bei meiner Verkaufsargumentation sehr an den Interessen meiner Kunden.	0,66
Ich gehe bei der Vorstellung unserer Leistungen sehr individuell auf die Anforderungen meiner Kunden ein.	0,67
Berücksichtigung von Kundeninteressen (Verkäufer); in Anlehnung an Rahim (1983), Saxe/Weitz (1982); siebenstufige Skala: "überhaupt nicht zutreffend" bis "vollkommen zutreffend"	
Ich berücksichtige in Verkaufsverhandlungen sehr die Interessen meiner Kunden.	0,30
Ich bringe meine Interessen mit denen meiner Kunden in Einklang, um in Verkaufsverhandlungen zu einer Einigung zu kommen.	0,57
Ich schließe mit meinen Kunden Kompromisse, um in Verkaufsverhandlungen zu einer Einigung zu kommen.	0,43
Vermeidung von Abschlussdruck (Verkäufer); in Anlehnung an Dubinsky (1980), Saxe/Weitz (1982); siebenstufige Skala: "überhaupt nicht zutreffend" bis "vollkommen zutreffend"	
Ich empfehle meinen Kunden unverbindlich die aus meiner Sicht für sie passenden Leistungen, um ihnen die Kaufentscheidung zu erleichtern.	0,28
Ich fasse die für meine Kunden wesentlichen Vorteile unseres Angebotes nochmals unverbindlich zusammen, um ihnen die Kaufentscheidung zu erleichtern.	0,58
Ich frage meine Kunden in Verhandlungen unverbindlich nach deren Präferenz bei alternativen Leistungsangeboten.	0,49

III. Auswirkungen der Kundenorientierung von Verkäufern

Verkäuferleistung (Verkäufer); in Anlehnung an Behrman/Perreault (1982), Oliver/Anderson (1994); siebenstufige Skala: "viel schlechter" bis "viel besser"

Wie würden Sie Ihre Leistung im Vertrieb im Vergleich mit Ihren Kollegen auf Basis der folgenden Parameter bewerten?

Erzielter Umsatz in den letzten 12 Monaten	0,79
Generierte Aufträge in den letzten 12 Monaten	0,80
Erzieltes Vertriebsergebnis (Deckungsbeitrag) in den letzten 12 Monaten	0,55

Einstellung des Kunden gegenüber dem Verkäufer (Kunden); in Anlehnung an Crosby/Stephens (1987); siebenstufige Skala: "überhaupt nicht zutreffend" bis "vollkommen zutreffend"

Ich halte meinen Kundenbetreuer bei der Firma X für sehr kundenorientiert.	0,60
Insgesamt habe ich eine sehr positive Meinung über meinen Kundenbetreuer bei der Firma X.	0,96
Insgesamt bin ich mit meinen Kundenbetreuer bei der Firma X sehr zufrieden.	0,88

Einstellung des Kunden gegenüber den Produkten des Anbieters (Kunden); in Anlehnung an Brady/Cronin (2001); siebenstufige Skala: "überhaupt nicht zutreffend" bis "vollkommen zutreffend"

Die Produkte und Dienstleistungen der Firma X haben eine sehr gute Qualität.	0,69
Die Produkte und Dienstleistungen der Firma X erfüllen in hohem Maße unsere Anforderungen.	0,81
Die Produkte und Dienstleistungen der Firma X tragen in hohem Maße zur Erreichung unserer Ziele bei.	0,37
Die Produkte und Dienstleistungen der Firma X sind verglichen mit Produkten bzw. Dienstleistungen alternativer Anbieter sehr gut.	0,50

Kundenzufriedenheit (Kunden); in Anlehnung an Homburg/Stock (2004); siebenstufige Skala: "überhaupt nicht zutreffend" bis "vollkommen zutreffend"

Wir sind mit den Produkten bzw. Dienstleistungen der Firma X sehr zufrieden.	0,61
Wir arbeiten sehr gerne mit der Firma X zusammen.	0,76
Insgesamt sind unsere Erfahrungen mit der Firma X sehr positiv.	0,85
Insgesamt sind wir mit der Firma X sehr zufrieden.	0,92

IV. Kontextbezogene Einflüsse auf den optimalen Grad der Kundenorientierung

Produktindividualität (Vertriebsleiter); in Anlehnung an Stump (1995); siebenstufige Skala: "überhaupt nicht zutreffend" bis "vollkommen zutreffend"

Unsere Produkte bzw. Dienstleistungen werden eigens und individuell für unsere Kunden erstellt.	0,57
Unsere Produkte bzw. Dienstleistungen werden von uns sehr speziell an die Bedürfnisse unserer Kunden angepasst.	0,89
Unsere Produkte bzw. Dienstleistungen werden in ihren zentralen Eigenschaften sehr speziell auf unsere Kunden abgestimmt.	0,73
Unsere Produkte bzw. Dienstleistungen sind stark individualisiert.	0,66

Produktwichtigkeit (Vertriebsleiter); in Anlehnung an Porter/Wiener/Frankwick (2003); siebenstufige Skala: "überhaupt nicht zutreffend" bis "vollkommen zutreffend"

Unsere Produkte bzw. Dienstleistungen sind sehr wichtig für unsere Kunden.	0,57
Unsere Produkte bzw. Dienstleistungen leisten einen wichtigen Beitrag zur Erreichung der Ziele unserer Kunden.	0,93

Wettbewerbsintensität (Vertriebsleiter); in Anlehnung an Jaworski/Kohli (1993); siebenstufige Skala: "überhaupt nicht zutreffend" bis "vollkommen zutreffend"

In unserem Markt ist der Wettbewerb sehr hart und intensiv.	0,37
Die Anzahl unserer direkten Wettbewerber ist sehr hoch.	0,54
In unserem Markt hört man sehr häufig von neuen Aktionen der Wettbewerber.	0,63
In unserem Markt ist die Intensität wettbewerbsbezogener Aktivitäten sehr hoch. (Bspw. Kampagnen zur Neukundengewinnung, Einführung neuer Produkte/Dienstleistungen)	0,71
In unserem Markt reagieren die Wettbewerber sehr schnell auf neue Marktaktivitäten.	0,58

IV. Kontextbezogene Einflüsse auf den optimalen Grad der Kundenorientierung (Fortsetzung)

Preispositionierung des Anbieters (Vertriebsleiter); siebenstufige Skala: "deutlich niedriger" bis "deutlich höher"	
Wie beurteilen Sie das allgemeine Preisniveau Ihrer Produkte und Dienstleistungen im Vergleich zum Wettbewerb?	*

V. Kontrollvariablen

Verkaufserfahrung (Verkäufer); in Anlehnung an Levy/Sharma (1994)	
Seit wie vielen Jahren sind Sie bereits im Vertrieb tätig?	*
Servicequalität (Kunden); in Anlehnung an Homburg/Stock (2004); siebenstufige Skala: "deutlich schlechter" bis "deutlich besser"	
Wie beurteilen Sie die Servicequalität der Firma X im Vergleich zu deren Wettbewerbern? (Bspw. Online-Services, Betreuung über Hotlines / persönliche Ansprechpartner)	*
Qualität der kundenbezogenen Geschäftsprozesse (Kunden); in Anlehnung an Homburg/Stock (2004); siebenstufige Skala: "deutlich schlechter" bis "deutlich besser"	
Wie beurteilen Sie die Qualität der kundenbezogenen Geschäftsprozesse der Firma X im Vergleich zu deren Wettbewerbern? (Bspw. die Abwicklung von Aufträgen, Behandlung von Beschwerden)	*

VI. Weitere Facetten der Kundenorientierung von Vertriebsmitarbeitern

Kompetente Einwandbehandlung (Verkäufer); in Anlehnung an Schurr/Stone/Beller (1985); siebenstufige Skala: "überhaupt nicht zutreffend" bis "vollkommen zutreffend"	
Ich widme Einwänden meiner Kunden große Aufmerksamkeit. (bspw. Preiseinwände, Qualitätszweifel, Unentschlossenheit der Kunden)	0,59
Ich gehe direkt auf Einwände meiner Kunden ein.	0,56
Ich spreche ausführlich mit meinen Kunden über deren Einwände.	0,83
Ich frage bei Einwänden meiner Kunden nach der Ursache des jeweiligen Einwands.	0,50
Lösungsorientierte Konfliktbehandlung (Verkäufer); in Anlehnung an De Dreu et al. (2001), Rahim (1983); siebenstufige Skala: "überhaupt nicht zutreffend" bis "vollkommen zutreffend"	
Ich gehe sehr ausführlich auf Meinungsverschiedenheiten zwischen mir und meinen Kunden ein, um diese zu beheben.	0,54
Ich stelle übereinstimmende Ansichten zwischen mir und meinen Kunden heraus, um Meinungsverschiedenheiten zu beheben.	0,38
Ich erarbeite mit meinen Kunden eine für beide Seiten zufriedenstellende Einigung, um Meinungsverschiedenheiten zu beheben.	0,41
Ich bringe alle Unstimmigkeiten zwischen mir und meinen Kunden zur Sprache, um Meinungsverschiedenheiten zu beheben.	0,65
Ich spreche intensiv mit meinen Kunden über die Gründe für auftretende Meinungsverschiedenheiten.	0,69
Kundenwertschätzung (Verkäufer); in Anlehnung an Donavan/Brown/Mowen (2004), Yagil (2001); siebenstufige Skala: "überhaupt nicht zutreffend" bis "vollkommen zutreffend"	
Ich respektiere meine Kunden und deren Ansichten.	0,46
Ich zeige Verständnis, wenn mein Ansprechpartner auf Kundenseite eine andere Meinung vertritt.	0,48
Ich bin höflich gegenüber meinen Kunden auch bei Unstimmigkeiten in Gesprächen.	0,64
Ich lasse meine Kunden ausreden.	0,38
Ich zeige in Gesprächen meine Wertschätzung gegenüber meinen Kunden.	0,55

*Konstrukt mittels eines Indikators gemessen, Indikatorreliabilität kann nicht berechnet werden.

Tabelle 8: Indikatoren der Konstrukte

2.7 Ergebnisse der empirischen Untersuchung

2.7.1 Ergebnisse der Hypothesenprüfung zu den Haupteffekten

Die postulierten Haupteffekte (H_1-H_6) werden mit Hilfe eines Strukturgleichungsmodells getestet. Die Analysen werden wiederum mit Hilfe der Mplus 4.1 Software durchgeführt (vgl. Muthen/Muthen 2006). Um einen möglichen nicht-linearen, umgekehrt U-förmigen Effekt der Kundenorientierung von Verkäufern auf den Verkaufserfolg zu untersuchen (H_1), wird ein quadratischer Term der Kundenorientierung in das Untersuchungsmodell aufgenommen. In diesem Zusammenhang werden Produktterme der Indikatoren der Kundenorientierung gebildet, um den quadratischen Term zu spezifizieren (vgl. Marsh/Wen/Hau 2006).

Konkret werden die Durchschnittsbewertungen der vier Facetten der Kundenorientierung verwendet, um für jede Facette einen quadratischen Term zu berechnen. Anders ausgedrückt werden für die Messung des quadratischen Terms der Kundenorientierung ($\xi_1 \times \xi_1$) vier Produktindikatoren gebildet: $x_1 \times x_1$, $x_2 \times x_2$, $x_3 \times x_3$ und $x_4 \times x_4$. Sämtliche Indikatoren werden vor der Bildung der Produktindikatoren zentriert.

Folglich werden im Rahmen des Untersuchungsmodells gleichzeitig ein linearer und ein quadratischer Term des kundenorientierten Verhaltens von Verkäufern verwendet. Gemäß des Vorgehens bei Regressionsanalysen zur Untersuchung von quadratischen Effekten (vgl. bspw. Cohen et al. 2003) wird H_1 als bestätigt angesehen, sofern der Pfadkoeffizient $\gamma_{41 \times 1}$, der den Effekt des quadratischen Terms der Kundenorientierung $\xi_1 \times \xi_1$ auf den Verkaufserfolg (η_4) angibt, statistisch signifikant und negativ ist. Ein derartiger negativer Koeffizient lässt auf einen nicht-linearen Effekt in Form eines umgekehrten U schließen.

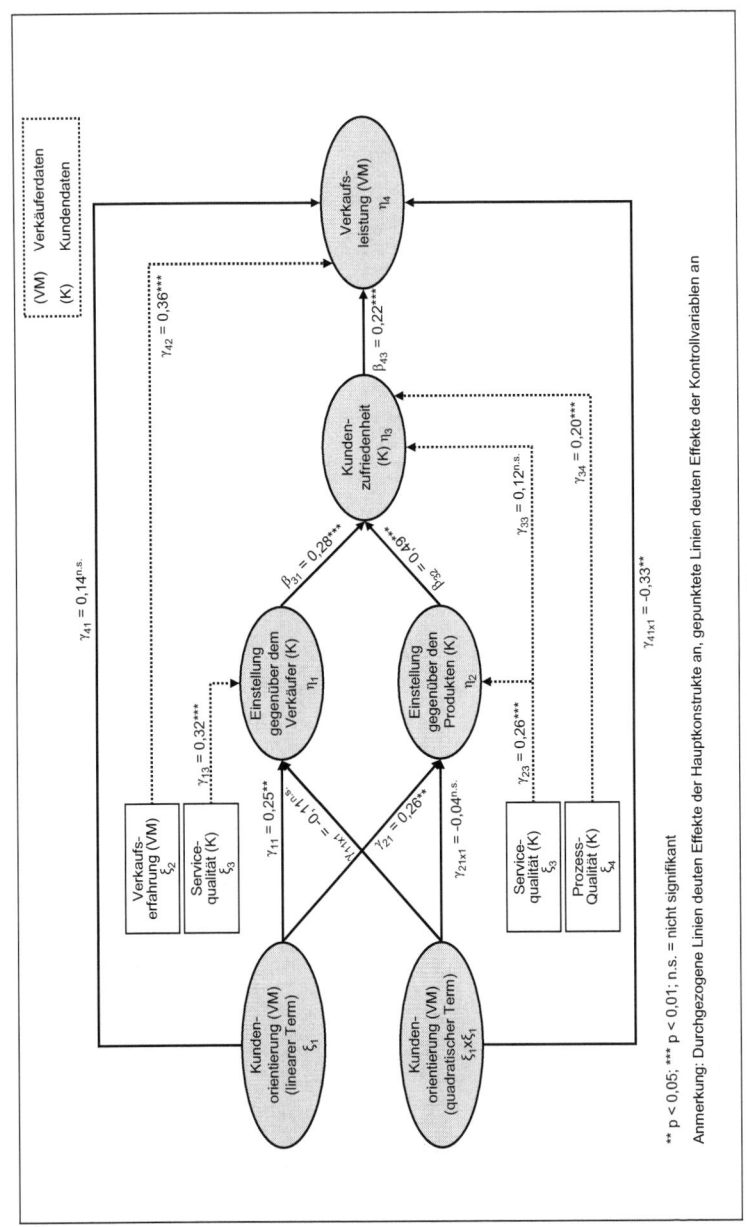

Abbildung 5: Ergebnisse der Hypothesenprüfung zu den Haupteffekten

** $p < 0.05$; *** $p < 0.01$; n.s. = nicht signifikant

Anmerkung: Durchgezogene Linien deuten Effekte der Hauptkonstrukte an, gepunktete Linien deuten Effekte der Kontrollvariablen an

(VM) Verkäuferdaten
(K) Kundendaten

Kundenorientierung (VM) (linearer Term) ξ_1
Kundenorientierung (VM) (quadratischer Term) $\xi_1 \times \xi_1$
Verkaufserfahrung (VM) ξ_2
Servicequalität (K) ξ_3
Prozess-Qualität (K) ξ_4
Einstellung gegenüber dem Verkäufer (K) η_1
Einstellung gegenüber den Produkten (K) η_2
Kundenzufriedenheit (K) η_3
Verkaufsleistung (VM) η_4

$\gamma_{1,1} = 0{,}25^{**}$
$\gamma_{1 \times 1} = -0{,}77^{n.s.}$
$\gamma_{13} = 0{,}32^{***}$
$\gamma_{21} = 0{,}26^{**}$
$\gamma_{21 \times 1} = -0{,}04^{n.s.}$
$\gamma_{23} = 0{,}26^{***}$
$\beta_{31} = 0{,}28^{***}$
$\beta_{32} = 0{,}49^{***}$
$\gamma_{33} = 0{,}12^{n.s.}$
$\gamma_{34} = 0{,}20^{***}$
$\beta_{43} = 0{,}22^{**}$
$\gamma_{41} = 0{,}14^{n.s.}$
$\gamma_{42} = 0{,}36^{***}$
$\gamma_{41 \times 1} = -0{,}33^{**}$

Die globalen Gütemaße des Modells weisen insgesamt gute Werte auf (χ^2/df = 1,56; CFI = 0,91; NNFI = 0,90; RMSEA = 0,07). Somit kann davon ausgegangen werden, dass das Untersuchungsmodell die Strukturen in den empirischen Daten adäquat abbildet. Abbildung 5 zeigt die entsprechenden Ergebnisse der Hypothesenprüfung zu den Haupteffekten.

Generell bestätigen die Ergebnisse die unterstellten unterschiedlichen Effekte der Kundenorientierung von Verkäufern auf den Verkaufserfolg und auf die Einstellungen der Kunden. Übereinstimmend mit H_1 hat der quadratische Term der Kundenorientierung einen negativen und signifikanten Einfluss auf die Verkäuferleistung (γ_{41x1} = -0,33; p < 0,05), während der Einfluss des linearen Terms nicht signifikant ist (γ_{41} = 0,14; p > 0,10). Somit kann in der Tat ein nicht-linearer Einfluss des kundenorientierten Verhaltens auf den Verkaufserfolg in Form eines umgekehrten U identifiziert werden. Auch H_2 und H_3 werden empirisch bestätigt. Im Einzelnen hat der lineare Term der Kundenorientierung einen positiven und signifikanten Einfluss auf die Einstellung des Kunden gegenüber dem Vertriebsmitarbeiter (γ_{11} = 0,25; p < 0,05) und auf die Einstellung des Kunden gegenüber den Produkten des Anbieters (γ_{21} = 0,26; p < 0,05). In diesem Zusammenhang wird auch für einen möglichen nicht-linearen Effekt der Kundenorientierung auf die Einstellungen des Kunden kontrolliert. Der Einfluss des quadratischen Terms der Kundenorientierung auf die Kundeneinstellungen ist jedoch nicht signifikant (γ_{11x1} = -0,11; p > 0,10; γ_{21x1} = -0,04; p > 0,10). Somit kann gezeigt werden, dass die Kundenorientierung von Vertriebsmitarbeitern einen kontinuierlich positiven Einfluss auf die betrachteten Kundeneinstellungen hat.

Darüber hinaus haben sowohl die Einstellung des Kunden gegenüber dem Vertriebsmitarbeiter (β_{31} = 0,28; p < 0,01) als auch die Einstellung des Kunden gegenüber den Produkten des Anbieters (β_{32} = 0,49; p < 0,01) einen starken Einfluss auf die Kundenzufriedenheit, welche wiederum selbst einen positiven Einfluss auf die Verkäuferleistung hat (β_{43} = 0,22; p < 0,01). Somit bestätigen die empirischen Daten H_4, H_5 und H_6.

Zusammengefasst liefert die vorliegende Studie demnach eindeutige empirische Belege für die theoretische Überlegung, dass die Kundenorientierung von Vertriebsmitarbeitern einen direkten, nicht-linearen Einfluss auf die Verkäuferleistung sowie einen indirekten, linear positiven Einfluss über die Einstellungen der Kunden aufweist.

2.7.2 Stabilität der Ergebnisse zu den Haupteffekten

Wie bereits angedeutet, wird Kundenorientierung in Übereinstimmung mit der bisherigen Forschung definiert als eine Reihe von Verhaltensweisen, welche darauf abzielen, die Leistungsanforderungen und Interessen der Kunden zu identifizieren sowie diesen auch gerecht zu werden, um langfristig die Zufriedenheit der Kunden sicherzustellen. Während Wissenschaftler sich hinsichtlich dieser Definition anscheinend weitgehend einig sind, existieren jedoch unterschiedliche Konzeptualisierungen der Kundenorientierung, insbesondere im Hinblick auf bestimmte Verhaltensweisen, welche als Facetten der Kundenorientierung betrachtet werden (vgl. bspw. Brown et al. 2002; Schwepker 2003). Im Rahmen dieser Studie wird zunächst Bezug auf die bekannte Konzeptualisierung von Saxe und Weitz (1982) genommen, die den Fokus auf aufgabenbezogene, funktionale Verhaltensweisen in der Präsentations- und Abschlussphase eines Verkaufsgesprächs legen (vgl. hierzu auch Kapitel 1.3). Einige Forscher erweitern jedoch das Konzept der Kundenorientierung und berücksichtigen auch explizit personenbezogene, relationale Verhaltensweisen (vgl. Donavan/Brown/Mowen 2004) sowie Verhaltensweisen im Rahmen der Behandlung von Kundeneinwänden in Verkaufsgesprächen (vgl. Schurr/Stone/Beller 1985).

Vor diesem Hintergrund wird untersucht, inwiefern die Ergebnisse hinsichtlich der Haupteffekte der Kundenorientierung bei Verwendung alternativer Konzeptualisierungen stabil sind. In einem ersten Alternativmodell wird die *Kundenwertschätzung* als weitere Facette der Kundenorientierung, welche relationale Verhaltensweisen von Verkäufern aufgreift, hinzugefügt. In einem zweiten Alternativmodell werden die *kompe-*

tente *Einwandbehandlung* sowie die *lösungsorientierte Konfliktbehandlung* als zwei weitere Facetten der Kundenorientierung aufgenommen, wodurch somit auch Verhaltensweisen aus der Konflikt- und Einwandbehandlungsphase von Verkaufsgesprächen berücksichtigt werden. Informationen zur Messung dieser Konstrukte finden sich in Tabelle 8.

Wie Tabelle 9 zeigt, sind die Ergebnisse für die alternativen Konzeptualisierungen der Kundenorientierung in hohem Maße konsistent. Konkret hat in allen drei Untersuchungsmodellen der quadratische Term der Kundenorientierung einen signifikant negativen Einfluss auf den Verkaufserfolg, während dessen Effekt auf die Kundeneinstellungen durchgängig nicht signifikant ist. Die Kundenorientierung von Verkäufern hat somit durchweg einen nicht-linearen, umgekehrt U-förmigen Einfluss auf die Verkaufsleistung und einen linear positiven Einfluss auf die Einstellungen der Kunden. Entsprechend lässt sich festhalten, dass alternative Konzeptualisierungen der Kundenorientierung die Ergebnisse nicht wesentlich beeinflussen.

Untersuchte Zusammenhänge	Parameterschätzungen		
(** p < 0,05; *** p < 0,01; n.s. = nicht signifikant)	Kundenorientierung gemäß Saxe und Weitz (1982)	Kundenorientierung bestehend aus funktionalen und relationalen Verhaltensweisen	Kundenorientierung bestehend aus Verhaltensweisen entlang des Verkaufsprozesses
Kundenorientierung (linearer Term) → Verkäuferleistung (γ_{41})	$0{,}14^{n.s.}$	$0{,}14^{n.s.}$	$0{,}20^{**}$
Kundenorientierung (quadratischer Term) → Verkäuferleistung (γ_{41x1})	$-0{,}33^{**}$	$-0{,}32^{***}$	$-0{,}24^{**}$
Kundenorientierung (linearer Term) → Einstellung des Kunden gegenüber dem Verkäufer (γ_{11})	$0{,}25^{**}$	$0{,}22^{**}$	$0{,}21^{**}$
Kundenorientierung (quadratischer Term) → Einstellung des Kunden gegenüber dem Verkäufer (γ_{11x1})	$-0{,}11^{n.s.}$	$-0{,}12^{n.s.}$	$-0{,}11^{n.s.}$
Kundenorientierung (linearer Term) →Einstellung des Kunden gegenüber den Produkten des Anbieters (γ_{21})	$0{,}26^{**}$	$0{,}24^{**}$	$0{,}23^{**}$
Kundenorientierung (quadratischer Term) → Einstellung des Kunden gegenüber den Produkten des Anbieters (γ_{21x1})	$-0{,}04^{n.s.}$	$-0{,}06^{n.s.}$	$-0{,}04^{n.s.}$

Tabelle 9: Effekte alternativer Konzepte der Kundenorientierung

2.7.3 Ergebnisse der Hypothesenprüfung zu den moderierenden Effekten

Zur Überprüfung der Hypothesen bezüglich der vier kontextbezogenen Einflüsse (Produktwichtigkeit, Produktindividualität, Preispositionierung des Anbieters und Wettbewerbsintensität) auf das optimale Maß der Kundenorientierung (H_7-H_{10}) werden Gruppenvergleiche durchgeführt. Da bei einer Aufteilung der Stichprobe in zwei Gruppen die jeweilige Gruppe stets weniger als 100 Fälle aufweist und daher die Verwendung von Strukturgleichungsmodellen problematisch erscheint (vgl. Anderson/Gerbing 1984), wird die Mehrgruppen-Regressionsanalyse als statistisches Verfahren angewendet. Um besser veranschaulichen zu können, in welchem Ausmaß das optimale Niveau der Kundenorientierung in Abhängigkeit der Ausprägungen der Moderatorvariablen variiert, wird in einem ersten Schritt zunächst das optimale Maß der Kundenorientierung für die Gesamtstichprobe ermittelt. Gemäß des konzeptionellen Bezugsrahmens der Untersuchung (vgl. Abbildung 5) wird eine multiple Regressionsanalyse durchgeführt, mit der Verkaufsleistung (VLEIS) als abhängige Variable sowie mit dem linearen (KO) und quadratischen (KO^2) Term der Kundenorientierung, der Kundenzufriedenheit (KZ) und der Verkaufserfahrung (VERF) als direkte Determinanten der Verkaufsleistung. Formal stellt sich dieses Regressionsmodell wie folgt dar:

(1) $\quad$ VLEIS = $\alpha + \beta_1 \times$ KO $+ \beta_2 \times (KO)^2 + \beta_3 \times$ KZ $+ \beta_4 \times$ VERF $+ \varepsilon$.

Die geschätzten Regressionskoeffizienten sind in Gleichung (2) dargestellt:

(2) $\quad$ VLEIS = $0{,}11 + 0{,}23 \times$ KO $- 0{,}16 \times (KO)^2 + 0{,}26 \times$ KZ $+ 0{,}30 \times$ VERF.

Um das optimale Maß der Kundenorientierung (KO_{opt}) zu bestimmen, wird nun die erste Ableitung von Gleichung (2) nach der Kundenorientierung berechnet, was zu folgendem Ergebnis führt:

(3) $\quad KO_{opt} = \beta_1 / (-2 \times \beta_q) = 0{,}23 / (-2 \times (-0{,}16)) = 0{,}71$; mit

$\beta_1 =$ $\quad$ standardisierter Regressionskoeffizient des linearen Terms der Kundenorientierung und

β_q = standardisierter Regressionskoeffizient des quadratischen Terms der Kundenorientierung.

Um nun den Einfluss der vier Kontextfaktoren auf das optimale Maß der Kundenorientierung zu untersuchen, wird die Gesamtstichprobe entlang des Medians der jeweiligen Moderatorvariable in zwei Gruppen aufgeteilt. Dadurch werden für jeden Moderator zwei Teilstichproben erzeugt, eine mit niedrigen Ausprägungen und die andere mit hohen Ausprägungen des Moderators. Innerhalb jeder Teilstichprobe wird im Anschluss erneut dass in Gleichung (1) veranschaulichte Regressionsmodell geschätzt und gleichermaßen wie in Gleichung (3) dargestellt das optimale Niveau der Kundenorientierung berechnet. Tabelle 10 zeigt die entsprechenden Ergebnisse.

	Moderatorvariablen							
	Produktwichtigkeit		Produktindividualität		Preispositionierung des Anbieters		Wettbewerbsintensität	
Parameter	niedrig	hoch	niedrig	hoch	niedrig	hoch	niedrig	hoch
Optimaler Grad der Kundenorientierung	0,33	1,68	0,21	1,66	0,22	1,60	0,42	1,39
Chow-Prüfgröße	4,61		5,58		5,75		4,18	
p-Wert	0,01		0,01		0,01		0,01	

Tabelle 10: Der Einfluss von Moderatorvariablen auf das optimale Maß der Kundenorientierung für den Verkaufserfolg

Aus Tabelle 10 wird ersichtlich, dass bei jeder Moderatorvariablen das optimale Maß der Kundenorientierung in der Gruppe mit niedrigen Ausprägungen des Moderators sich wesentlich unterscheidet von dem optimalen Maß in der Gruppe mit hohen Ausprägungen des Moderators. In den Gruppen mit niedrigen Werten der Kontextvariablen sind die optimalen Niveaus der Kundenorientierung jeweils deutlich unter dem optimalen Maß für die Gesamtstichprobe (= 0,71), während in den Gruppen mit hohen Werten der Kontextvariablen die optimalen Niveaus deutlich darüber liegen. Zudem liegen sämtliche Optima vom Gesamtoptimum aus betrachtet in der jeweils vorhergesagten Richtung.

Um zu bestimmen, ob die Unterschiede zwischen den Optima in den Gruppen mit hohen und den Optima in den Gruppen mit niedrigen Moderatorwerten statistisch signifikant sind, wird ein Chow-Test durchgeführt. Dieser Test untersucht, ob die Regressionskoeffizienten in der Gruppe mit niedrigen Moderatorwerten sich von den Regressionskoeffizienten in der Gruppe mit hohen Moderatorwerten signifikant unterscheiden. Entsprechend wird die folgende Nullhypothese getestet:

(4) $\quad H_0: B^{niedrig} = B^{hoch}$; mit

$B^{niedrig}$ = Vektor der Regressionskoeffizienten in der Gruppe mit niedrigen Moderatorwerten, und
B^{hoch} = Vektor der Regressionskoeffizienten in der Gruppe mit hohen Moderatorwerten.

Wie in Tabelle 10 gezeigt wird, ist die berechnete Prüfgröße des Chow-Tests für alle vier Moderatorvariablen hochgradig signifikant. Daher kann die Nullhypothese für alle vier Kontextfaktoren abgelehnt werden. Da das optimale Niveau der Kundenorientierung eine Funktion der Regressionskoeffizienten des linearen und quadratischen Terms der Kundenorientierung darstellt (vgl. Gleichung (3)), deuten die Ergebnisse des Chow-Tests an, dass die optimalen Niveaus in den Gruppen mit niedrigen Moderatorausprägungen sich von den optimalen Niveaus in den Gruppen mit hohen Moderatorausprägungen signifikant unterscheiden. Basierend auf den vorangegangenen Analysen lässt sich somit die Schlussfolgerung ziehen, dass H_7, H_8, H_9 und H_{10} durch die empirischen Daten bestätigt werden.

2.8 Diskussion der Ergebnisse

Wie in Kapitel 2.1 bereits erwähnt, wird die Kundenorientierung zwar generell als wichtiger Treiber des Unternehmenserfolgs betrachtet, empirische Forschungsergebnisse sind jedoch uneinheitlich, speziell im Hinblick auf die Auswirkungen des kundenorientierten Verhaltens von Vertriebsmitarbeitern. In diesem Zusammenhang hat die bisherige Forschung größtenteils sowohl mögliche nachteilige Effekte der Kundenorientierung von Verkäufern als auch den Einfluss von Kontextfaktoren vernachlässigt. Vor diesem Hintergrund liefert die vorliegende Studie eine Reihe neuer Erkenntnisse für die Marketing- und Vertriebsforschung sowie für die Vertriebspraxis. Diese sollen im Folgenden verdeutlicht werden.

2.8.1 Implikationen für die Forschung

Im Rahmen ihres Beitrags für die Wissenschaft liefert diese Studie zuallererst eine kosten-nutzentheoretische Erklärung der Auswirkungen des kundenorientierten Verhaltens, wodurch unterschiedliche Ergebnisse aus früheren Forschungsarbeiten integriert werden. Während empirische Studien weitgehend in Übereinstimmung den positiven Effekt der Kundenorientierung von Vertriebsmitarbeitern auf kundenbezogene Erfolgsgrößen bestätigen können, sind die Ergebnisse hinsichtlich des Effekts der Kundenorientierung auf die Verkäuferleistung in hohem Maße inkonsistent. Dieses Ergebnismuster lässt sich durch die simultane Betrachtung sowohl des Nutzens als auch der Kosten der Kundenorientierung erklären. Konkret ist eine Steigerung der Kundenorientierung von Verkäufern über ein bestimmtes Maß hinweg wohl mit substantiellen Kosten verbunden, welche den Zusatznutzen der Erhöhung des kundenorientierten Verhaltens überwiegen und dadurch den Verkaufserfolg schmälern. Entsprechend implizieren die theoretischen Überlegungen die Existenz eines nicht-linearen, umgekehrt U-förmigen Zusammenhangs zwischen der Kundenorientierung und der Verkäuferleistung. Da die Kosten der Kundenorientierung gleichzeitig vermutlich keinen Einfluss auf die Einstellungen von Kunden haben, ist der Zusammenhang zwischen der Kundenorientierung von Verkäufern und spezifischen Einstellungen der Kunden positiv und linear.

Zweitens werden im Rahmen der Studie diese theoretischen Überlegungen mit Hilfe triadischer Daten aus einer umfassenden Befragung von Vertriebsleitern, Vertriebsmitarbeitern und Kunden aus mehreren Unternehmen und Branchen (sowohl aus dem B2C- als auch aus dem B2B-Bereich) empirisch getestet. Entsprechend scheinen die Ergebnisse für eine Vielzahl von Verkaufssituationen zuzutreffen. Während der indirekte Effekt der Kundenorientierung auf die Verkaufsleistung über die Einstellungen des Kunden kontinuierlich positiv ist, bekräftigen die vorliegenden Daten in hohem Maße einen direkten, nicht-linearen Effekt der Kundenorientierung auf die Verkaufsleistung in Form eines umgekehrten U. Insgesamt lässt sich somit die Schlussfolgerung ziehen, dass Kunden das kundenorientierte Verhalten von Verkäufern im Allgemeinen sehr schätzen und dieses in gewissem Maße auch belohnen, beispielsweise durch eine Erhöhung des Bedarfsdeckungsanteils des jeweiligen Anbieters. Ab einem bestimmten Punkt überwiegen die Kosten der Kundenorientierung jedoch deren Nutzen und daher ist ein übertriebenes Maß der Kundenorientierung schädlich für den Verkaufserfolg.

An dieser Stelle soll nochmals betont werden, dass die Ergebnisse der Studie auch bei Verwendung alternativer Konzeptualisierungen der Kundenorientierung sehr robust sind. Konkret verändern sich die Ergebnisse nur unwesentlich, sofern weitere Facetten des kundenorientierten Verhaltens berücksichtigt werden, insbesondere die kompetente Einwand- und lösungsorientierte Konfliktbehandlung sowie die persönliche Wertschätzung der Kunden.

Dementsprechend wird Akademikern empfohlen, in zukünftigen Forschungsarbeiten zur Kundenorientierung von Vertriebsmitarbeitern routinemäßig einen nicht-linearen Zusammenhang zwischen der Kundenorientierung und der Verkäuferleistung in Betracht zu ziehen. Darüber hinaus sollten die Studienergebnisse auch auf andere Forschungsfelder übertragbar sein. Während in der vorliegenden Studie der Fokus auf der

Kundenorientierung einzelner Mitarbeiter liegt, stellt sich auf Basis der Ergebnisse die Frage, ob die Kundenorientierung auf Unternehmensebene ebenfalls einen nicht-linearen, umgekehrt U-förmigen Einfluss auf den Unternehmenserfolg aufweist.

Drittens greift die vorliegende Studie die Forderung von Franke und Park (2006) nach weiteren Arbeiten zu möglichen Einflüssen von Kontextfaktoren auf den Zusammenhang zwischen der Kundenorientierung und der Verkäuferleistung auf, wodurch zur Schließung dieser bestehenden Forschungslücke beigetragen wird (vgl. auch Kapitel 1.3). Konkret wird der Einfluss von vier Moderatorvariablen (Wichtigkeit und Individualität der Produkte sowie die Preispositionierung eines Anbieters und die Intensität des Wettbewerbs) auf das optimale Maß des kundenorientierten Verhaltens für den Verkaufserfolg untersucht. In der Tat zeigen die Ergebnisse, dass das optimale Niveau der Kundenorientierung in Abhängigkeit der Ausprägungen der Moderatorvariablen stark variiert.

Da das Verkaufsumfeld einen entscheidenden Einfluss auf den Verlauf und das Ergebnis der Interaktion zwischen Verkäufern und Kunden hat (vgl. Weitz 1981), sollte die zukünftige Forschung mehr Arbeiten über verkaufsspezifische Kontextfaktoren hervorbringen, wodurch weitere moderierende Einflüsse auf das optimale Maß der Kundenorientierung für den Verkaufserfolg identifiziert werden könnten. Als beispielhafte, mögliche Faktoren seien hier Kundenmerkmale wie die Kundenattraktivität für den Anbieter sowie Charakteristika des Kaufprozesses genannt, beispielsweise, ob es sich für Kunden um einen Neukauf oder um einen identischen Wiederkauf handelt (vgl. Robinson/Faris/Wind 1967).

Viertens leisten die Studienergebnisse einen wichtigen Beitrag zur Erklärung divergierender empirischer Forschungsergebnisse hinsichtlich des Einflusses der Kundenorientierung auf den Verkaufserfolg. Beispielsweise können Howe, Hoffman und Hardigree (1994) in ihrer Studie unter Versicherungsagenten einen positiven Effekt der Kundenorientierung auf die Verkaufsleistung nicht bestätigen. Im Gegensatz hierzu finden Mc-

Intyre et al. (2000), welche Daten von Immobilienmaklern verwenden, empirische Belege für einen moderat positiven Einfluss der Kundenorientierung auf den Verkaufserfolg. Da Immobilien in der Regel stärker individualisierte Produkte als beispielsweise eine Kranken- oder Kfz-Versicherung darstellen, sind diese divergierenden Erkenntnisse in gewissem Maße konsistent mit den vorliegenden Studienergebnissen. Konkret wird gezeigt, dass bei individualisierten Produkten das optimale Niveau der Kundenorientierung deutlich höher ist als bei standardisierten Produkten und somit der Effekt der Kundenorientierung auf die Verkaufsleistung bei stark individualisierten Produkten „positiver" ist als bei weniger individualisierten Produkten. Somit erscheint es nachvollziehbar, warum Howe, Hoffman und Hardigree (1994) für den Versicherungsbereich keinen, während McIntyre et al. (2000) für den Immobilienbereich einen leicht positiven Effekt der Kundenorientierung auf den Verkaufserfolg identifizieren können.

Fünftens schließlich zeigen die Studienergebnisse, dass strategische Entscheidungen auf Unternehmensebene (bspw. Entscheidungen hinsichtlich der Preisstrategie und des Grades der Individualisierung von Produkten) entscheidende Konsequenzen für Vertriebsmitarbeiter und deren Erzielung einer überdurchschnittlichen Verkaufsleistung nach sich ziehen. Derartige Zusammenhänge werden in der bisherigen Forschung jedoch weitgehend vernachlässigt. Die im Rahmen der Studie neu gewonnenen Erkenntnisse sollen Akademiker daher ermutigen, die Management- und Vertriebsforschung zukünftig stärker zu verzahnen und weitere mögliche Konsequenzen von Unternehmensentscheidungen für den persönlichen Verkauf zu untersuchen. Als Beispiel seien hier die Auswirkungen der Elimination bestimmter Produkte auf Geschäftsbeziehungen zwischen einzelnen Vertriebsmitarbeitern und Kunden genannt.

2.8.2 Implikationen für die Praxis

Die zentrale Erkenntnis der Studie ist, dass ein Übermaß an Kundenorientierung keine optimale Strategie für den Verkaufserfolg darstellt. Basierend auf dieser recht einleuchtenden Aussage lassen sich eine Reihe wichtiger Implikationen für das Vertriebsmanagement ableiten.

Zuallererst liefern die Studienergebnisse wichtige Hinweise für die Bestimmung einer optimalen Allokation der Ressourcen im Vertrieb: ein hohes Maß des kundenorientierten Verhaltens ist nur dann gerechtfertigt, wenn die Vorteile die entstehenden Kosten überwiegen. Dies ist gemäß den Studienergebnissen beispielsweise der Fall bei dem Verkauf von margenstarken Produkten, welche in hohem Maße an die spezifischen Anforderungen der Kunden angepasst werden und für diese von besonderer Wichtigkeit sind. Des Weiteren erfordert der Verkauf von Produkten in sehr wettbewerbsintensiven Märkten zu deutlich über dem Marktdurchschnitt liegenden Preisen ebenfalls ein hohes Maß der Kundenorientierung, um eine überdurchschnittliche Verkaufsleistung zu erzielen. Im Gegensatz hierzu ist bei standardisierten Produkten zu Preisen deutlich unter dem Marktniveau ein geringeres Maß der Kundenorientierung ausreichend.

Zweitens sind die Ergebnisse von hoher Relevanz für die Vertriebssteuerung. Zum einen ist die Kontrolle der Kosten der Kundenorientierung von Verkäufern (bspw. die Zeitinvestitionen, Service- und Preiszugeständnisse von Verkäufern oder die Zusatzkosten für Sonderanfertigungen) von Bedeutung, um einen Wert sowohl für den Kunden als auch für den Anbieter zu schaffen. Vertriebsmitarbeiter müssen für ihre Entscheidungen im Kundenkontakt auch zur Rechenschaft gezogen werden können. In anderen Worten muss eine höhere Sensibilität für entstehende Kosten im Vertrieb geschaffen werden, um ein Übermaß der Kundenorientierung von Verkäufern zu vermeiden.

Zum anderen müssen die Vertriebsziele mittels eines kundenorientierten Ansatzes auch erreichbar sein, um ein Übermaß der Abschlussorientierung von Verkäufern (bspw. in Form eines starken Unter-Druck-Setzens von Kunden) zu vermeiden. Um ferner Vertriebsmitarbeiter zu motivieren, sich in „vernünftigem" Umfang kundenorientiert zu verhalten, sollten „harte" finanzielle Ziele durch „weiche" Ziele wie die Steigerung der

Kundenzufriedenheit ergänzt werden. In Abhängigkeit des optimalen Niveaus der Kundenorientierung sollten Vertriebsmanager zudem harte und weiche Ziele in verschiedenen Verkaufskontexten unterschiedlich gewichten. Ist beispielsweise ein relativ hohes Maß der Kundenorientierung erforderlich, sollten Vertriebsleiter die Steigerung der Kundenzufriedenheit in den Zielvereinbarungen stärker betonen.

Drittens können Verkaufsschulungen verstärkt genutzt werden, um Vertriebsmitarbeiter zu motivieren, im Kundenkontakt sich auf „wertschaffende" kundenorientierte Verhaltensweisen zu konzentrieren (bspw. eine nutzenorientierte Verkaufsargumentation) und „wertvernichtende" kundenorientierte Verhaltensweisen zu vermeiden (bspw. überzogene Preiszugeständnisse oder das Gewähren kostenfreier Services). In anderen Worten sollten Vertriebsmitarbeiter dazu bewegt werden, nicht den „einfachen" Abschluss erzielen zu wollen, indem sämtliche Kundenforderungen erfüllt werden, ungeachtet möglicher negativer Konsequenzen.

Viertens sollten Vertriebsleiter bemüht sein, ein Arbeitsklima zu schaffen, welches das Commitment der Vertriebsmitarbeiter gegenüber ihrem Arbeitgeber fördert. Ein derartiges Umfeld ist nötig, um zu vermeiden, dass Verkäufer gegenüber ihren Kunden eine höhere Loyalität entwickeln als gegenüber ihrem Arbeitgeber, was zu einem Übermaß der Kundenorientierung führen kann, welches für das Unternehmen nicht von Vorteil ist (vgl. Menguc 1996). Dies ist ein kritisches Thema, da Vertriebsmitarbeiter in der Regel unter hohem Leistungsdruck stehen, oftmals physisch von ihrem Unternehmen getrennt sind und daher besonders Gefahr laufen, eine geringe Loyalität gegenüber ihrem Arbeitgeber zu entwickeln.

Schließlich stellt sich für Vertriebsleiter die Frage, wie sich eine übertriebene Kundenorientierung von Verkäufern überhaupt bestimmen lässt. Da Vertriebsleiter das Verhalten ihrer Mitarbeiter in der Regel nicht direkt beobachten können, sind sie auf Ersatzindikatoren angewiesen, welche auf ein Übermaß des kundenorientierten Verhaltens einzelner Verkäufer hindeuten. In diesem Zusammenhang empfiehlt es sich, für einzelne Vertriebsmitarbeiter „harte" Leistungsindikatoren, welche die Verkaufsleistung abbilden, mit „weichen" Leistungsindikatoren, welche ein Indiz für kundenorientiertes Verhalten darstellen, zu vergleichen. Beispielhafte harte Leistungsindikatoren könnten sein: der erzielte Umsatz und Deckungsbeitrag je Kunde sowie die durchschnittliche Cross-Selling-Quote eines Verkäufers über alle seine Kunden hinweg. Beispielhafte weiche Leistungsindikatoren stellen Kundenzufriedenheitswerte, die Anzahl an Beschwerden, welche sich auf den Verkäufer beziehen, und Kundenabwanderungsraten dar. Auf Basis des Abschneidens eines Verkäufers bei den kunden- und verkaufsbezogenen Leistungskriterien lässt dieser sich in eine von vier Gruppen einteilen, wie es in Abbildung 6 dargestellt ist.

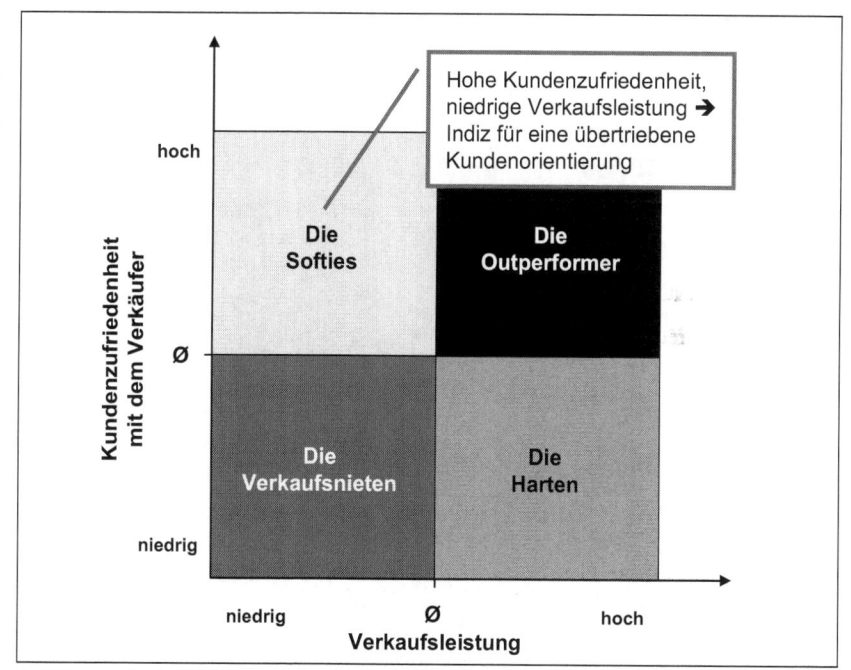

Abbildung 6: Das Vertriebsmitarbeiter-Portfolio zur Bestimmung eines Übermaßes des kundenorientierten Verhaltens

In Abbildung 6 wird in Anlehnung an die vorliegenden Studienergebnisse die Kundenzufriedenheit mit dem Vertriebsmitarbeiter als Indikator des kundenorientierten Verhaltens betrachtet (vgl. Kapitel 2.7.1). Weist nun ein Vertriebsmitarbeiter zwar im Vergleich mit seinen Kollegen überdurchschnittliche Zufriedenheitswerte, jedoch eine unterdurchschnittliche Verkaufsleistung auf, so kann dies als Indiz für ein übertriebenes Maß des kundenorientierten Verhaltens interpretiert werden. Mit Hilfe eines derartigen Analyseansatzes können Vertriebsleiter gezielt bestimmen, bei welchen Vertriebsmitarbeitern verstärkt Maßnahmen zur Vermeidung einer übertriebenen Kundenorientierung einzuleiten sind.

3 Der Einfluss kundenorientierter Verhaltensweisen auf die Kundenloyalität

Während in Kapitel 2 der vorliegenden Arbeit der Zusammenhang zwischen der Kundenorientierung von Vertriebsmitarbeitern und deren Verkaufserfolg ausführlich beleuchtet wird, steht in diesem Kapitel der Einfluss kundenorientierter Verhaltensweisen auf die Loyalität der Kunden im Fokus der Betrachtung. Wie in Kapitel 1.4 bereits erwähnt, ist auch dieses Kapitel in Form eines wissenschaftlichen Arbeitspapiers gegliedert und hat zum Ziel, die eingangs formulierten Forschungsfragen 1 sowie insbesondere 4 und 5 zu beantworten (vgl. Tabelle 4).

3.1 Einleitung

Das kundenorientierte Verhalten von Kundenkontaktmitarbeitern stellt einen Kernaspekt der Umsetzung einer marktorientierten Unternehmensführung auf operativer Ebene dar (vgl. Donavan/Brown/Mowen 2004; Martin/Bush 2006). Konkret bestätigen zahlreiche empirische Studien einen linear positiven Effekt der Kundenorientierung auf Erfolgsgrößen wie die Mitarbeiterleistung (vgl. bspw. Hunter/Perreault 2007; Siders/George/Dharwadkar 2001), die Kundenzufriedenheit (vgl. bspw. Brady/Cronin 2001; Goff et al. 1997) und das Kundenvertrauen (vgl. bspw. Macintosh 2007; Williams 1998). Wie jedoch Franke und Park (2006) im Rahmen ihrer Meta-Analyse zu den Determinanten und Auswirkungen der Kundenorientierung festhalten, gibt es nur eine sehr geringe Anzahl an Forschungsarbeiten, welche kontextbezogene Einflüsse auf die Effektivität des kundenorientierten Verhaltens untersuchen (vgl. Kapitel 1.3). Daher bleibt die folgende, von Saxe und Weitz (1982, S. 343) bereits vor fast 30 Jahren aufgeworfene Forschungsfrage bis heute weitgehend unbeantwortet: Ist kundenorientiertes Verhalten im Kundenkontakt allgemein effektiv, oder hängt dessen Effektivität von Kontextfaktoren ab?

Es ist überraschend, dass dieser Fragestellung in der bisherigen Forschung nicht mehr Beachtung geschenkt worden ist. Schließlich erscheint es offensichtlich, dass die Wirkung des kundenorientierten Verhaltens von Merkmalen der Kundenkontaktsituation abhängt. Beispielsweise wird der positive Effekt kundenorientierter Verhaltensweisen wie der Beschreibung der Kundenvorteile eines Produkts vermutlich mit zunehmender Wichtigkeit des betrachteten Produkts stärker ausfallen. Da das Involvement und das wahrgenommene Risiko eines Kunden mit steigender Produktwichtigkeit zunehmen (vgl. Bloch/Richins 1983), scheinen Kunden insbesondere dann einen höheren Informationsbedarf hinsichtlich der Vorteile eines betrachteten Produkts zu haben, wenn sie dieses als besonders wichtig erachten (vgl. Murray 1991). In der Konsequenz werden Kunden bei wichtigen Produkten vermutlich höheren Wert auf die Kundenorientierung von Kundenkontaktmitarbeitern legen und diese wohl in höherem Umfang durch eine Steigerung ihrer Loyalität „belohnen".

Vor diesem Hintergrund untersucht die vorliegende Studie moderierende Einflüsse auf den Zusammenhang zwischen der Kundenorientierung von Vertriebsmitarbeitern und der Kundenloyalität. Es wird vermutet, dass die Auswirkungen kundenorientierter Verhaltensweisen von Verkäufern von den Präferenzen der Kunden für bestimmte Kommunikationsinhalte in verschiedenen Kaufsituationen abhängen (vgl. McFarland/Challagalla/Shervani 2006). Konkret werden in dieser Studie zwei Gruppen von Moderatorvariablen betrachtet, welche einen Einfluss auf die Kommunikationspräferenzen eines Kunden haben können (vgl. Sheth 1976): Facetten des Kommunikationsstils eines Kunden (insbesondere die Aufgaben-, Interaktions- und Selbstorientierung; vgl. Williams/Spiro 1985) sowie Merkmale der Produkte eines Anbieters (insbesondere die Individualität, Wichtigkeit, Komplexität und Markenstärke der Produkte; vgl. Keller 1993; McQuiston 1989). Daher besteht das erste Forschungsziel der vorliegenden Studie darin, den Einfluss von Charakteristika der Kaufsituation auf die Effektivität des kundenorientierten Verhaltens von Verkäufern zu untersuchen.

An dieser Stelle erlangt die Unterscheidung zwischen verschiedenen Dimensionen des kundenorientierten Verhaltens eine hohe Bedeutung (vgl. Kapitel 1.3). Beispielsweise sind Kunden, wie zu Beginn dieser Arbeit bereits angedeutet, in komplexen Kaufsituationen vermutlich vornehmlich bestrebt, die Funktionsfähigkeit des betrachteten Produktes zu verstehen, und daher wohl verstärkt empfänglich für fachliche Kommunikationsinhalte wie die Beschreibung möglicher Produktanwendungen. Gleichzeitig mögen sie in derartigen Situationen im Allgemeinen wohl weniger empfänglich für zwischenmenschliche, informelle Kommunikationsinhalte sein.

Entsprechend werden in der vorliegenden Studie zwei verschiedene Facetten der Kundenorientierung von Vertriebsmitarbeitern betrachtet. Die erste Facette ist überwiegend in der Literatur zum persönlichen Verkauf verankert, in der Kundenorientierung primär als eine Reihe aufgabenbezogener Verhaltensweisen konzeptualisiert wird (bspw. die wahrheitsgemäße Beschreibung von Produkten und das Anbieten adäquater Produktlösungen). Diese Dimension des kundenorientierten Verhaltens wird im Folgenden als „funktionale Kundenorientierung" bezeichnet (vgl. bspw. Thomas/Soutar/Ryan 2001). Die zweite Facette basiert auf jüngsten Entwicklungen in der Dienstleistungsforschung. Gemäß diesen umfasst die Kundenorientierung von Kundenkontaktmitarbeitern auch zwischenmenschliche Verhaltensweisen (bspw. der Aufbau einer persönlichen Beziehung zwischen dem Servicemitarbeiter und dem Kunden). Im Folgenden wird diese Facette der Kundenorientierung als „relationale Kundenorientierung" bezeichnet (vgl. bspw. Donavan/Brown/Mowen 2004). Eine derartige Unterscheidung zwischen verschiedenen Komponenten der Kundenorientierung kommt jüngsten Forderungen von Akademikern nach, in Forschungsarbeiten mehrere Dimensionen der Kundenorientierung von Vertriebsmitarbeitern zu berücksichtigen (vgl. Schwepker 2003; Stock/Hoyer 2005).

Vor diesem Hintergrund werden im Rahmen der vorliegenden Studie separate Hypothesen hinsichtlich des Einflusses von Moderatorvariablen auf die Effektivität der funktionalen und der relationalen Kundenorientierung entwickelt. Insbesondere wird argumentiert, dass in Abhängigkeit von Merkmalen der Kaufsituation die funktionale und relationale Kundenorientierung von Verkäufern positive, neutrale und sogar negative Effekte auf die Kundenloyalität haben können. Kurz gesagt besteht das zweite Forschungsziel dieser Studie darin zu beweisen, dass funktionale und relationale kundenorientierte Verhaltensweisen in bestimmten Situationen unterschiedliche Wirkungen aufweisen können.

Ein wichtiges Merkmal der vorliegenden Studie ist ferner die Tatsache, dass die betrachteten Konstrukte sich auf drei verschiedene Analyseebenen beziehen. Im einzelnen sind Produktmerkmale spezifisch für die jeweils betrachtete Geschäftseinheit, die Kundenorientierung bezieht sich auf einzelne Vertriebsmitarbeiter und die Facetten des Kommunikationsstils sowie die Kundenloyalität schließlich beziehen sich auf einzelne Kunden. Daher wird zur empirischen Bestätigung der aufgestellten Hypothesen eine Mehrebenenanalyse durchgeführt, analog zu der ersten Studie der vorliegenden Arbeit (vgl. Kapitel 2) basierend auf triadischen Daten aus einer branchenübergreifenden Befragung von Vertriebsleitern, -mitarbeitern und Kunden. Zur Messung der funktionalen und relationalen Kundenorientierung von Verkäufern werden wiederum Daten von 195 Vertriebsmitarbeitern verwendet. Zur Messung der Facetten des Kommunikationsstils eines Kunden und der Kundenloyalität wird auf die Befragung von 538 Privat- und Geschäftskunden zurückgegriffen. Schließlich werden erneut Daten von 56 Vertriebsleitern zur Messung der Merkmale der Produkte des jeweiligen Anbieters herangezogen.

3.2 Bezugsrahmen der Untersuchung

In Abbildung 7 ist der konzeptionelle Bezugsrahmen der vorliegenden Studie dargestellt. Im Folgenden sollen die einzelnen Konstrukte des Untersuchungsmodells eingeführt werden.

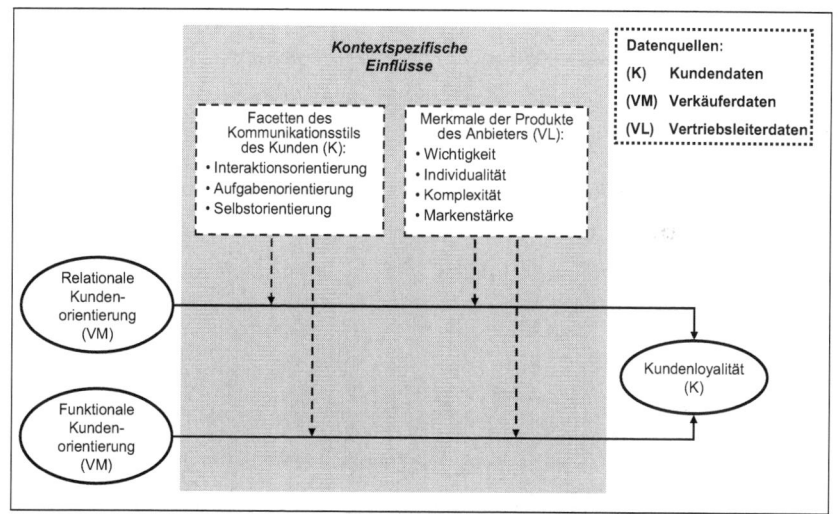

Abbildung 7: Konzeptioneller Bezugsrahmen des Untersuchungsmodells

3.2.1 Facetten und Auswirkungen des kundenorientierten Verhaltens

Im Einklang mit bisherigen Forschungsarbeiten wird die Kundenorientierung von Verkäufern allgemein als eine Reihe von Verhaltensweisen definiert, welche die umfassende Beachtung der Kundeninteressen und –bedürfnisse seitens des Verkäufers zum Ausdruck bringen. Ferner steht die Sicherstellung der langfristigen Zufriedenheit der Kunden im Vordergrund (vgl. bspw. Martin/Bush 2003). Während sowohl die Vertriebs- als auch die Dienstleistungsforschung diese grundlegende Definition weitgehend anerkennen, haben Wissenschaftler jedoch verschiedene Sichtweisen im Hinblick auf die Konzeptualisierung der Kundenorientierung (vgl. Stock/Hoyer 2005 sowie Kapitel 1.3).

In der Vertriebsliteratur wird bis heute überwiegend das Konzept des kundenorientierten Verkaufens von Saxe und Weitz (1982) übernommen. Konkret werden in diesem Zusammenhang kundenorientierte Verhaltensweisen betrachtet, welche sich auf die Verkaufsaufgabe beziehen, wie beispielsweise das Anbieten von Produkten, welche den Kundenanforderungen umfassend gerecht werden (vgl. bspw. Goff et al. 1997; Siguaw/Brown/Widing 1994). In Anlehnung an diese Sichtweise wird im Rahmen dieser Studie die *funktionale Kundenorientierung* definiert als eine Reihe aufgabenbezogener Verhaltensweisen, durch die einem Kunden geholfen werden soll, eine zufriedenstellende Kaufentscheidung zu treffen.

In der Dienstleistungsliteratur hat sich jedoch in der jüngsten Vergangenheit ein alternatives Verständnis der Kundenorientierung etabliert. In diesem Forschungsbereich betrachten Wissenschaftlicher zwischenmenschliche Verhaltensweisen von Kundenkontaktmitarbeitern als einen weiteren Aspekt der Kundenorientierung. Gemäß dieser Sichtweise beinhaltet die Kundenorientierung eines Mitarbeiters auch dessen Bereitschaft, eine persönliche Beziehung zu Kunden aufzubauen (vgl. Brown et al. 2002; Donavan/Brown/Mowen 2004). Basierend auf dieser Forschungsströmung wird in der vorliegenden Studie die *relationale Kundenorientierung* definiert als eine Reihe von Verhaltensweisen, welche darauf abzielen, eine persönliche Beziehung zu Kunden aufzubauen und zu festigen.

Eine derartige Unterscheidung zwischen funktionaler und relationaler Kundenorientierung ist konsistent mit der in der Literatur gängigen Unterscheidung zwischen fachlichen und persönlichen Beeinflussungsstrategien in Kundenkontaktsituationen (vgl. bspw. Weitz 1981). Aus der Kundenperspektive betrachtet mögen die funktionale und relationale Kundenorientierung für Kunden einen funktionalen bzw. sozialen Nutzen darstellen, welchen sie aus der Geschäftsbeziehung mit einem Kundenkontaktmitarbeiter ziehen können (vgl. Dwyer/Schurr/Oh 1987; Reynolds/Beatty 1999a).

Gemäß der wissenschaftlichen Literatur ist es das zentrale Ziel der (funktionalen und relationalen) Kundenorientierung, langfristige, für Anbieter und Kunden vorteilhafte Geschäftsbeziehungen aufzubauen (vgl. bspw. Keillor/Parker/Pettijohn 2000; Swanson/Kelley/Dorsch 1997). Daher untersucht die vorliegende Studie, unter welchen Bedingungen die funktionale und relationale Kundenorientierung eines Vertriebsmitarbeiters tatsächlich zu einer Steigerung der Kundenloyalität gegenüber dem jeweiligen Anbieter beitragen. *Kundenloyalität* wird in diesem Zusammenhang definiert als die ausdrückliche Präferenz eines Kunden für ein Unternehmen sowie dessen Absichten, in Zukunft erneut bei dem jeweiligen Unternehmen zu kaufen sowie die Geschäftsbeziehung auszuweiten (vgl. Zeithaml/Berry/Parasuraman 1996).

3.2.2 Kontextbezogene Einflüsse auf den Zusammenhang zwischen kundenorientierten Verhaltensweisen und der Kundenloyalität

In diesem Abschnitt werden Charakteristika der Kaufsituation hergeleitet, welche die Effekte der funktionalen und relationalen Kundenorientierung vermutlich beeinflussen. Bevor die als Moderatorvariablen verwendeten Konstrukte definiert werden, sollen zunächst die Grundzüge der sozialen Austauschtheorie nach Homans (1961) erläutert werden, da diese zur theoretischen Fundierung des Einflusses situativer Faktoren auf den Zusammenhang zwischen der funktionalen bzw. relationalen Kundenorientierung und der Kundenloyalität herangezogen wird. Die Grundthese dieser Theorie besagt zunächst, dass je stärker ein bestimmtes Verhalten eines Individuums von einem anderen Individuum belohnt wird, desto eher wird das erstere Individuum ein derartiges Verhalten zukünftig wiederholen. Die sogenannte Wertthese der sozialen Austauschtheorie nimmt ferner eine differenziertere Sichtweise an und ist von grundlegender Bedeutung für die vorliegende Studie. Konkret wird vermutet, dass je wertvoller ein Individuum eine Belohnung wahrnimmt, desto eher wird es das entsprechende Verhalten wiederholen und desto wertvoller wird dessen Gegenleistung sein (vgl. Chadwick-Jones 1976; Ekeh 1974).

Überträgt man diese Aussagen auf den Verkaufsbereich, so besagt die Wertthese, dass je stärker ein Kunde die Interaktion mit einem Vertriebsmitarbeiter als belohnend bzw. nützlich wahrnimmt, desto eher wird der Kunde die Geschäftsbeziehung mit dem Verkäufer aufrechterhalten und den Vertriebsmitarbeiter durch Verhaltensweisen wie die Ausdehnung der Geschäftsbeziehung „belohnen". An dieser Stelle lässt sich folglich festhalten, dass das Ausmaß, zu dem ein Kunde ein bestimmtes Verhalten eines Verkäufers positiv bzw. nützlich wahrnimmt, in hohem Maße von den subjektiven Bewertungen des Kunden abhängt. Diese subjektiven Bewertungen hängen vermutlich wiederum stark von den funktionalen und sozialen Kommunikationsbedürfnissen eines Kunden ab. Übereinstimmend mit dieser Sichtweise deuten die Ergebnisse der Studie von Beatty et al. (1996) an, dass die Wirkung aufgabenbezogener und relationaler Verhaltensweisen von Verkäufern sehr stark von dem Wert abhängt, den ein Kunde diesen Verhaltensweisen beimisst. Gleichermaßen hält Beverland (2001) fest, dass die Wirkung beziehungsbildender Verhaltensweisen von Verkäufern stark von der Bereitschaft eines Kunden abhängt, eine derartige (Geschäfts-)Beziehung eingehen zu wollen.

Dementsprechend lässt sich die Schlussfolgerung ziehen, dass die Untersuchung der Voraussetzungen, unter denen Kunden die funktionale und relationale Kundenorientierung von Verkäufern tatsächlich wertschätzen, ein wichtiges Forschungsthema darstellt. An dieser Stelle wird auf Basis der vorangegangenen Argumentation die generelle These aufgestellt, das die Wirkung der funktionalen und relationalen Kundenorientierung stark davon abhängt, inwieweit ein Kunde funktionale und relationale Kommunikationsinhalte in bestimmten Kaufsituationen wünscht bzw. erwartet. Gemäß der Arbeit von Sheth (1976) hängen die Präferenzen eines Kunden für bestimmte Kommunikationsinhalte wohl von zwei Gruppen von Variablen ab, nämlich von persönlichen Eigenschaften des Kunden und von Merkmalen der Produkte des Anbieters.

Im Hinblick auf persönliche Faktoren werden in dieser Studie Facetten des Kommunikationsstils eines Kunden als mögliche Moderatoren auf den Zusammenhang zwischen funktionaler bzw. relationaler Kundenorientierung und der Kundenloyalität betrachtet. Übereinstimmend mit früheren Forschungsarbeiten (vgl. McFarland/Challagalla/Shervani 2006; Williams/Spiro 1985) wird im Folgenden zwischen der Interaktions-, Aufgaben- und Selbstorientierung als den grundlegenden Dimensionen des Kommunikationsstils eines Kunden unterschieden. Die *Interaktionsorientierung* wird definiert als die Neigung eines Kunden, in Verkaufsgesprächen persönliche Kontakte zu Vertriebsmitarbeitern zu knüpfen. Die *Aufgabenorientierung* beschreibt die Neigung eines Kunden, sich in Verkaufsgesprächen auf den Kaufgegenstand zu konzentrieren und sich entsprechend in hohem Maße zielorientiert zu verhalten. Schließlich wird die *Selbstorientierung* definiert als die Neigung eines Kunden, sich in Verkaufsgesprächen überwiegend auf das eigene Wohlergehen zu fokussieren.

Hinsichtlich der Merkmale der Produkte eines Anbieters wird im Folgenden der moderierende Einfluss der Individualität, Wichtigkeit, Komplexität und Markenstärke der Anbieterprodukte untersucht. Die *Produktindividualität* wird in diesem Zusammenhang definiert als das Ausmaß, zu dem die Produkte eines Anbieters an die spezifischen Bedürfnisse eines Kunden angepasst werden (vgl. Kapitel 2.4.2). Die *Produktwichtigkeit* beschreibt die generelle Bedeutung der Produkte eines Anbieters für die Erreichung der (bspw. wirtschaftlichen) Ziele eines Kunden. Die *Produktkomplexität* wird definiert als das Ausmaß, zu dem ein Kunde spezifische Fachkenntnisse benötigt, um die Produkte eines Anbieters beurteilen zu können. Die *Markenstärke* schließlich steht für die Überlegenheit der Marken eines Anbieters gegenüber den Marken der Wettbewerber.

3.3 Herleitung der Hypothesen

3.3.1 Herleitung der Hypothesen zu den Haupteffekten

Da erwartet wird, dass die Effekte der funktionalen und relationalen Kundenorientierung von Vertriebsmitarbeitern von dem Kommunikationsstil eines Kunden und den Merkmalen der Anbieterprodukte abhängen, wird in den Hypothesen zu den Haupteffekten zunächst die generelle, *durchschnittliche* Wirkung der funktionalen und relationalen Kundenorientierung über alle Verkaufssituationen hinweg diskutiert (vgl. Irwin/ McClelland 2001).

3.3.1.1 Der durchschnittliche Einfluss der funktionalen Kundenorientierung auf die Kundenloyalität

Es wird erwartet, dass die funktionale Kundenorientierung eines Verkäufers im Durchschnitt einen positiven Einfluss auf die Loyalität der Kunden aufweist. Diese Vermutung hat mehrere Gründe. Erstens wird erwartet, dass Kunden im Allgemeinen die Bemühungen eines Vertriebsmitarbeiters, für seine Kunden geeignete Produktlösungen zu identifizieren, positiv bewerten. Folglich werden Kunden gemäß der sozialen Austauschtheorie auf die Bemühungen eines Verkäufers, die produktspezifischen Bedürfnisse seiner Kunden zu verstehen und zu befriedigen, vermutlich derart positiv reagieren, indem sie eine Präferenz für zukünftige Geschäftsvorgänge mit dem Vertriebsmitarbeiter entwickeln (vgl. Dean 2007). Zweitens mag die funktionale Kundenorientierung eines Verkäufers ein Indiz für dessen zukünftiges kooperatives Verhalten bei Kundenproblemen darstellen, was zu einer Stärkung der Kundenabsicht führt, die Geschäftsbeziehung mit dem Verkäufer fortzuführen (vgl. Williams/Attaway 1996). Schließlich konnte in vergangenen Forschungsarbeiten bereits empirisch belegt werden, dass die Kundenorientierung von Verkäufern, konzeptualisiert als eine Reihe aufgabenbezogener Verhaltensweisen, die Kundenloyalität erhöht (vgl. Tabelle 3 in Kapitel 1.3). Entsprechend lässt sich als Hypothese festhalten:

H_1: *Die funktionale Kundenorientierung hat im Durchschnitt einen positiven Einfluss auf die Kundenloyalität.*

3.3.1.2 Der durchschnittliche Einfluss der relationalen Kundenorientierung auf die Kundenloyalität

Im Gegensatz zur funktionalen Kundenorientierung wird vermutet, dass die relationale Kundenorientierung von Verkäufern im Durchschnitt keinen Einfluss auf die Kundenloyalität aufweist. Der zentrale Grund hierfür ist, dass der positive Effekt der relationalen Kundenorientierung auf die Kundenloyalität nur dann gegeben ist, sofern Kunden auch offen für persönliche Beziehungen zu Verkäufern sind (vgl. Palmatier et al. 2008). Während einige Kunden wohl tatsächlich vertrauensvolle, persönliche Beziehungen mit Vertriebsmitarbeitern anstreben, mögen jedoch andere abgeneigt sein, persönliche Kontakte mit Vertriebsmitarbeitern zu knüpfen (vgl. Reynolds/Beatty 1999b). In Abhängigkeit ihrer persönlichen Risikoeinstellung mögen des Weiteren einige Kunden bereit sein, private Informationen gegenüber Vertriebsmitarbeitern offenzulegen, während es andere Kunden wohl nicht sind (vgl. Akcura/Srinivasan 2005; Culnan/ Armstrong 1999). Vor diesem Hintergrund wird im Folgenden argumentiert, dass die relationale Kundenorientierung von Verkäufern zwei gegenläufige Effekte aufweist, welche in Abhängigkeit persönlicher Eigenschaften der Kunden zu positiven oder negativen Kundenreaktionen führen können.

Einerseits mag die relationale Kundenorientierung eines Verkäufers ein Indiz darstellen für dessen Wohlwollen und Interesse für die Belange des Kunden. Daher kann eine Erhöhung des relationalen kundenorientierten Verhaltens zu einer Steigerung des Kundenvertrauens und folglich zu einer Stärkung der Bindungsabsichten eines Kunden führen (vgl. bspw. Bendapudi/Berry 1997). Andererseits können beziehungsbildende Verhaltensweisen von Vertriebsmitarbeitern auf Seiten der Kunden zu einem wahrgenommenen Verlust der persönlichen Freiheit und Privatsphäre führen, wodurch sich bei Kunden psychologische Reaktanz einstellen kann (vgl. bspw. Clee/Wicklund 1980;

Sheth/Parvatiyar 1995). Als Konsequenz kann ein sogenannter „Bumerang-Effekt" eintreten. Dies bedeutet, dass, um ihre persönliche Freiheit wiederzuerlangen, Kunden auf die relationale Kundenorientierung von Verkäufern mit einer Verringerung statt einer Verstärkung ihrer Bindungsabsichten reagieren können.

In Summe wird daher vermutet, dass die potentiellen positiven und nachteiligen Effekte der relationalen Kundenorientierung von Verkäufern sich gegenseitig aufheben. Eine derartige These ist konsistent mit den Ergebnissen vergangener Forschungsarbeiten, in denen kein Effekt zwischenmenschlicher Verhaltensweisen von Verkäufern auf die Entwicklung von Kundenbeziehungen festgestellt werden kann (vgl. Doney/Cannon 1997; Jacobs et al. 2001). Folglich wird die Hypothese aufgestellt:

H_2: *Die relationale Kundenorientierung hat im Durchschnitt keinen Einfluss auf die Kundenloyalität.*

3.3.2 Herleitung der Hypothesen zu den moderierenden Effekten

3.3.2.1 Der moderierende Einfluss der Facetten des Kommunikationsstils eines Kunden auf den Zusammenhang zwischen kundenorientierten Verhaltensweisen und der Kundenloyalität

Der Kommunikationsstil eines Individuums stellt ein relativ stabiles Kommunikationsmuster dar, wodurch die Kommunikationspräferenzen einer Person in sozialen Interaktionen zum Ausdruck kommen (vgl. McFarland/Challagalla/Shervani 2006). Im Folgenden soll diskutiert werden, inwieweit die Interaktions-, Aufgaben- und Selbstorientierung als die zentralen Facetten des Kommunikationsstils eines Kunden den Zusammenhang zwischen der funktionalen bzw. relationalen Kundenorientierung und der Kundenloyalität beeinflussen.

Eine interaktionsorientierte Person neigt generell dazu, in sozialen Interaktionen persönliche Kontakte zu knüpfen. Vor diesem Hintergrund bevorzugen es interaktionsorientierte Kunden vermutlich in hohem Maße, in Verkaufsgesprächen eine persönliche Beziehung zu ihrem Kundenbetreuer aufzubauen (vgl. Williams/Spiro 1985). Aus diesem Grund wird erwartet, dass Kunden mit einer hohen *Interaktionsorientierung* offen für relationale kundenorientierte Verhaltensweisen von Vertriebsmitarbeitern sind und einem derartigen Verhalten nicht negativ gegenüberstehen. In anderen Worten trägt die relationale Kundenorientierung von Verkäufern bei stark interaktionsorientierten Kunden vermutlich zu der Bildung einer vertrauensvollen, persönlichen Kundenbeziehung bei, welche wiederum die Loyalität der Kunden erhöht (vgl. Macintosh/Lockshin 1997). Bei Kunden mit einer geringen Interaktionsorientierung führt relationales kundenorientiertes Verhalten jedoch vermutlich zu einer Schwächung der Kundenloyalität, da derartige Kunden eher abgeneigt sind, in Verkaufsgesprächen persönliche Kontakte zu knüpfen und zu festigen. Folglich werden solche Kunden wohl weniger dazu neigen, zukünftig Geschäfte mit einem Vertriebsmitarbeiter zu tätigen, welcher in hohem Maße beziehungsbildendes Verhalten zeigt.

Obgleich interaktionsorientierte Kunden zunächst daran interessiert sind, sich mit Vertriebsmitarbeitern über private Themen zu unterhalten, bevor transaktionsspezifische Details besprochen werden (vgl. Sheth 1976), wird vermutet, dass funktionales kundenorientiertes Verhalten bei interaktionsorientierten Kunden ebenfalls zu einer Steigerung der Kundenloyalität beiträgt (vgl. Miles/Arnold/Nash 1990). Allerdings wird erwartet, dass Kunden mit einer hohen Interaktionsorientierung keinen überdurchschnittlichen Wert auf die funktionale Kundenorientierung von Vertriebsmitarbeitern legen. Die aufgeführte Argumentation führt demnach zu folgenden Hypothesen:

H_{3a}: *Die Interaktionsorientierung eines Kunden hat einen positiven moderierenden Einfluss auf den Zusammenhang zwischen der relationalen Kundenorientierung von Verkäufern und der Kundenloyalität.*

H_{3b}: *Die Interaktionsorientierung eines Kunden hat keinen moderierenden Einfluss auf den Zusammenhang zwischen der funktionalen Kundenorientierung von Verkäufern und der Kundenloyalität.*

Aufgabenorientierte Kunden sind in Verkaufsgesprächen hochgradig zielorientiert und ziehen es vor, Kaufprozesse möglichst effizient abzuwickeln (vgl. McFarland/Challagalla/Shervani 2006). In diesem Zusammenhang wird erwartet, dass die *Aufgabenorientierung* eines Kunden unterschiedliche Effekte auf die Zusammenhänge zwischen den Dimensionen der Kundenorientierung und der Kundenloyalität aufweist.

Einerseits lässt sich die These aufstellen, dass der Effekt der relationalen Kundenorientierung auf die Kundenloyalität nicht von dem Grad der Aufgabenorientierung eines Kunden abhängt. Dies lässt sich damit begründen, dass die Aufgabenorientierung eines Kunden keine Aussage zulässt hinsichtlich der Präferenz des Kunden für den Aufbau persönlicher Beziehungen zu Vertriebsmitarbeitern (vgl. Williams/Spiro 1985). Da die Aufgaben- und Interaktionsorientierung zwei unabhängige Dimensionen des Kommunikationsstils eines Kunden darstellen, mögen vermutlich einige aufgabenorientierte Kunden offen für relationale Verhaltensweisen von Verkäufern sein, während es andere nicht sind. Somit lässt sich festhalten, dass relationale Verhaltensweisen von Verkäufern im Allgemeinen in keinem Konflikt mit der Aufgabenorientierung eines Kunden stehen (vgl. Miles/Arnold/Nash 1990). Gleichermaßen wird ein aufgabenorientierter Kunde jedoch im Allgemeinen auch keinen überdurchschnittlichen Wert auf die relationale Kundenorientierung von Vertriebsmitarbeitern legen und daher in der Konsequenz auch keine stärkeren Bindungsabsichten entwickeln.

Andererseits wird vermutet, dass bei aufgabenorientierten Kunden die funktionale Kundenorientierung von Verkäufern einen überdurchschnittlichen Effekt auf die Kundenloyalität hat, da fachbezogene Verhaltensweisen exakt den Kommunikationspräferenzen aufgabenorientierter Kunden entsprechen (vgl. Williams/Spiro/Fine 1990). Durch die Bestimmung des Kundenbedarfs und der Darbietung produktspezifischer

Informationen, welche für den Kunden hohe Relevanz haben, trägt der Vertriebsmitarbeiter maßgeblich zur zufriedenstellenden Bewältigung des Kaufprozesses bei. Speziell aufgabenorientierte Kunden werden die Unterstützung eines Vertriebsmitarbeiters bei der Findung einer zufriedenstellenden Kaufentscheidung sehr zu schätzen wissen und daher die Bemühungen des Verkäufers auch durch eine überdurchschnittliche Steigerung ihrer Loyalität „belohnen". Folglich ergeben sich als Hypothesen:

H_{4a}: *Die Aufgabenorientierung eines Kunden hat keinen moderierenden Einfluss auf den Zusammenhang zwischen der relationalen Kundenorientierung von Verkäufern und der Kundenloyalität.*

H_{4b}: *Die Aufgabenorientierung eines Kunden hat einen positiven moderierenden Einfluss auf den Zusammenhang zwischen der funktionalen Kundenorientierung von Verkäufern und der Kundenloyalität.*

Gemäß Bass (1960) sind selbstorientierte Menschen überwiegend auf ihr eigenes Wohlergehen fokussiert. Ferner streben sie nach persönlicher Anerkennung und neigen dazu, in sozialen Interaktionen dominant und konkurrenzbetont aufzutreten. Im Folgenden wird argumentiert, dass weder die funktionale noch die relationale Kundenorientierung bei Kunden mit einer hohen *Selbstorientierung* einen über- bzw. unterdurchschnittlichen Effekt auf die Kundenloyalität aufweisen.

Auf der einen Seite betonen die funktionale und relationale Kundenorientierung das Interesse eines Vertriebsmitarbeiters für die Belange des Kunden. Da ein selbstorientierter Kunde sich überwiegend mit seinen persönlichen Bedürfnissen befasst (vgl. auch Bass 1967), kann vermutet werden, dass selbstorientierte Kunden das Interesse eines Verkäufers an der Befriedigung ihrer Bedürfnisse positiv wahrnehmen.

Auf der anderen Seite wenden kundenorientierte Vertriebsmitarbeiter eine lösungsorientierte Verhandlungsstrategie an und versuchen in Verkaufsgesprächen eine für beide Seiten zufriedenstellende Einigung zu erzielen (vgl. Weitz/Bradford 1999). Darüber hinaus umfasst die Kundenorientierung von Verkäufern proaktive Verhaltensweisen, welche darauf abzielen, ein gewisses Maß an Kontrolle in Verkaufsgesprächen zu erzielen (vgl. Martin/Bush 2003). Diese Eigenschaften des kundenorientierten Verhaltens können der Neigung eines selbstorientierten Kunden, sich in Verkaufsgesprächen dominant und konkurrenzbetont zu verhalten, entgegenstehen (vgl. Williams/Spiro 1985). Aus diesem Grund wird die Vermutung aufgestellt, dass ein selbstorientierter Kunde das Bestreben eines Vertriebsmitarbeiters, mit dem Kunden auf Augenhöhe zu kommunizieren und eine gemeinnützige Verhandlungslösung zu erzielen, negativ wahrnimmt (vgl. Soldow/Thomas 1984).

In der Konsequenz wird erwartet, dass diese gegensätzlichen Effekte der funktionalen und relationalen Kundenorientierung sich im Allgemeinen ausgleichen. Insgesamt legen selbstorientierte Kunden daher wohl keinen überdurchschnittlichen Wert auf funktionales und relationales kundenorientiertes Verhalten von Vertriebsmitarbeitern. Entsprechend lassen sich als Hypothesen festhalten:

H_{5a}: *Die Selbstorientierung eines Kunden hat keinen moderierenden Einfluss auf den Zusammenhang zwischen der relationalen Kundenorientierung von Verkäufern und der Kundenloyalität.*

H_{5b}: *Die Selbstorientierung eines Kunden hat keinen moderierenden Einfluss auf den Zusammenhang zwischen der funktionalen Kundenorientierung von Verkäufern und der Kundenloyalität.*

3.3.2.2 Der moderierende Einfluss von Merkmalen der Produkte eines Anbieters auf den Zusammenhang zwischen kundenorientierten Verhaltensweisen und der Kundenloyalität

Im Folgenden wird argumentiert, dass bestimmte Merkmale der Produkte eines Anbieters die Risikowahrnehmung, das Involvement und schließlich die Präferenz eines Kunden für fachliche und zwischenmenschliche Kommunikationsinhalte auf verschiedene Weise beeinflussen.

Zuallererst wird die These aufgestellt, dass das Ausmaß der *Produktindividualität* das durch den Kunden wahrgenommene „funktionale" Risiko beeinflusst. Das funktionale Risiko beschreibt das Ausmaß der negativen Konsequenzen im Falle des Kaufs eines unpassenden Produkts sowie die Unsicherheit eines Kunden im Hinblick darauf, ob ein bestimmtes Produkt oder eine bestimmte Dienstleistung seinen individuellen Leistungsanforderungen gerecht wird (vgl. Dowling 1986). In diesem Zusammenhang wird analog zu der Argumentation in Kapitel 2.4.2.2 erwartet, dass das wahrgenommene funktionale Risiko eines Kunden bei individualisierten Produkten höher ist als bei standardisierten Produkten, da es dem Kunden im Voraus wohl deutlich schwerer fällt zu bewerten, ob das betrachtete Produkt auch tatsächlich seinen Leistungsanforderungen vollständig gerecht werden wird. Vor der Kaufentscheidung empfinden Kunden somit bei individualisierten Produkten vermutlich ein höheres Maß an Unsicherheit als bei standardisierten Produkten. Des Weiteren weisen Kunden vermutlich im Rahmen des Kauf- und Fertigungsprozesses von individualisierten Produkten ein höheres Involvement auf, was ebenfalls zu einer Steigerung des wahrgenommenen Risikos führt (vgl. Dowling/Staelin 1994).

In der Konsequenz wird vermutet, dass Kunden bei individualisierten Produkten zur Reduktion ihres wahrgenommenen funktionalen Risikos höheren Wert auf funktionale kundenorientierte Verhaltensweisen von Verkäufern legen. Mittels funktionaler kundenorientierter Verhaltensweisen wie der präzisen Festlegung der Leistungsanforderungen und des Herausstellens relevanter Produktvorteile können Vertriebsmitarbeiter daher bei stark individualisierten Produkten das wahrgenommene funktionale Risiko eines Kunden wohl stärker reduzieren und damit die Bindungsabsichten des Kunden weiter erhöhen als bei standardisierten Produkten (vgl. Bejou/Ennew/Palmer 1998).

Darüber hinaus verfügen Kunden über Risikowahrnehmungen, welche sich auf die allgemeine Geschäftsbeziehung mit einem Anbieter beziehen. Diese Form des wahrgenommenen Risikos wird im Folgenden als „relationales" Risiko bezeichnet. Als Beispiel für das wahrgenommene relationale Risiko eines Kunden seien dessen Bedenken genannt, dass ein Anbieter im Rahmen der Geschäftsbeziehung sich „opportunistisch" verhalten könnte, beispielsweise in Form einer Erhöhung der Preise oder einer Verschlechterung der Lieferbedingungen (vgl. Ganesan 1994). In diesem Zusammenhang wird vermutet, dass die zunehmende Individualität der Produkte eines Anbieters zu einer größeren Abhängigkeit des Kunden führt, da es sich bei stark individualisierten Produkten für den Kunden wohl als schwieriger erweisen mag, einen passenden alternativen Anbieter zu finden. Ferner wird vermutet, dass die größere Anbieterabhängigkeit eines Kunden dessen wahrgenommenes relationales Risiko erhöht (vgl. Cannon/ Perreault 1999; Kumar/Scheer/Steenkamp 1995).

Vor diesem Hintergrund wird die Vermutung aufgestellt, dass Kunden bei individualisierten Produkten zur Reduktion ihres wahrgenommenen relationalen Risikos einen höheren Wert auf die relationale Kundenorientierung von Vertriebsmitarbeitern legen. Dies lässt sich damit begründen, dass eine vertrauensvolle, persönliche Beziehung zu einem Vertriebsmitarbeiter vermutlich die Kundenbedenken hinsichtlich möglicher opportunistischer Verhaltensweisen des Anbieters reduziert, was folglich zu einer Steigerung der Kundenloyalität führen kann (vgl. Bendapudi/Berry 1997). Diese Argumentation stimmt mit bisherigen Forschungsergebnissen überein, welche andeuten, dass die Beziehungsorientierung eines Kunden mit zunehmender Anbieterabhängigkeit steigt (vgl. Anderson/Narus 1991; Palmatier et al. 2008).

Da des Weiteren vermutlich die Kontaktintensität zwischen Anbieter und Kunde bei individualisierten Produkten höher ist als bei standardisierten Produkten, kann zudem erwartet werden, dass Kunden mit zunehmender Produktindividualität mehr Wert auf eine angenehme Arbeitsatmosphäre legen und daher wohl auch zunehmend offen für relationale kundenorientierte Verhaltensweisen von Verkäufern sind. Basierend auf der vorangegangenen Diskussion ergeben sich folgende Hypothesen:

H_{6a}: *Die Individualität der Anbieterprodukte hat einen positiven moderierenden Einfluss auf den Zusammenhang zwischen der relationalen Kundenorientierung von Verkäufern und der Kundenloyalität.*

H_{6b}: *Die Individualität der Anbieterprodukte hat einen positiven moderierenden Einfluss auf den Zusammenhang zwischen der funktionalen Kundenorientierung von Verkäufern und der Kundenloyalität.*

Ebenfalls wird vermutet, dass der Grad der *Produktwichtigkeit* das wahrgenommene funktionale Risiko eines Kunden beeinflusst. Konkret lässt sich erwarten, dass das funktionale Risiko bei Produkten mit für den Kunden hoher Wichtigkeit größer ist als bei Produkten mit für den Kunden geringerer Wichtigkeit (vgl. Kapitel 2.4.2.1). Bei Produkten mit hoher Bedeutung für den Kunden sind die negativen Konsequenzen des Kaufs eines unpassenden Produkts deutlich gravierender, beispielsweise die monetären Verluste durch die Kosten der Produktersetzung oder durch mögliche Stillstandszeiten in der Produktion (vgl. Bloch/Richins 1983; McQuiston 1989). Folglich werden Kunden bei wichtigen im Vergleich zu weniger wichtigen Produkten ein höheres Informationsbedürfnis bezüglich der Produkteigenschaften aufweisen, welche ihren Leistungsanforderungen entsprechen (vgl. Murray 1991).

Entsprechend mögen Kunden bei wichtigen Produkten überdurchschnittlichen Wert auf die funktionale Kundenorientierung von Verkäufern legen und die Bemühungen des Vertriebsmitarbeiters zur Verringerung des wahrgenommenen funktionalen Risikos mit stärkeren Absichten, die Geschäftsbeziehung aufrechtzuerhalten und zu festigen, „belohnen".

Im Gegensatz hierzu wird jedoch vermutet, dass Kunden bei hochgradig wichtigen Produkten keinen überdurchschnittlichen Wert auf die relationale Kundenorientierung von Vertriebsmitarbeitern legen. Generell hat der Grad der Wichtigkeit von Produkten wohl keinen Einfluss auf die Anbieterabhängigkeit eines Kunden und folglich auch nicht auf dessen wahrgenommenes relationales Risiko. In der Konsequenz werden Kunden im Allgemeinen bei wichtigen Produkten keine stärkere Beziehungsorientierung aufweisen als bei weniger wichtigen Produkten. Entsprechend lassen sich die folgenden Hypothesen festhalten:

H_{7a}: *Die Wichtigkeit der Anbieterprodukte hat keinen moderierenden Einfluss auf den Zusammenhang zwischen der relationalen Kundenorientierung von Verkäufern und der Kundenloyalität.*

H_{7b}: *Die Wichtigkeit der Anbieterprodukte hat einen positiven moderierenden Einfluss auf den Zusammenhang zwischen der funktionalen Kundenorientierung von Verkäufern und der Kundenloyalität.*

Der Grad der *Produktkomplexität* stellt ein weiteres Produktmerkmal dar, welches die Risikowahrnehmungen eines Kunden bestimmt. Im Vergleich zu einfachen Produkten beanspruchen sehr erklärungsbedürftige Produkte in höherem Maße die kognitiven Fähigkeiten eines Kunden (vgl. Thompson/Hamilton/Rust 2005). Entsprechend mögen Kunden bei komplexen Produkten ein höheres kognitives Involvement während des Kaufprozesses aufweisen. In diesem Zusammenhang ist bei komplexen Produkten das wahrgenommene funktionale Risiko des Kunden vermutlich größer als bei einfachen Produkten, da der Kunde mit zunehmender Produktkomplexität größere Schwierigkeiten hat, das Produkt als Ganzes, dessen Eigenschaften und mögliche Produktanwendungen vollständig zu überblicken und zu verstehen. Dementsprechend empfinden Kunden mit steigender Produktkomplexität wohl ein zunehmendes Maß an Unsicherheit dahingehend, ob ein betrachtetes Produkt ihren Bedürfnissen gerecht wird. Infolgedessen lässt sich vermuten, dass Kunden mit zunehmender Produktkomplexität einen höheren Bedarf an Fachinformationen haben, um ihre Unsicherheit zu verringern (vgl. McQuiston 1989). In Anlehnung an die soziale Austauschtheorie (vgl. Kapitel 3.2.2) kann daher erwartet werden, dass Kunden bei dem Erwerb komplexer Produkte einen höheren Wert auf funktionale kundenorientierte Verhaltensweisen von Verkäufern legen und ein derartiges Verhalten mit stärkeren Loyalitätsabsichten erwidern.

Da Kunden in komplexen Kaufsituationen wohl in hohem Maße mit der Verarbeitung produktbezogener Informationen beschäftigt sind, kann ferner die These aufgestellt werden, dass Kunden generell in solchen Situationen weniger empfänglich für zwischenmenschliche Kommunikationsinhalte sind, wenn nicht sogar diesen ablehnend gegenüberstehen. Im Gegensatz hierzu lässt sich vermuten, dass Kunden bei einfachen Produkten weniger Energie in die Verarbeitung produktbezogener Fakten investieren und sich vielmehr auf die „Peripherie" eines Verkaufsgesprächs konzentrieren (vgl. Andrews/Shimp 1990). Im Hinblick auf die Entwicklung von Kundenloyalität lässt sich entsprechend erwarten, dass Kunden in einfachen Kaufsituationen relationale Aspekte verhältnismäßig stärker bewerten als fachliche Aspekte. Die aufgeführte Argumentation führt zu folgenden Hypothesen:

H_{8a}: *Die Komplexität der Anbieterprodukte hat einen negativen moderierenden Einfluss auf den Zusammenhang zwischen der relationalen Kundenorientierung von Verkäufern und der Kundenloyalität.*

H_{8b}: *Die Komplexität der Anbieterprodukte hat einen positiven moderierenden Einfluss auf den Zusammenhang zwischen der funktionalen Kundenorientierung von Verkäufern und der Kundenloyalität.*

Die *Markenstärke* schließlich stellt einen vierten Faktor dar, der einen Einfluss auf die Risikowahrnehmungen eines Kunden ausübt. Starke Marken kennzeichnen sich durch eine hohe Markenbekanntheit sowie durch positive und einzigartige Markenattribute, wie beispielsweise durch eine überlegene Produktqualität (vgl. Keller 1993). Entsprechend scheinen bei starken Marken das wahrgenommene funktionale Risiko eines Kunden sowie dessen produktbezogene Informationsbedürfnisse schwächer ausgeprägt zu sein als bei relativ schwachen Marken (vgl. Erdem/Swait 1998). Folglich wird erwartet, dass der positive Einfluss der funktionalen Kundenorientierung auf die Kundenloyalität mit zunehmender Markenstärke der Anbieterprodukte abgeschwächt wird. Im Gegenzug mögen Kunden bei schwachen Marken sich stärker auf das Verhalten eines Vertriebsmitarbeiters berufen und höheren Wert auf die funktionale Kundenorientierung von Verkäufern legen, weshalb sie wohl bei schwachen Marken funktionales kundenorientiertes Verhalten mit stärkeren Loyalitätsabsichten erwidern.

Während mit zunehmender Markenstärke sich das wahrgenommene funktionale Risiko eines Kunden vermutlich verringert, erwecken starke Marken darüber hinaus bei Kunden positive Emotionen bzw. Gefühle (vgl. Keller 1993). Im Rahmen von Kaufprozessen sind entsprechend bei starken Marken das kognitive Involvement eines Kunden vermutlich geringer und das affektive Involvement eines Kunden vermutlich höher ausgeprägt als bei schwachen Marken. In diesem Zusammenhang lässt sich vermuten, dass Kunden bei starken Marken in höherem Maße empfänglich für relationale Verhaltensweisen von Verkäufern sind, da Kunden sich in solchen Fällen aufgrund ihrer mit den Anbietermarken verbundenen positiven Emotionen wohl stärker mit dem Anbieter identifizieren (vgl. bspw. Lassar/Mittal/Sharma 1995). Als Resultat mögen Kunden im Rahmen des Erwerbs von Produkten mit hoher Markenstärke eine größere Bereitschaft aufweisen, persönliche Beziehungen zu den Mitarbeitern des jeweiligen Anbieters aufzubauen.

In Anlehnung an die Argumentation zu den Effekten der Produktkomplexität kann ferner vermutet werden, dass Kunden bei starken Marken weniger kognitive Ressourcen zur Verarbeitung produktbezogener Informationen aufwenden. Dies kann darauf zurückgeführt werden, dass die Einschätzung der Leistungsfähigkeit der Produkte bei starken Marken von vorneherein positiver ausfallen mag als bei schwachen Marken (vgl. Washburn/Plank 2002). Entsprechend werden Kunden sich bei starken Marken vermutlich mehr auf die Qualität der Geschäftsbeziehung mit dem Anbieter konzentrieren. In diesem Zusammenhang kann erwartet werden, dass die relationale Kundenorientierung von Verkäufern die mit einem Anbieter von starken Marken verbundenen positiven Emotionen verstärkt, wodurch die Bindungsabsichten des Kunden erhöht werden. Basierend auf der vorangegangenen Argumentation lassen sich die folgenden Hypothesen formulieren:

H_{9a}: *Die Markenstärke der Anbieterprodukte hat einen positiven moderierenden Einfluss auf den Zusammenhang zwischen der relationalen Kundenorientierung von Verkäufern und der Kundenloyalität.*

H_{9b}: *Die Markenstärke der Anbieterprodukte hat einen negativen moderierenden Einfluss auf den Zusammenhang zwischen der funktionalen Kundenorientierung von Verkäufern und der Kundenloyalität.*

3.4 Datenerhebung und Stichprobe

Wie in Kapitel 1.4 bereits angedeutet, basieren alle im Rahmen der vorliegenden Arbeit vorgestellten Studien auf der gleichen Datengrundlage. Daher soll an dieser Stelle auf eine erneute Beschreibung der Datenerhebung und Stichprobe verzichtet werden. Vielmehr wird auf Kapitel 2.5 verwiesen, in welchem die Datengrundlage der vorliegenden Studie bereits ausführlich dargestellt wurde.

3.5 Messung der Konstrukte

Analog zur ersten Studie der vorliegenden Arbeit orientieren sich die im Rahmen dieser Studie verwendeten Skalen überwiegend an vergangenen Forschungsarbeiten. Auch hier wurden die verwendeten Skalen auf Basis eines Pretests vor der eigentlichen Befragung weiter präzisiert. Einen kompletten Überblick über die Indikatoren der betrachteten Konstrukte liefert Tabelle 12 am Ende dieses Abschnitts.

Die Kundenorientierung wird wie schon in der ersten Studie (vgl. Kapitel 2.6) mittels Daten aus der Vertriebsmitarbeiterbefragung gemessen. Die *funktionale Kundenorientierung* von Verkäufern wird in Anlehnung an die Arbeiten von Saxe und Weitz (1982), Schurr, Stone und Beller (1985) und Dubinsky (1980) durch neun Indikatoren erfasst. Die *relationale Kundenorientierung* wird mit vier Indikatoren in Anlehnung an die Arbeit von Donavan, Brown und Mowen (2004) gemessen.

Zur Messung der *Kundenloyalität* werden Daten aus der Befragung von 538 Privat- und Geschäftskunden verwendet. Übereinstimmend mit der Definition von Zeithaml, Berry und Parasuraman (1996) besteht das Konstrukt der Kundenloyalität aus drei Facetten: die Absicht des Kunden, erneut bei dem betrachteten Unternehmen zu kaufen, die Absicht des Kunden, die Geschäfte mit dem Anbieter auszudehnen, sowie die Absicht des Kunden, das Unternehmen weiterzuempfehlen. Jede Facette der Kundenloyalität wird mit zwei Indikatoren gemessen, welche sich ebenfalls an der Arbeit von Zeithaml, Berry und Parasuraman (1996) orientieren.

Im Rahmen der Messung der Moderatorvariablen werden zum einen Bewertungen der befragten Kunden herangezogen, um deren Kommunikationsstil zu erfassen. Die *Interaktions- und Selbstorientierung* eines Kunden werden jeweils mit drei Indikatoren, die *Aufgabenorientierung* eines Kunden mit vier Indikatoren gemessen. Die Indikatoren werden größtenteils aus der Arbeit von McFarland, Challagalla und Shervani (2006) übernommen. Zum anderen wurden die an der Befragung teilnehmenden Vertriebsleiter gebeten, bestimmte Merkmale der von ihnen vermarkteten Produkte einzuschätzen.

Im Rahmen der vorliegenden Studie werden deshalb Managerbewertungen verwendet, da der Einfluss von für die jeweilige Geschäftseinheit typischen Produkteigenschaften für die empirische Untersuchung von Interesse ist. Auf Basis der Arbeit von Stump (1995) wird die *Individualität der Anbieterprodukte* mit vier Indikatoren gemessen. Die *Wichtigkeit der Anbieterprodukte* wird in Anlehnung an die Arbeit von Porter, Wiener und Frankwick (2003) mit drei Indikatoren, die *Komplexität der Anbieterprodukte* auf Basis der Arbeit von McQuiston (1989) mit vier Indikatoren gemessen. Schließlich wurden die teilnehmenden Vertriebsleiter gebeten, die allgemeine *Markenstärke* der von ihnen vermarkteten Produkte im Vergleich mit den Marken der Konkurrenz zu bewerten (vgl. Keller 1993).

Unter Berücksichtigung der heterogenen Struktur der branchenübergreifenden Stichprobe wird eine Reihe von Kontrollvariablen in das Untersuchungsmodell aufgenommen, um weitere mögliche systematische Unterschiede hinsichtlich der Loyalität der befragten Kunden aufzudecken. Im Einzelnen wird für einen potentiellen Einfluss des Produkttyps, d.h. ob Kunden Dienstleistungen oder physische Produkte erwerben, kontrolliert. Hierfür wird eine Dummyvariable mit den Werten 1 für Dienstleistungen und 0 für physische Produkte verwendet. Des Weiteren werden die Länge der Geschäftsbeziehung eines Kunden mit dem Anbieter sowie mit dem jeweiligen Kundenbetreuer als Kontrollvariablen berücksichtigt. Beide Größen wurden im Rahmen der Datenerhebung jeweils direkt abgefragt. Da die Verteilungen dieser beiden Variablen in hohem Maße verzerrt sind, wird vor der Datenanalyse eine logarithmische Transformation der beiden Variablen durchgeführt (vgl. De Luca/Atuahene-Gima 2007). Schließlich wird für den Einfluss des wahrgenommenen Status eines Kunden bei dem jeweiligen Anbieter sowie für den Einfluss der Größe der Kundenorganisation auf die Kundenloyalität kontrolliert. Die Größe der Kundenorganisation wird mit zwei Indikatoren gemessen, nämlich mittels der Anzahl der Mitarbeiter und des Gesamtumsatzes innerhalb des vergangenen Geschäftsjahres. Tabelle 11 liefert einen Überblick über die Korrelationen und weitere Kennzahlen der Hauptkonstrukte der vorliegenden Studie.

Um die Reliabilität und Validität der Konstruktmessung zu bewerten, werden wie schon in der ersten Studie dieser Arbeit (vgl. Kapitel 2.6) für jeden Faktor einzeln konfirmatorische Faktorenanalysen mittels der Mplus-Software (Version 4.1) durchgeführt (vgl. Muthen/Muthen 2006). Insgesamt deuten die Ergebnisse erneut auf akzeptable psychometrische Eigenschaften der Konstrukte hin. Konkret weisen die Faktorreliabilitäten mit einer Ausnahme einen Wert über dem Schwellenwert von 0,70 auf (vgl. Tabelle 11). Zudem liegen die Indikatorreliabilitäten mit wenigen Ausnahmen über dem Grenzwert von 0,40 (vgl. Bagozzi/Baumgartner 1994 sowie Tabelle 12).

Variable	MW	SA	FR	DEV	1	2	3	4
Variablen der Ebene 1 (Kundendaten)								
1. Kundenloyalität	4,79	1,11	0,81	0,60	1,00			
2. Interaktionsorientierung	4,14	1,37	0,82	0,60	0,25	1,00		
3. Aufgabenorientierung	5,56	0,85	0,74	0,42	0,01	-0,18	1,00	
4. Selbstorientierung	3,08	1,11	0,64	0,38	-0,09	0,28	0,02	1,00
Variablen der Ebene 2 (Verkäuferdaten)								
1. Funktionale Kundenorientierung	6,08	0,59	0,89	0,47	1,00			
2. Relationale Kundenorientierung	5,68	0,96	0,87	0,62	0,22	1,00		
Variablen der Ebene 3 (Vertriebsleiterdaten)								
1. Produktindividualität	4,48	1,33	0,91	0,71	1,00			
2. Produktwichtigkeit	5,96	0,65	0,79	0,57	0,22	1,00		
3. Produktkomplexität	4,93	1,24	0,89	0,69	0,19	0,36	1,00	
4. Markenstärke	5,55	1,08	n/a*	n/a*	0,02	0,42	0,25	1,00
MW = Mittelwert, SA = Standardabweichung, FR = Faktorreliabilität, DEV = Durchschnittlich erfasste Varianz								
* Single-Item Messung, Faktorreliabilität und durchschnittlich erfasste Varianz können nicht berechnet werden								

Tabelle 11: Korrelationen und Messinformationen zu den Hauptkonstrukten des Untersuchungsmodells

I. Kundenorientierung von Vertriebsmitarbeitern	Indikator-Reliabilität
Funktionale Kundenorientierung (Verkäufer); in Anlehnung an Castleberry/Shepherd/Ridnour (1999), Dubinsky (1980), Saxe/Weitz (1982), Schurr/Stone/Beller (1985); siebenstufige Skala: "überhaupt nicht zutreffend" bis "vollkommen zutreffend"	
Ich erkundige mich nach den konkreten Leistungsanforderungen meiner Kunden.	0,38
Ich stelle gezielte Fragen, um den konkreten Bedarf meiner Kunden zu bestimmen.	0,59
Ich binde meine Kunden aktiv in das Gespräch ein, um deren konkreten Bedarf zu bestimmen.	0,47
Ich schildere vor allem die für meine Kunden besonders relevanten fachlichen Informationen.	0,37
Ich schildere meinen Kunden vor allem die Vorteile unserer Leistungen, die für sie von besonderer Relevanz sind. (Bspw. Kosteneinsparungen, einfache Handhabung, Sicherheit etc.)	0,51
Ich orientiere mich bei meiner Verkaufsargumentation sehr an den Interessen meiner Kunden.	0,62
Ich gehe bei der Vorstellung unserer Leistungen sehr individuell auf die Anforderungen meiner Kunden ein.	0,51
Ich spreche ausführlich mit meinen Kunden über deren Einwände.	0,41
Ich frage bei Einwänden meiner Kunden nach der Ursache des jeweiligen Einwands.	0,33
Relationale Kundenorientierung (Verkäufer); in Anlehnung an Castleberry/Shepherd/Ridnour (1999), Crosby/Evans/Cowles (1990), Donavan/Brown/Mowen (2004); siebenstufige Skala: "überhaupt nicht zutreffend" bis "vollkommen zutreffend"	
Ich baue in Gesprächen eine persönliche Beziehung zu meinen Ansprechpartnern auf Kundenseite auf.	0,51
Ich signalisiere in Gesprächen hohes Interesse an der persönlichen Situation meines Ansprechpartners auf Kundenseite.	0,54
Ich spreche mit meinen Kunden häufig auch über private Themen.	0,74
Ich weise häufig auf Gemeinsamkeiten zwischen mir und meinen Kunden hin. (Bspw. gemeinsame (private) Interessen, Erfahrungen, Einstellungen etc.)	0,69
II. Kundenloyalität	
Wiederkaufabsichten des Kunden	0,66
Zusatzkaufabsichten des Kunden	0,30
Weiterempfehlungsbereitschaft des Kunden	0,86
III. Facetten der Kundenloyalität	
Wiederkaufabsichten des Kunden (Kunden); in Anlehnung an Zeithaml/Berry/Parasuraman (1996); siebenstufige Skala: "überhaupt nicht zutreffend" bis "vollkommen zutreffend"	
Die Firma X ist unsere erste Wahl, wenn es um derartige Produkte bzw. Dienstleistungen geht.	0,49
Wir haben die Absicht, der Firma X treu zu bleiben.	0,71
Zusatzkaufabsichten des Kunden (Kunden); in Anlehnung an Zeithaml/Berry/Parasuraman (1996); siebenstufige Skala: "überhaupt nicht zutreffend" bis "vollkommen zutreffend"	
Wir beabsichtigen, unsere Geschäftsbeziehung mit der Firma X in Zukunft auszudehnen.	0,77
Wir beabsichtigen, in Zukunft auch andere Produkte bzw. Dienstleistungen der Firma X zu nutzen.	0,51
Weiterempfehlungsbereitschaft des Kunden (Kunden); in Anlehnung an Zeithaml/Berry/Parasuraman (1996); siebenstufige Skala: "überhaupt nicht zutreffend" bis "vollkommen zutreffend"	
Wir empfehlen die Firma X anderen Personen weiter. (Bspw. Kunden, Geschäftspartnern, Bekannten etc.)	0,64
Wir sprechen sehr positiv über die Firma X gegenüber anderen Personen. (Bspw. Kunden, Geschäftspartnern, Bekannten etc.)	0,82

Kapitel 3

IV. Kontextbezogene Einflüsse auf die Effekte der Kundenorientierung von Vertriebsmitarbeitern

Interaktionsorientierung des Kunden (Kunden); in Anlehnung an McFarland/Challagalla/Shervani (2006), Williams/Spiro (1985); siebenstufige Skala: "überhaupt nicht zutreffend" bis "vollkommen zutreffend"

Ich spreche gerne in Gesprächen mit Vertriebsmitarbeitern auch über private Angelegenheiten.	0,40
Ich baue in Gesprächen eine persönliche Beziehung zu Vertriebsmitarbeitern auf.	0,72
Ich zeige Interesse an der persönlichen Situation des Vertriebsmitarbeiters.	0,69

Aufgabenorientierung des Kunden (Kunden); in Anlehnung an McFarland/Challagalla/Shervani (2006), Williams/Spiro (1985); siebenstufige Skala: "überhaupt nicht zutreffend" bis "vollkommen zutreffend"

Ich gestalte Verkaufsgespräche so effizient wie möglich.	0,39
Ich konzentriere mich in Gesprächen mit Vertriebsmitarbeitern auf das Wesentliche.	0,60
Ich verhalte mich in Verkaufsgesprächen sehr ergebnisorientiert.	0,45
Ich möchte Verkaufsgespräche schnellstmöglich abschließen.	0,25

Selbstorientierung des Kunden (Kunden); in Anlehnung an McFarland/Challagalla/Shervani (2006), Williams/Spiro (1985); siebenstufige Skala: "überhaupt nicht zutreffend" bis "vollkommen zutreffend"

Ich möchte Vertriebsmitarbeiter in Gesprächen beeindrucken.	0,57
Ich möchte Gespräche mit Vertriebsmitarbeitern kontrollieren bzw. steuern.	0,25
Ich spreche in Gesprächen mit Vertriebsmitarbeitern gerne über mich selbst.	0,32

Produktindividualität (Vertriebsleiter); in Anlehnung an Stump (1995); siebenstufige Skala: "überhaupt nicht zutreffend" bis "vollkommen zutreffend"

Unsere Produkte bzw. Dienstleistungen werden eigens und individuell für unsere Kunden erstellt.	0,57
Unsere Produkte bzw. Dienstleistungen werden von uns sehr speziell an die Bedürfnisse unserer Kunden angepasst.	0,89
Unsere Produkte bzw. Dienstleistungen werden in ihren zentralen Eigenschaften sehr speziell auf unsere Kunden abgestimmt.	0,73
Unsere Produkte bzw. Dienstleistungen sind stark individualisiert.	0,66

Produktwichtigkeit (Vertriebsleiter); in Anlehnung an Porter/Wiener/Frankwick (2003); siebenstufige Skala: "überhaupt nicht zutreffend" bis "vollkommen zutreffend"

Unsere Produkte bzw. Dienstleistungen sind sehr wichtig für unsere Kunden.	0,64
Unsere Produkte bzw. Dienstleistungen leisten einen wichtigen Beitrag zur Erreichung der Ziele unserer Kunden.	0,83
Unsere Produkte bzw. Dienstleistungen sind für die Geschäftstätigkeit unserer Kunden von großer Bedeutung.	0,24

Produktkomplexität (Vertriebsleiter); in Anlehnung an McQuiston (1989); siebenstufige Skala: "überhaupt nicht zutreffend" bis "vollkommen zutreffend"

Unsere Produkte bzw. Dienstleistungen sind sehr erklärungsbedürftig.	0,57
Unsere Produkte bzw. Dienstleistungen sind qualitativ ohne Fachkenntnisse nur schwer einzuschätzen.	0,87
Unsere Produkte bzw. Dienstleistungen erfordern ein hohes Maß an Fachwissen.	0,94
Unsere Produkte bzw. Dienstleistungen erfordern die Beteiligung weiterer Experten an der Kaufentscheidung.	0,35

Markenstärke (Vertriebsleiter); siebenstufige Skala: "deutlich niedriger" bis "deutlich höher"

Wie bewerten sie die Stärke der Produkt- bzw. Dienstleistungsmarken ihrer Geschäftseinheit im Vergleich zum Wettbewerb? (z.B. bezogen auf Bekanntheit, Qualitätsversprechen, Emotionalität)	* –

*Konstrukt mittels eines Indikators gemessen, Indikatorreliabilität kann nicht berechnet werden.

V. Kontrollvariablen	
Länge der Geschäftsbeziehung mit dem Anbieter (Kunden)	
Seit wie vielen Jahren sind Sie bereits Kunde der Firma X?	*
Länge der Geschäftsbeziehung mit dem Vertriebsmitarbeiter (Kunden)	
Seit wie vielen Jahren ist Ihr jetziger Kundenbetreuer Ihr Ansprechpartner bei der Firma X?	*
Wahrgenommener Kundenstatus (Kunden); vierstufige Skala: "A-Kunde" bis "D-Kunde"	
Wie würden Sie Ihren Status als Kunde bei der Firma X bezeichnen?	*
Größe der Kundenorganisation (Kunden)	
Wie viele Mitarbeiter sind in Ihrem Unternehmen beschäftigt?	0,68
Wie hoch war der Umsatz Ihres Unternehmens im letzten Geschäftsjahr?	1,00

*Konstrukt mittels eines Indikators gemessen, Indikatorreliabilität kann nicht berechnet werden.

Tabelle 12: Indikatoren der Konstrukte

3.6 Ergebnisse der empirischen Untersuchung

Aufgrund der hierarchischen Struktur der Daten – Kunden sind Vertriebsmitarbeitern zugeordnet, welche selbst wiederum ihren von Vertriebsmanagern geleiteten Geschäftseinheiten zugeordnet sind – wird eine Mehrebenen-Regressionsanalyse mittels der MLwiN Software (Version 2.10; vgl. Rabash et al. 2009) durchgeführt, um die aufgestellten Hypothesen empirisch zu überprüfen. In diesem Zusammenhang werden sämtliche Indikatoren vor der Datenanalyse zentriert.

Zur Überprüfung der Hypothesen wird ein schrittweises Vorgehen gewählt. Zuallererst wird zur Überprüfung von H_1 und H_2 ein Basismodell geschätzt, welches lediglich direkte, durchschnittliche Effekte der betrachteten Konstrukte beinhaltet, also keine Interaktionseffekte zwischen Konstrukten auf unterschiedlichen hierarchischen Ebenen. In einen zweiten Schritt werden zur Überprüfung der Hypothesen H_{3a} bis H_{5b} Interaktionseffekte zwischen Variablen auf der ersten Analyseebene (Facetten des Kommunikationsstils eines Kunden) und Variablen auf der zweiten Analyseebene (Dimensionen der Kundenorientierung von Vertriebsmitarbeitern) in das Regressionsmodell aufgenommen. Schließlich werden zur Überprüfung der Hypothesen H_{6a} bis H_{9b} Interaktionseffekte zwischen Variablen auf der zweiten Analyseebene (Dimensionen der Kundenorientierung von Vertriebsmitarbeitern) und Variablen auf der dritten Analyseebene (Merkmale der Produkte des Anbieters) berücksichtigt. Die Ergebnisse der Hypothesenprüfung sind in Tabelle 13 dargestellt.

3.6.1 Ergebnisse der Hypothesenprüfung zu den Haupteffekten

Insgesamt bestätigen die Untersuchungsergebnisse die vermuteten unterschiedlichen Effekte der relationalen und der funktionalen Kundenorientierung auf die Kundenloyalität, insbesondere in Abhängigkeit der Ausprägungen der kontextbezogenen Faktoren. Zunächst können die vermuteten durchschnittlichen Effekte der funktionalen und der relationalen Kundenorientierung auf die Kundenloyalität empirisch belegt werden. In Übereinstimmung mit H_1 hat die funktionale Kundenorientierung von Verkäufern im Durchschnitt einen positiven Einfluss auf die Kundenloyalität (b = 0,253; p < 0,01). Demgegenüber weist die relationale Kundenorientierung jedoch im Durchschnitt keinen signifikanten Effekt auf die Kundenloyalität auf (b = 0,020; p > 0,05), womit H_2 als bestätigt betrachtet werden kann.

3.6.2 Ergebnisse der Hypothesenprüfung zu den moderierenden Effekten

Des Weiteren bekräftigen die Analyseergebnisse die vermuteten moderierenden Einflüsse der Facetten des Kommunikationsstils eines Kunden auf den Zusammenhang zwischen der funktionalen bzw. relationalen Kundenorientierung und der Kundenloyalität. Konkret kann zunächst ein positiver Interaktionseffekt zwischen der relationalen Kundenorientierung von Verkäufern und der Interaktionsorientierung eines Kunden identifiziert werden (b = 0,061; p < 0,05). Gleichzeitig ist jedoch der moderierende Einfluss der Interaktionsorientierung eines Kunden auf den Zusammenhang zwischen der funktionalen Kundenorientierung und der Kundenloyalität nicht signifikant (b = -0,042; p > 0,05). Somit bestätigen die Ergebnisse H_{3a} und H_{3b}.

Unabhängige Variablen	Abhängige Variable: Kundenloyalität		
	Basismodell	Modell inklusive Interaktionen zwischen Ebene 1 und Ebene 2	Modell inklusive Interaktionen zwischen Ebene 2 und Ebene 3
Ebene 1 (Kundendaten)			
Konstante	-0,055 (n.s.)	-0,082 (n.s.)	-0,065 (n.s.)
Interaktionsorientierung	0,265 ***	0,268 ***	0,252 ***
Aufgabenorientierung	0,086 (n.s.)	0,078 (n.s.)	0,085 (n.s.)
Selbstorientierung	-0,184 ***	-0,176 ***	-0,167 ***
Produkttyp (KV)	0,038 (n.s.)	0,055 (n.s.)	0,104 (n.s.)
Größe der Kundenorganisation (KV)	-0,051 **	-0,043 (n.s.)	-0,052 **
Kundenstatus (KV)	-0,122 ***	-0,123 ***	-0,135 ***
Länge der Anbieterbeziehung (KV)	-0,045 (n.s.)	-0,054 (n.s.)	-0,061 (n.s.)
Länger der Verkäuferbeziehung (KV)	0,037 (n.s.)	0,031 (n.s.)	0,026 (n.s.)
Ebene 2 (Verkäuferdaten)			
Funktionale Kundenorientierung (FKO) [H_1]	0,253 ***	0,228 ***	0,231 ***
Relationale Kundenorientierung (RKO) [H_2]	0,020 (n.s.)	0,034 (n.s.)	0,084 (n.s.)
Ebene 3 (Vertriebsleiterdaten)			
Produktindividualität	-0,012 (n.s.)	-0,016 (n.s.)	-0,027 (n.s.)
Produktwichtigkeit	0,205 **	0,185 **	0,267 ***
Produktkomplexität	-0,086 (n.s.)	-0,075 (n.s.)	-0,067 (n.s.)
Markenstärke	-0,057 (n.s.)	-0,055 (n.s.)	-0,071 (n.s.)
Interaktionen zwischen Variablen der Ebene 1 und Ebene 2			
Interaktionsorientierung x RKO [H_{3a}]		0,061 **	
Interaktionsorientierung x FKO [H_{3b}]		-0,042 (n.s.)	
Aufgabenorientierung x RKO [H_{4a}]		-0,032 (n.s.)	
Aufgabenorientierung x FKO [H_{4b}]		0,212 **	
Selbstorientierung x RKO [H_{5a}]		-0,054 (n.s.)	
Selbstorientierung x FKO [H_{5b}]		0,001 (n.s.)	
Interaktionen zwischen Variablen der Ebene 2 und Ebene 3			
Produktindividualität x RKO [H_{6a}]			0,081 **
Produktindividualität x FKO [H_{6b}]			*0,021 (n.s.)*
Produktwichtigkeit x RKO [H_{7a}]			0,024 (n.s.)
Produktwichtigkeit x FKO [H_{7b}]			0,313 **
Produktkomplexität x RKO [H_{8a}]			-0,074 **
Produktkomplexität x FKO [H_{8b}]			*-0,137 (n.s.)*
Markenstärke x RKO [H_{9a}]			0,109 **
Markenstärke x FKO [H_{9b}]			-0,266 ***

** $p < 0,05$; *** $p < 0,01$

Anmerkungen: Koeffizienten sind nicht standardisiert. Fett gedruckte Koeffizienten deuten eine Bestätigung der Hypothese an, kursiv gedruckte Koeffizienten deuten keine Bestätigung der Hypothese an.

KV = Kontrollvariable; n.s. = nicht signifikant

Tabelle 13: Ergebnisse der Hypothesenprüfung

In Übereinstimmung mit H_{4a} und H_{4b} ist ferner der Interaktionseffekt zwischen der funktionalen Kundenorientierung und der Aufgabenorientierung eines Kunden signifikant positiv (b = 0,212; p < 0,05), während kein signifikanter Interaktionseffekt zwischen der relationalen Kundenorientierung von Verkäufern und der Aufgabenorientierung eines Kunden besteht (b = -0,032; p > 0,05). Schließlich werden H_{5a} und H_{5b} empirisch bestätigt, da sowohl die funktionale (b = 0,001; p > 0,05) als auch die relationale Kundenorientierung (b = -0,054; p > 0,05) von Verkäufern keinen signifikanten Interaktionseffekt mit der Selbstorientierung eines Kunden aufweisen.

Ebenfalls belegen die Analyseergebnisse in hohem Maße den moderierenden Einfluss von Merkmalen der Produkte eines Anbieters auf die Zusammenhänge zwischen den Dimensionen der Kundenorientierung und der Kundenloyalität. Im Einzelnen besteht ein positiver Interaktionseffekt zwischen der Individualität der Anbieterprodukte und der relationalen Kundenorientierung von Vertriebsmitarbeitern (b = 0,081; p < 0,05), womit H_{6a} empirisch bestätigt wird. Allerdings stützen die empirischen Daten nicht H_{6b}, da der Interaktionseffekt zwischen der Individualität der Anbieterprodukte und der funktionalen Kundenorientierung nicht signifikant ist (b = 0,021; p > 0,05). Dafür belegen die Analyseergebnisse H_{7a} and H_{7b}. Während der Interaktionseffekt zwischen der Wichtigkeit der Anbieterprodukte und der relationalen Kundenorientierung wie erwartet nicht signifikant ist (b = 0,024; p > 0,05), hat die Wichtigkeit der Anbieterprodukte einen starken moderierenden Einfluss auf den Zusammenhang zwischen der funktionalen Kundenorientierung und der Kundenloyalität (b = 0,313; p < 0,05). Des Weiteren ist der Interaktionseffekt zwischen der Komplexität der Anbieterprodukte und der relationalen Kundenorientierung signifikant negativ (b = -0,074; p < 0,05), während jedoch der Interaktionseffekt zwischen der Komplexität der Anbieterprodukte und der funktionalen Kundenorientierung nicht signifikant ist (b = -0,137; p > 0,05). Somit wird H_{8a} empirisch belegt, H_{8b} allerdings nicht. Übereinstimmend mit H_{9a} und H_{9b} schließlich zeigen die Ergebnisse einen positiven Interaktionseffekt zwischen der Markenstärke der Anbieterprodukte und der relationalen Kundenorientierung (b = 0,109; p

< 0,05) sowie einen negativen Interaktionseffekt zwischen der Markenstärke der Anbieterprodukte und der funktionalen Kundenorientierung (b = -0,266; p < 0,01).

3.7 Diskussion der Ergebnisse

Da in der Wissenschaft im Allgemeinen Kundenorientierung als ein wichtiger Treiber des Unternehmenserfolgs betrachtet wird (vgl. bspw. Deshpande/Farley/Webster 1993 sowie Kapitel 2.1), gibt es eine Vielzahl an Forschungsarbeiten, welche direkte, lineare Effekte der Kundenorientierung von Kundenkontaktmitarbeitern auf verschiedene Erfolgsgrößen untersuchen. Allerdings gibt es in der Forschung bislang kaum Untersuchungen zu moderierenden Einflüssen auf die Effektivität kundenorientierter Verhaltensweisen (vgl. Franke/Park 2006). Diese Tatsache ist äußerst überraschend, da Kunden in bestimmten Verkaufs- und Servicesituationen vermutlich unterschiedliche Kommunikationsbedürfnisse haben, wodurch die Effektivität kundenorientierter Verhaltensweisen verringert oder verstärkt werden kann. Vor diesem Hintergrund liefert die vorliegende Studie eine Reihe neuer Erkenntnisse für die Vertriebsforschung und -praxis, welche im Folgenden erörtert werden.

3.7.1 Implikationen für die Forschung

Hinsichtlich ihres Beitrags für die Forschung untersucht die vorliegende Studie erstmals, inwiefern Charakteristika der Verkaufs- bzw. Kaufsituation einen moderierenden Einfluss auf die Effekte kundenorientierter Verhaltensweisen haben. Konkret wird vermutet, dass sich zur Erzielung der gewünschten Effekte kundenorientiertes Verhalten von Vertriebsmitarbeitern an den Präferenzen eines Kunden für bestimmte Kommunikationsinhalte orientieren muss (vgl. McFarland/Challagalla/Shervani 2006). In diesem Zusammenhang adressiert die vorliegende Studie eine Kernimplikation der Forschung zu adaptivem Verkaufen (vgl. Spiro/Weitz 1990), nämlich dass die Effektivität bestimmter Verhaltensweisen von Verkäufern von der Verkaufssituation abhängt. Während die bisherige Forschung die Konzepte der Kundenorientierung und des adaptiven Verkaufens weitgehend getrennt behandelt, zeigen die Ergebnisse dieser Studie auf, wie kundenorientierte Verhaltensweisen wirkungsvoll an bestimmte Verkaufssituationen angepasst werden sollten. In anderen Worten wird gezeigt, wie das Konzept des adaptiven Verkaufens mittels kundenorientierter Verhaltensweisen effektiv umgesetzt werden kann.

Auf Basis der Studienergebnisse lässt sich für Akademiker im Marketing- und Vertriebsbereich die Empfehlung ableiten, bei der Untersuchung von Auswirkungen der Kundenorientierung bestimmte Merkmale der Kauf- oder Servicesituation zu berücksichtigen. Während die bisherige Forschung zu den Erfolgsfaktoren im persönlichen Verkauf sich überwiegend auf die isolierte Rolle des Vertriebsmitarbeiters konzentriert hat, sollte die zukünftige Forschung insbesondere den interaktiven und situativen Charakter des persönlichen Verkaufs stärker beachten (vgl. Plouffe/Williams/Wachner 2008; Williams/Plouffe 2007). Mittels dyadischer Befragungen von Vertriebsmitarbeitern und Kunden oder mittels experimenteller Studiendesigns könnte die zukünftige Forschung beispielsweise mehr Aufschluss über das effektive Zusammenspiel von Verkäufer- und Kundenmerkmalen in bestimmten Verkaufssituationen geben.

Des Weiteren werden im Rahmen der vorliegenden Studie zwei Dimensionen der Kundenorientierung in Anlehnung an unterschiedliche Konzeptualisierungen des Konstrukts in früheren wissenschaftlichen Studien betrachtet (vgl. Kapitel 1.3). Während viele Forscher sich auf aufgabenbezogene Verhaltensweisen bei der Konzeptualisierung der Kundenorientierung konzentrieren, berücksichtigen andere auch zwischenmenschliche Verhaltensweisen. Da diese beiden Dimensionen sich hinsichtlich ihrer Kommunikationsinhalte stark unterscheiden, werden im Rahmen der Analyse kontextbezogener Einflüsse beide Facetten des kundenorientierten Verhaltens getrennt untersucht. Konkret werden im Rahmen der vorliegenden Studie eine funktionale und eine relationale Komponente der Kundenorientierung konzeptualisiert. Dieses Vorgehen ist konsistent mit jüngsten Forderungen in der Literatur nach einer mehrdimensionalen Konzeptualisierung der Kundenorientierung von Vertriebsmitarbeitern (vgl. Schwepker 2003).

Die Ergebnisse der empirischen Analyse bestätigen die Notwendigkeit der getrennten Betrachtung der funktionalen und relationalen Kundenorientierung. Wie vermutet wird die Effektivität der funktionalen Kundenorientierung von den untersuchten Kontextfaktoren auf andere Art und Weise beeinflusst wie die Effektivität der relationalen Kundenorientierung. In diesem Zusammenhang liefert Abbildung 8 einen Überblick über die Gesamteffekte der relationalen und der funktionalen Kundenorientierung auf die Kundenloyalität in Abhängigkeit der Ausprägungen der signifikanten Kontextfaktoren.

Wie aus Abbildung 8 ersichtlich wird, hängen die Effekte der funktionalen und der relationalen Kundenorientierung in hohem Maße von Merkmalen der Verkaufssituation ab. Im Einzelnen ist der positive Einfluss der funktionalen Kundenorientierung auf die Kundenloyalität stärker bei aufgabenorientierten Kunden, bei schwachen Marken und bei für den Kunden hochgradig wichtigen Produkten. Gleichzeitig trägt die relationale Kundenorientierung insbesondere bei interaktionsorientierten Kunden, bei starken Marken, bei individualisierten Produkten sowie bei weniger komplexen Produkten zu einer Steigerung der Loyalität der Kunden bei. Da allerdings der durchschnittliche Effekt der relationalen Kundenorientierung auf die Kundenloyalität nahezu Null beträgt, kann relationales kundenorientiertes Verhalten in bestimmten Situationen auch zu einer Verringerung der Kundenloyalität führen, insbesondere bei Kunden mit geringer Interaktionsorientierung oder bei schwachen Marken.

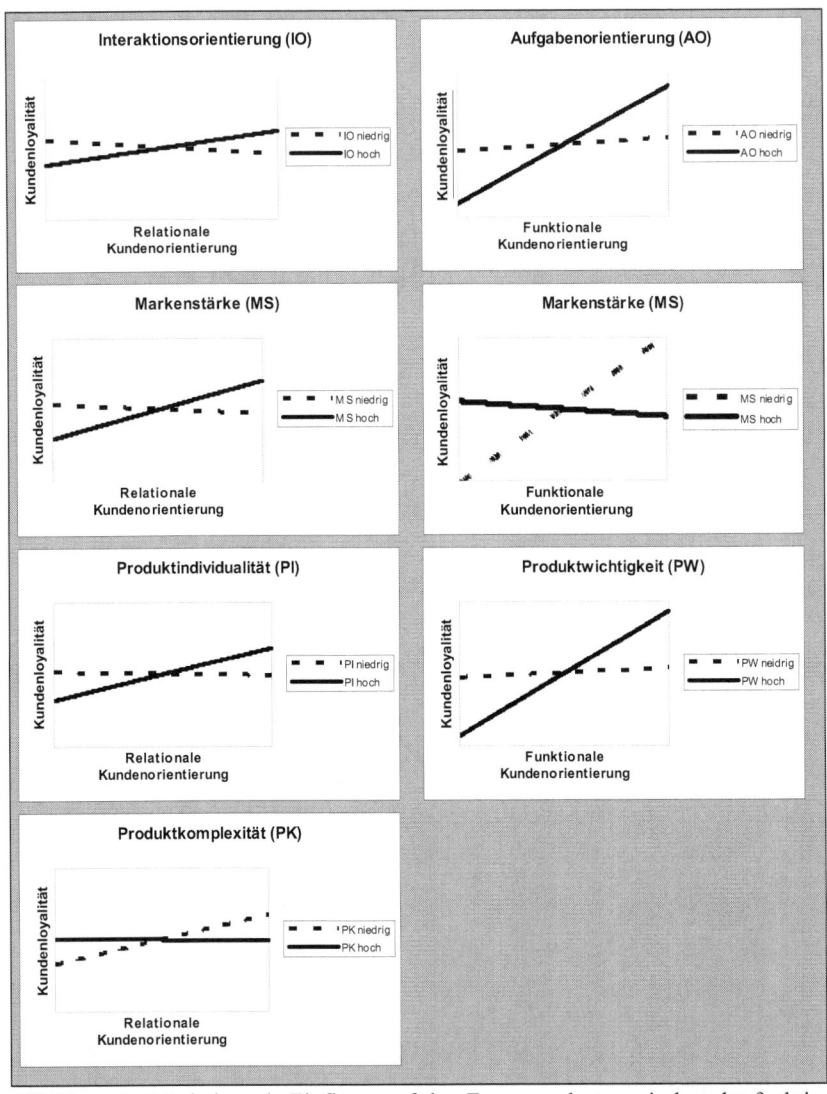

Abbildung 8: Moderierende Einflüsse auf den Zusammenhang zwischen der funktionalen bzw. relationalen Kundenorientierung und der Kundenloyalität

Auf Basis dieser Ergebnisse wird Wissenschaftlern empfohlen, in zukünftigen Forschungsarbeiten zur Kundenorientierung von Kundenkontaktmitarbeitern ebenfalls zwischen einer funktionalen und einer relationalen Komponente der Kundenorientierung zu unterscheiden. Beispielsweise wird in bisherigen Arbeiten über den Einfluss von Persönlichkeitsmerkmalen auf das kundenorientierte Verhalten die Kundenorientierung eines Mitarbeiters stets als ein aggregiertes Konstrukt betrachtet (vgl. bspw. Brown et al. 2002). Gegeben der unterschiedlichen Effekte der funktionalen und der relationalen Kundenorientierung stellt sich allerdings die Frage, welche Persönlichkeitsmerkmale explizit funktionales kundenorientiertes Verhalten (bspw. die Gewissenhaftigkeit eines Mitarbeiters) und welche explizit relationales kundenorientiertes Verhalten fördern (bspw. die Verträglichkeit eines Mitarbeiters). Eine derartige Untersuchung würde neue Erkenntnisse dahingehend liefern, welche Persönlichkeitstypen in Abhängigkeit der Relevanz funktionaler und relationaler Verhaltensweisen für bestimmte Verkaufs- und Servicegegebenheiten am besten geeignet sind.

An dieser Stelle sei allerdings erwähnt, dass zwei der Hypothesen zu den moderierenden Einflussfaktoren empirisch nicht bestätigt werden können. Im Gegensatz zur Wichtigkeit der Anbieterprodukte für den Kunden haben das Ausmaß der Individualität und der Komplexität der Anbieterprodukte gemäß den Studienergebnissen keinen Einfluss auf die Effektivität der funktionalen Kundenorientierung. Eine mögliche Erklärung hierfür könnte sein, dass die Individualität, Wichtigkeit und Komplexität der Produkte eines Anbieters die Risikowahrnehmungen eines Kunden auf unterschiedliche Art und Weise beeinflussen. Wie bereits erwähnt, umfasst das wahrgenommene Risiko eines Kunden zwei Facetten: zum einen die Unsicherheit eines Kunden, inwiefern ein betrachtetes Produkt seinen Leistungsanforderungen gerecht wird, und zum anderen das Ausmaß der negativen Konsequenzen im Falle des Kaufs eines unpassenden Produkts (vgl. Dowling 1986; Dowling/Staelin 1994).

In diesem Zusammenhang mag vermutlich die Unsicherheit eines Kunden in gewissem Umfang mit zunehmender Individualität, Komplexität und Wichtigkeit der Anbieterprodukte steigen (vgl. McQuiston 1989). Allerdings erscheint es plausibel, dass das Ausmaß der negativen Konsequenzen eines Fehleinkaufs weniger von dem Ausmaß der Produktindividualität und -komplexität abhängt, jedoch umso stärker von der Wichtigkeit der Anbieterprodukte für den Kunden (vgl. Bloch/Richins 1983). Vor diesem Hintergrund ist das wahrgenommene Risiko eines Kunden im Allgemeinen bei hochgradig wichtigen Produkten vermutlich deutlich höher als bei individualisierten oder komplexen Produkten. Folglich mag die funktionale Kundenorientierung bei hochgradig wichtigen Produkten einen überdurchschnittlichen Einfluss auf die Kundenloyalität haben, jedoch nicht bei individualisierten oder komplexen Produkten.

Während bisherige Forschungsarbeiten sich auf den Effekt des kundenorientierten Verhaltens auf die Mitarbeiterleistung und die Kundenzufriedenheit konzentrieren (vgl. bspw. Schneider et al. 2005; Swenson/Herche 1994), gibt es ferner allerdings relativ wenige empirische Studien, welche den direkten Einfluss der Kundenorientierung von Kundenkontaktmitarbeitern auf die Loyalität der Kunden untersuchen (vgl. Tabelle 3 in Kapitel 1.3). Die vorliegende Studie liefert daher neue, umfangreiche Erkenntnisse im Hinblick auf den Zusammenhang zwischen kundenorientierten Verhaltensweisen und der Absicht eines Kunden, dem Unternehmen treu zu bleiben. Dies ist von besonderer Relevanz, da die Loyalität eines Kunden dessen positive Einstellungen gegenüber einem Anbieter mit dessen Kaufverhalten verknüpft (vgl. Zeithaml/Berry/Parasuraman 1996). Dadurch stellen Steigerungen der Kundenloyalität einen starken Indikator dar, dass sich kundenorientiertes Verhalten auszahlt.

Des Weiteren können die vorliegenden Studienergebnisse auch einen Beitrag leisten zur Erklärung bisher uneinheitlicher Forschungsergebnisse hinsichtlich des Zusammenhangs zwischen der Kundenorientierung und des Verkaufserfolgs von Vertriebsmitarbeitern (vgl. Jaramillo et al. 2007a). Während in einigen Studien ein positiver Effekt des kundenorientierten Verkaufens auf die Verkaufsleistung identifiziert wird (vgl. bspw. Boles et al. 2001), können andere Forschungsarbeiten diesen positiven Einfluss nicht empirisch belegen (vgl. bspw. Howe/Hoffman/Hardigree 1994). Der Hauptgrund für diese widersprüchlichen Ergebnisse mag vermutlich darin liegen, dass unter bestimmten Bedingungen die Vorteile der Kundenorientierung (bspw. eine Steigerung der Kundenempfehlungen, des Umsatzanteils des Anbieters und dadurch der Verkäuferleistung) deren Kosten übersteigen (bspw. der zusätzliche Zeitaufwand eines Vertriebsmitarbeiters), während in anderen Situationen dies anscheinend nicht der Fall ist (vgl. Saxe/Weitz 1982). Tatsächlich zeigen die Analyseergebnisse in Kapitel 3.6, dass Merkmale der Verkaufssituation in hohem Maße beeinflussen, ob sich kundenorientierte Verhaltensweisen von Verkäufern auszahlen und dadurch deren Kosten überkompensieren (vgl. auch Kapitel 2).

Darüber hinaus machen die Studienergebnisse erneut auf die Tatsache aufmerksam, dass Entscheidungen und Maßnahmen anderer Abteilungen eines Unternehmens einen Einfluss auf die tägliche Arbeit von Vertriebsmitarbeitern im Kundenkontakt haben (vgl. auch Kapitel 2.8.2). Als Beispiele seien an dieser Stelle die Entwicklung zusätzlicher Produktfunktionalitäten durch die Forschungs- und Entwicklungsabteilung sowie bestimmte, durch die Marketingabteilung initiierte Markenkampagnen genannt. Daher sollte die zukünftige Forschung ein höheres Augenmerk auf Schnittstellen zwischen dem Vertrieb und anderen Abteilungen innerhalb eines Unternehmens legen. Konkret könnte die Untersuchung der Auswirkungen von Entscheidungen auf Unternehmensebene (bspw. Personalkürzungen) auf die Geschäftsbeziehung zwischen Vertriebsmitarbeitern und Kunden interessante Erkenntnisse liefern. Des Weiteren stellt sich beispielsweise die Frage, welche Voraussetzungen Vertriebsmitarbeiter hinsichtlich ihrer Persönlichkeit, Fähigkeiten und Verhaltensweisen je nach Gestaltung des Marketing-Mix eines Unternehmens (bspw. je nach Ausmaß und Inhalt von Werbekampagnen) erfüllen müssen. Schließlich könnte die Bedeutung enger Geschäftsbeziehungen zwischen Vertriebsmitarbeitern und Kunden in für das Unternehmen kritischen Phasen (bspw. bei Imageverlusten bzw. Qualitätsproblemen) ein weiteres interessantes Thema in diesem Forschungsbereich darstellen.

Letztendlich wird im Rahmen dieser Studie aufgrund der hierarchischen Struktur der zugrundeliegenden Daten eine Mehrebenenanalyse zur Überprüfung der Hypothesen durchgeführt. Dieses Vorgehen orientiert sich an der noch kleinen, jedoch stetig steigenden Anzahl an Forschungsarbeiten, welche Mehrebenenanalysen im Verkaufs- oder Servicebereich anwenden (vgl. bspw. Liao/Chuang 2004; Wieseke/Homburg/Lee 2008). Da der Vertriebsbereich in hohem Maße geprägt ist von der hierarchischen Anordnung der Analyseeinheiten (Kunden sind Vertriebsmitarbeitern zugeordnet, welche wiederum selbst Vertriebsleitern zugeordnet sind), soll die vorliegende Studie Forscher im Vertriebsbereich weiter dazu anregen, zukünftig bei der Untersuchung von Zusammenhängen zwischen Variablen auf verschiedenen Analyseebenen ebenfalls auf das Verfahren der Mehrebenenanalyse zurückzugreifen.

3.7.2 Implikationen für die Praxis

Wie bereits erwähnt liefert die vorliegende Studie für die Vertriebspraxis ebenfalls eine Reihe an Implikationen. Erstens liefern die Studienergebnisse tiefergehende Erkenntnisse im Hinblick auf die effektive Anwendung kundenorientierter Verhaltensweisen. Vor dem Hintergrund, dass ein hohes Maß der Kundenorientierung nur gerechtfertigt ist, wenn die Vorteile des kundenorientierten Verhaltens dessen Kosten übersteigen, liefern die Studienergebnisse wichtige Hinweise, in welchen Verkaufssituationen kundenorientierte Verhaltensweisen mehr oder weniger effektiv sind. Beispielsweise ist ein hohes Maß der funktionalen Kundenorientierung insbesondere bei aufgabenorientierten Kunden, bei für den Kunden sehr wichtigen Produkten sowie bei Produkten mit geringer Markenstärke hilfreich. Darüber hinaus führt die relationale Kundenorientierung von Verkäufern speziell bei interaktionsorientierten Kunden, bei starken Marken und bei stark individualisierten Produkten zu einer Steigerung der Kundenloyalität.

Daher wird Vertriebsmanagern und -mitarbeitern empfohlen, bevorstehende Verkaufsgespräche genau zu analysieren, um entsprechend angemessene kundenorientierte Verkaufsstrategien entwickeln zu können.

Zweitens wird Vertriebspraktikern empfohlen, vorsichtig hinsichtlich zwischenmenschlicher Verhaltensweisen in Verkaufsgesprächen zu sein. Wie die Studienergebnisse belegen, kann die relationale Kundenorientierung von Vertriebsmitarbeitern in bestimmten Situationen zu negativen Kundenreaktionen und im Ergebnis zu einer Verringerung der Kundenloyalität führen. Folglich sollten Vertriebsmitarbeiter prüfen, ob Kunden offen für zwischenmenschliches Verhalten sind und inwiefern sie es bevorzugen, eine persönliche Beziehung zu ihrem Kundenbetreuer aufzubauen.

Da die Effektivität des kundenorientierten Verhaltens von der Verkaufssituation abhängt, sollten Vertriebsmitarbeiter drittens über die notwendigen Fähigkeiten verfügen, um erkennen zu können, welche kundenorientierten Verhaltensweisen in bestimmten Situationen angebracht sind. Als Beispiele für derartige Fähigkeiten seien das Einfühlungsvermögen und die Wahrnehmungsfähigkeit eines Vertriebsmitarbeiters genannt (vgl. bspw. Giacobbe et al. 2006). Daher sollte bei der Einstellung und der Schulung von Vertriebsmitarbeitern nicht nur auf deren Fachkompetenz, sondern auch auf deren „Soft Skills" Wert gelegt werden.

Viertens, sofern es wirtschaftlich sinnvoll ist, könnte die Erzielung eines sogenannten „Personal Fit" eine sinnvolle Strategie für den Einsatz von Außendienstmitarbeitern darstellen. Das bedeutet, dass Vertriebsmitarbeiter bestimmten Kunden zugeordnet werden, welche ähnliche Persönlichkeitsmerkmale und folglich auch ähnliche Kommunikationspräferenzen aufweisen. Beispielsweise könnte es sinnvoll sein, stark interaktionsorientierte Verkäufer eher ebenfalls hochgradig interaktionsorientierten Kunden anstatt stark aufgabenorientierten Kunden zuzuordnen (vgl. Miles/Arnold/Nash 1990).

4 Kunden- und abschlussorientiertes Verhalten von Vertriebsmitarbeitern - Status Quo und Erfolgsfaktoren

Während Kapitel 2 und 3 der vorliegenden Arbeit den Schwerpunkt auf die Kundenorientierung von Verkäufern und deren Auswirkungen auf den Verkaufserfolg und die Kundenloyalität legen, sollen in diesem Kapitel neben kundenorientierten auch abschlussorientierte Verhaltensweisen von Vertriebsmitarbeitern betrachtet werden. Insbesondere geht es im Rahmen dieses Kapitels um die Beantwortung der Fragen, warum sich Vertriebsmitarbeiter im Kundenkontakt kunden- und/oder abschlussorientiert verhalten und wie effektiv unterschiedliche kunden- und abschlussorientierte Verhaltensmuster von Verkäufern sind (vgl. Kapitel 1.4). Wie bereits angedeutet, dient die im Folgenden dargestellte Studie der Beantwortung der Forschungsfragen 1 sowie insbesondere 6, 7 und 8. Im Gegensatz zu den ersten beiden Studien der vorliegenden Arbeit ist diese Studie in Form eines managementorientierten Arbeitspapiers strukturiert. Entsprechend werden im Rahmen der Studie gezielt Erfolgsfaktoren und damit einhergehende Handlungsempfehlungen für die Vertriebspraxis abgeleitet.

4.1 Einleitung

Aufgrund der hohen Relevanz des Verkäuferverhaltens für den Vertriebserfolg beschäftigen sich Wissenschaft und Praxis bereits seit Jahrzehnten mit der Frage, was Erfolg im persönlichen Verkauf ausmacht (vgl. Kapitel 1). In den USA investieren Unternehmen jährlich Milliardenbeträge in die Schulung ihrer Vertriebsmitarbeiter (vgl. bspw. Attia/Honeycutt/Jantan 2008; Ricks/Williams/Weeks 2008). Auch in Deutschland existiert ein enormer Markt für Verkaufstrainings und -literatur. Hier werden häufig Verkaufsstrategien vermittelt, welche angeblich „todsicher" zum Erfolg führen und aus jedem Vertriebsmitarbeiter einen Top-Verkäufer machen. Derartige Handlungsempfehlungen basieren oftmals auf individuellen Erfahrungen („von Praktikern für Praktiker"), welche dann als allgemein gültig betrachtet werden. Sowohl in der Praxis als auch in der Wissenschaft mangelt es jedoch an einer systematischen Analyse, welche unterschiedlichen Verhaltensmuster Vertriebsmitarbeiter tatsächlich aufweisen und wie effektiv diese jeweils sind. Ferner bedarf es einer ganzheitlichen Untersuchung der Ursachen, warum Vertriebsmitarbeiter sich im Kundenkontakt unterschiedlich verhalten. Eine derartige Analyse würde fundierte Erkenntnisse darüber liefern, welche Maßnahmen von Seiten der Verkäufer und des Vertriebsmanagements getroffen werden können, um den Vertriebserfolg nachhaltig zu steigern.

Die vorliegende Studie soll zur Schließung der aufgeführten Wissenslücken beitragen. In Anlehnung an das Konzept von Blake und Mouton (1972; vgl. Kapitel 1.2) zielt die Studie konkret auf die Beantwortung der folgenden Fragestellungen ab (vgl. die folgenden Abschnitte 4.2, 4.3 und 4.4):

(1) Inwiefern unterscheiden sich Vertriebsmitarbeiter hinsichtlich ihres kunden- und abschlussorientierten Verhaltens im Kundenkontakt? Welche Verkäufertypen lassen sich anhand verschiedener Verhaltensmuster identifizieren?

(2) Inwiefern gelingt es den identifizierten Verkäufertypen in der Praxis, Kunden zufrieden zu stellen und an ihr Unternehmen zu binden sowie gleichzeitig die ambitionierten Verkaufsziele ihres Unternehmens zu realisieren (vgl. Kapitel 1.1)?

(3) Inwiefern unterscheiden sich die verschiedenen Verkäufertypen hinsichtlich persönlicher Merkmale?

(4) Inwiefern werden die einzelnen Verkäufertypen unterschiedlich geführt?

Die empirische Grundlage für die vorliegende Studie stellen wiederum Daten aus der branchenübergreifenden Befragung von 56 Vertriebsleitern, 195 Vertriebsmitarbeitern und 538 Kunden dar (vgl. Kapitel 1.4 und 2.5). Abbildung 9 zeigt in diesem Zusammenhang eine Aufteilung der befragten Kunden nach Tätigkeitsbereichen.

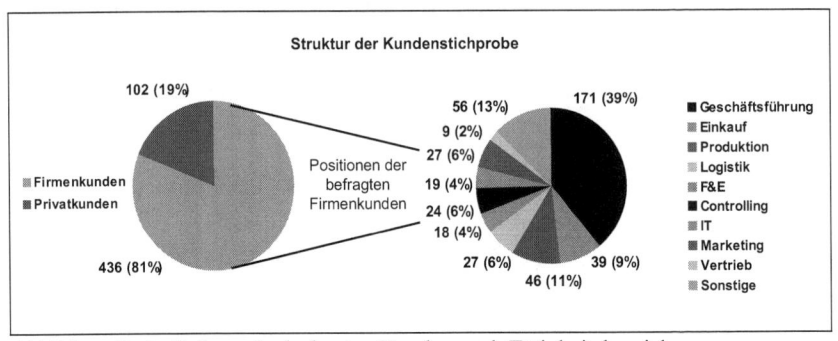

Abbildung 9: Aufteilung der befragten Kunden nach Tätigkeitsbereichen

4.2 Typen von Vertriebsmitarbeitern auf Basis kunden- und abschlussorientierter Verhaltensweisen

Wie in Kapitel 1.3 bereits erwähnt, liefert die bisherige Forschung bislang kein klares Verständnis darüber, was kunden- und abschlussorientiertes Verhalten von Vertriebsmitarbeitern konkret ausmacht. Vor der Definition von Verkäufertypen auf Basis der Kunden- und Abschlussorientierung im Kundenkontakt sollen daher zunächst Facetten definiert werden, welche das kunden- und abschlussorientierte Verhalten von Verkäufern charakterisieren. Die konzeptionelle Grundlage hierfür bilden detaillierte Erfahrungsberichte aus der Vertriebspraxis sowie eine umfassende Auswertung der wissenschaftlichen und praxisnahen Literatur. Die identifizierten Facetten der Kunden- und Abschlussorientierung von Vertriebsmitarbeitern sind in Abbildung 10 dargestellt. Demnach lässt sich die *Kundenorientierung* von Vertriebsmitarbeitern anhand von sieben Facetten näher beschreiben (vgl. auch Kapitel 2):

- *Kundenwertschätzung*: Hierunter versteht man Verhaltensweisen, welche die Höflichkeit und den Respekt der Vertriebsmitarbeiter gegenüber ihren Kunden zum Ausdruck bringen. Beispiel: Der Vertriebsmitarbeiter lässt seine Kunden in Gesprächen ausreden.

Kunden- und abschlussorientiertes Verhalten von Vertriebsmitarbeitern 115

Verkäuferverhalten

Kundenorientierte Verhaltensweisen
- Fokus auf der Befriedigung von Kundenbedürfnissen
- Vorrangiges Ziel: Kunden zufriedenstellen

- Kundenwertschätzung
- Systematische Bedarfsermittlung
- Bedarfsorientierte Leistungspräsentation
- Faktenorientierte Leistungspräsentation
- Kompetente Einwandbehandlung
- Lösungsorientiertes Konfliktverhalten
- Berücksichtigung von Kundeninteressen

Abschlussorientierte Verhaltensweisen
- Fokus auf den wirtschaftlichen Interessen des Unternehmens
- Vorrangiges Ziel: Verkaufsabschlüsse / Aufträge generieren

- Durchsetzungsorientiertes Konfliktverhalten
- Verfolgung eigener Interessen
- Aufbau von Abschlussdruck

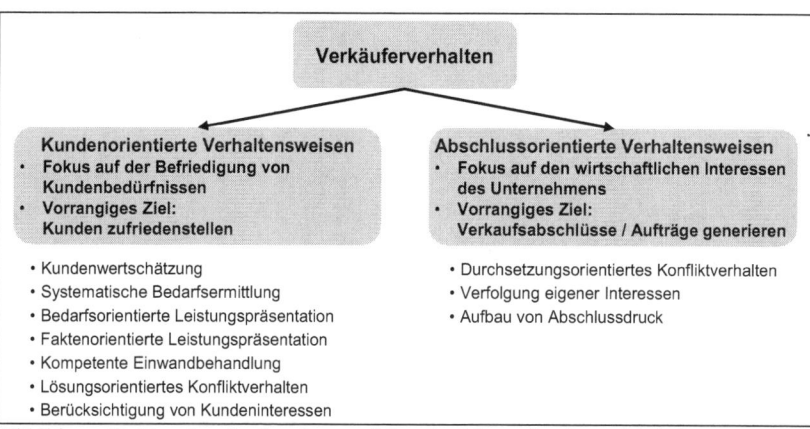

Abbildung 10: Facetten des kunden- und des abschlussorientierten Verhaltens

- *Systematische Bedarfsermittlung*: Hierunter lassen sich Verhaltensweisen subsummieren, welche darauf abzielen, die konkreten Bedürfnisse bzw. Leistungsanforderungen der Kunden sukzessive zu ermitteln. Beispiel: Der Vertriebsmitarbeiter stellt in Gesprächen gezielte Fragen, um den Bedarf seiner Kunden zu bestimmen.

- *Bedarfsorientierte Leistungspräsentation*: Hiermit sind Verhaltensweisen gemeint, welche zum Ziel haben, für den Kunden relevante Leistungsvorteile zu vermitteln, dabei vor allem auf den Kundennutzen einzugehen und letztlich geeignete Produktlösungen zu identifizieren. Beispiel: Der Vertriebsmitarbeiter schildert in Verkaufsgesprächen, welche Kosteneinsparungen für seine Kunden mit bestimmten Leistungen verbunden sind.

- *Faktenorientierte Leistungspräsentation*: Hierunter fallen Verhaltensweisen, welche zum Ziel haben, dem Kunden ein realistisches Bild über die Leistungsfähigkeit der angebotenen Produkte zu vermitteln. Beispiel: Der Vertriebsmitarbeiter schildert seinen Kunden auch Nachteile der vorgestellten Produkte und Dienstleistungen.

- *Kompetente Einwandbehandlung*: Hierunter lassen sich Verhaltensweisen zusammenfassen, welche zum Ausdruck bringen, dass der Vertriebsmitarbeiter Kundeneinwände ernst nimmt und bemüht ist, diese zu beheben. Beispiel: Der Vertriebsmitarbeiter fragt seine Kunden bei Preiseinwänden, warum sie bestimmte Leistungen als zu teuer empfinden.

- *Lösungsorientiertes Konfliktverhalten*: Hierunter versteht man konstruktive Verhaltensweisen eines Vertriebsmitarbeiters bei Meinungsverschiedenheiten mit Kunden, welche zum Ziel haben, einen Konsens zwischen den Beteiligten herzustellen. Lösungsorientierte Vertriebsmitarbeiter gehen folglich Konfliktsituationen proaktiv an, statt ihnen aus dem Weg zu gehen. Beispiel: Der Vertriebsmitarbeiter stellt bei Diskussionen über geeignete Produktlösungen übereinstimmende Ansichten zwischen sich und seinen Kunden heraus, um Meinungsverschiedenheiten zu beheben.

- *Berücksichtigung von Kundeninteressen*: Hierunter fallen schließlich Verhaltensweisen, welche zum Ausdruck bringen, dass Vertriebsmitarbeiter die Interessen der Kunden in Verkaufsverhandlungen berücksichtigen, um zu einer Einigung zu kommen. Beispiel: Der Vertriebsmitarbeiter schließt mit seinen Kunden Kompromisse (bspw. durch das Anbieten eines geringeren, stärker auf die Kundenbedürfnisse zugeschnittenen Leistungsumfangs), um in Verkaufsverhandlungen zu einer Einigung zu kommen.

Wie in Kapitel 1.3 angedeutet, dominiert in der Vertriebsliteratur ein sehr negatives Verständnis der Abschlussorientierung von Vertriebsmitarbeitern (vgl. Harris/Mowen/ Brown 2005). Daher wird der vorliegenden Studie ein moderneres Verständnis der *Abschlussorientierung* zugrunde gelegt, welches unmoralische oder betrügerische Verhaltensweisen ausschließt (vgl. Kapitel 1.4). Konkret wird abschlussorientiertes Verhalten im Kontext langfristiger Kundenbeziehungen anhand von drei Facetten charakterisiert:

- *Durchsetzungsorientiertes Konfliktverhalten*: Hiermit sind Verhaltensweisen eines Vertriebsmitarbeiters gemeint, welche zum Ziel haben, bei Meinungsverschiedenheiten den Kunden von seiner Sichtweise zu überzeugen. Derartige Verhaltensweisen sind vor allem dann relevant, wenn bei Kunden Fehleinschätzungen auftreten. Durchsetzungsorientierte Vertriebsmitarbeiter beziehen in solchen Fällen klar Stellung, statt den Kunden unentwegt Recht zu geben. Beispiel: Der Vertriebsmitarbeiter nutzt, sofern gerechtfertigt, seine Kompetenz, um Kunden von der Vorteilhaftigkeit seines Angebots zu überzeugen.

- *Verfolgung eigener Interessen*: Hierunter fallen Verhaltensweisen eines Vertriebsmitarbeiters, welche die Verfolgung der Verkaufsinteressen des Unternehmens in Kundengesprächen zum Ausdruck bringen. Beispiel: Der Vertriebsmitarbeiter nutzt positiv verlaufene Verhandlungen mit Kunden, um Folgegeschäfte einzuleiten.

- *Aufbau von Abschlussdruck*: Hierunter lassen sich Verhaltensweisen subsummieren, mit denen Vertriebsmitarbeiter gezielt versuchen, Kunden zu einem Kaufabschluss zu bewegen. Beispiel: Der Vertriebsmitarbeiter formuliert bereits vor dem Kaufabschluss konkrete Konditionen für seine Kunden (bspw. mögliche Lieferzeiten und Formen der Zahlungsabwicklung).

Im Rahmen der Datenerhebung wurden die aufgeführten Facetten der Kunden- und Abschlussorientierung jeweils anhand mehrerer Aussagen abgefragt. Zur Bewertung der Aussagen wurde ursprünglich eine Skala von 1 (= „überhaupt nicht zutreffend") bis 7 (= „vollkommen zutreffend") verwendet. Die aufgezeigten Facetten lassen sich nun durch Bildung der Durchschnittswerte über alle Einzelfragen hinweg zu einem Kundenorientierungs- und Abschlussorientierungsindex aggregieren. Anhand der Intensität des gezeigten kunden- und abschlussorientierten Verhaltens können Vertriebsmitarbeiter ferner in Anlehnung an das Konzept von Blake und Mouton (1972) in vier Gruppen eingeteilt werden, wie es in Abbildung 11 dargestellt wird:

- *Die „Soft Seller"*: Dieser Verkäufertyp weist ein überdurchschnittlich kundenorientiertes, jedoch ein unterdurchschnittlich abschlussorientiertes Verhalten im Kundenkontakt auf. Demnach sind diese Verkäufer vor allem bemüht, ihre Kunden zufrieden zu stellen, während die eigenen bzw. die Interessen des Unternehmens zweitrangig sind.

- *Die „Top Seller"*: Diese Verkäufer zeigen das höchste Maß an Engagement, indem sie sich überdurchschnittlich kunden- *und* abschlussorientiert verhalten. Demnach berücksichtigen Top Seller in einem ausgewogenen Maße die Interessen des Unternehmens *und* die der Kunden.

- *Die „Hard Seller"*: Diese Verkäufer weisen ein überdurchschnittlich abschlussorientiertes, jedoch ein unterdurchschnittlich kundenorientiertes Verhalten auf. Dementsprechend steht bei dieser Gruppe die Erzielung von Verkaufsabschlüssen im Vordergrund, während die Interessen und Bedürfnisse der Kunden relativ wenig Beachtung finden.

- *Die „No Seller"*: Dieser Verkäufertyp schließlich zeigt ein unterdurchschnittliches Maß an kunden- und abschlussorientiertem Verhalten. Die Kunden- und Abschlussorientierung stehen folglich auch hier in einem ausgewogenen Verhältnis, jedoch auf einem deutlichen geringeren Niveau als bei den Top Sellern, weshalb man diese Verkäufer auch als „Aufwandsminimierer" bezeichnen kann.

Auf Basis ihrer Antworten im Rahmen der Befragung werden die 195 teilnehmenden Vertriebsmitarbeiter den vier Gruppen zugeordnet. Konkret wird, wie bereits angedeutet, für jeden Vertriebsmitarbeiter auf Basis der Einzelfragen durch Bildung des jeweiligen Durchschnitts ein Wert für dessen Kunden- und Abschlussorientierung errechnet. So lassen sich unter den Befragten 55 Top Seller, 43 Soft Seller, 43 Hard Seller, und 54 No Seller identifizieren (vgl. Abbildung 11).

In einem nächsten Schritt wird untersucht, inwieweit sich die vier Verkäufertypen konkret hinsichtlich ihres Verhaltens unterscheiden. Um die Ergebnisse besser veranschaulichen und vergleichen zu können, sind die Bewertungen für die einzelnen Gruppen stets auf einer Skala von 1 bis 10 normiert. Die Gruppe mit den höchsten Werten erhält stets eine 10, die mit den niedrigsten stets eine 1.

Kunden- und abschlussorientiertes Verhalten von Vertriebsmitarbeitern 119

```
              hoch
               │
               │   Soft Seller    │   Top Seller
               │     n = 43       │    n = 55
Kundenorientierung
               Ø ──────────────────┼─────────────────
               │   No Seller      │   Hard Seller
               │    n = 54        │    n = 43
               │
              gering
               │
               └──────────────────┼─────────────────▶
                   gering         Ø         hoch
                        Abschlussorientierung
```

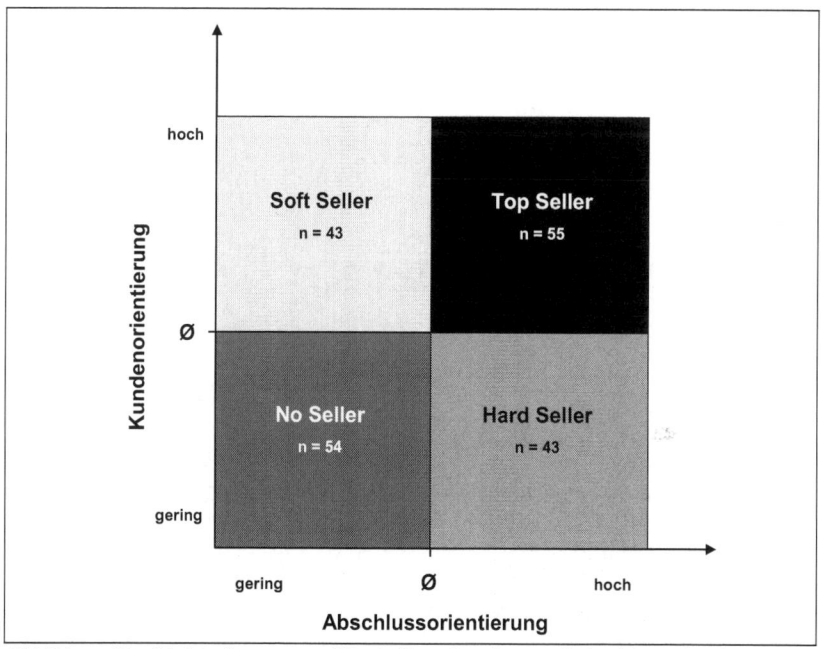

Abbildung 11: Verkäufertypen auf Basis ihres kunden- und abschlussorientierten Verhaltens

Die Gruppen, die dazwischen liegen, erhalten einen Punktwert zwischen 1 und 10 gemäß des relativen Abstandes zu den Gruppen mit den höchsten und niedrigsten Werten. Abbildung 12 veranschaulicht die entsprechenden Ergebnisse hinsichtlich des kunden- und abschlussorientierten Verhaltens der einzelnen Verkäufertypen.

Wie aus Abbildung 12 ersichtlich wird, zeigen die Top Seller im Vergleich mit den anderen Verkäufertypen das höchste Maß an Kunden- und Abschlussorientierung, während die No Seller am wenigsten kundenorientiert und die Soft Seller am wenigsten abschlussorientiert sind. Bezüglich des absoluten Maßes der Kunden- und Abschlussorientierung sei an dieser Stelle noch erwähnt, dass die Top Seller sich insgesamt stärker kunden- als abschlussorientiert verhalten.

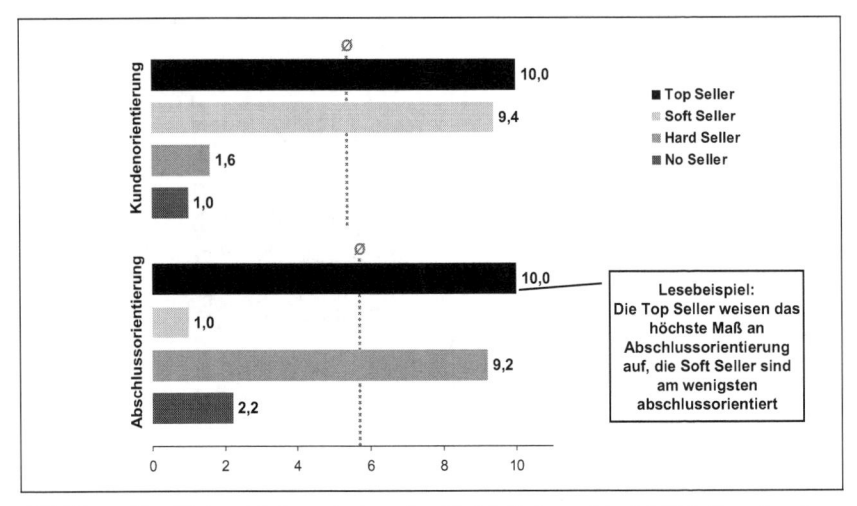

Abbildung 12: Unterschiede zwischen den Verkäufertypen hinsichtlich ihres kunden- und abschlussorientierten Verhaltens

Die Top Seller weisen folglich ein ausgeprägtes Maß an Kundenorientierung sowie ein moderateres Maß an Abschlussorientierung auf. Konkret zeigen die Studienergebnisse zudem, dass die Top Seller vor allem dazu tendieren, Kunden Produktlösungen anzubieten, welche für diese am besten geeignet sind. Dies ist auch der Fall, wenn derartige Empfehlungen mit einem geringeren Umsatz oder einer geringeren Marge verbunden sind. Dies deutet darauf hin, dass die Top Seller im Zweifelsfall den Interessen der Kunden gegenüber den Interessen der Vertriebsleitung eine höhere Bedeutung zukommen lassen. Das bedeutet, dass die Top Seller in erster Linie bemüht sind, geeignete Produktlösungen für den Kunden zu identifizieren, diese dann aber auch konsequent verkaufen. Die Hard Seller neigen hingegen deutlich stärker dazu, Kunden Produkte zu empfehlen, welche zwar nicht optimal für diese sind, mit denen sich jedoch ein hoher Ertrag erzielen lässt. Dies verdeutlicht nochmals, dass Hard Seller deutlich stärker auf den kurzfristigen Verkaufserfolg fokussiert sind, während die Top Seller den langfristigen Erfolg mit ihren Kunden in den Vordergrund stellen.

4.3 Leistungsunterschiede zwischen den verschiedenen Verkäufertypen

Wie bereits erwähnt, wird in Wissenschaft und Praxis die Kundenorientierung eines Unternehmens als zentraler Erfolgsfaktor betrachtet (vgl. bspw. Deshpande/Farley/ Webster 1993; Beutin/Fürst/Finkel 2003). Entsprechend stellt das kundenorientierte Verhalten von Vertriebsmitarbeitern eine Grundvoraussetzung für den Verkaufserfolg dar (vgl. Homburg/Krohmer 2009; Homburg/Staritz/Bingemer 2008). Allerdings konnte in wissenschaftlichen Studien der positive Einfluss des kundenorientierten Verhaltens auf den Verkaufserfolg nicht eindeutig bestätigt werden (vgl. Franke/Park 2006 sowie Kapitel 1.3). Wie in Kapitel 2 der vorliegenden Arbeit bereits diskutiert, liegt dies wohl daran, dass kundenorientiertes Verhalten von Vertriebsmitarbeitern auch seine „dunklen Seiten" hat (vgl. Reinartz/Kumar 2002; Saxe/Weitz 1982). Vertriebsmitarbeiter, welche ausschließlich darauf bedacht sind, die Wünsche ihrer Kunden zu erfüllen, investieren vermutlich viel Zeit in die Betreuung einzelner Kunden, welche dann für andere Aktivitäten wie die Neukundenakquisition fehlt (vgl. bspw. Henry 1975). Ferner üben solche Verkäufer keinen Abschlussdruck auf ihre Kunden aus, da sie befürchten, ihre Kunden damit zu verärgern. Vielmehr lassen sie ihre Kunden bei der Kaufentscheidung weitestgehend allein. Dies erhöht die Gefahr, dass der Kunde am Ende entweder gar nicht oder bei einem Wettbewerber kauft (vgl. Haas 2009). Schließlich neigen solche Vertriebsmitarbeiter vermutlich stärker dazu, Kunden überzogene Preiszugeständnisse zu machen oder diesen kostspielige Sonderanfertigungen zu versprechen, um sie zufriedenzustellen. Ein derartiges Vorgehen wirkt sich jedoch negativ auf den Vertriebserfolg aus (vgl. die empirischen Ergebnisse in Kapitel 2.7). Ein Übermaß an Kundenorientierung und eine Vernachlässigung der Abschlussorientierung scheinen demnach nicht optimal für den Vertriebserfolg zu sein (vgl. auch Homburg/ Fargel 2007). Vielmehr muss sich kundenorientiertes Verhalten auch lohnen, d.h., die getätigten „Investitionen in den Kunden" müssen sich (zumindest mittelfristig) in entsprechend höheren Erträgen widerspiegeln (vgl. Saxe/Weitz 1982).

Vor diesem Hintergrund wird im Rahmen der vorliegenden Studie untersucht, inwiefern sich die einzelnen Verkäufertypen hinsichtlich ihrer Effektivität unterscheiden, wofür zwei zentrale Erfolgsgrößen herangezogen werden (vgl. Kapitel 1.1): die erzielte Verkaufsleistung sowie die Loyalität der betreuten Kunden. Die *Verkaufsleistung* der befragten Vertriebsmitarbeiter wird anhand von fünf Kriterien bestimmt:

- der erzielte Umsatz innerhalb eines Jahres,
- die Anzahl der generierten Aufträge innerhalb eines Jahres,
- der erzielte Deckungsbeitrag innerhalb eines Jahres,
- der Verkauf hochprofitabler Produkte bzw. Dienstleistungen innerhalb eines Jahres sowie
- der Verkauf neuer Produkte bzw. Dienstleistungen innerhalb eines Jahres.

Zur besseren Vergleichbarkeit erfolgte die Beurteilung im Rahmen der Befragung anhand der relativen Verkaufsleistung im Vergleich mit den Kollegen aus der jeweiligen Vertriebsgesellschaft (vgl. Kapitel 2.6). Zur Bewertung der *Kundenloyalität* wurden die folgenden vier Indikatoren bei den teilnehmenden Kunden abgefragt (ursprünglich auf einer Skala von 1 = „sehr gering" bis 7 = „sehr hoch"):

- die Absicht der Kunden, dem Unternehmen treu zu bleiben,
- die Absicht der Kunden, die Geschäftsbeziehung in Zukunft auszudehnen,
- die Absicht der Kunden, das Unternehmen weiterzuempfehlen sowie
- die Zahlungsbereitschaft der Kunden für Produkte bzw. Dienstleistungen des Unternehmens.

Abbildung 13 stellt die Ergebnisse für die einzelnen Verkäufertypen dar. Es wird ersichtlich, dass die Top Seller den höchsten Verkaufserfolg erzielen, gefolgt von den Soft Sellern, den Hard Sellern, und den No Sellern. Somit belegen die Ergebnisse sehr deutlich, dass Kundenorientierung eine wichtige Voraussetzung für Erfolg im persönlichen Verkauf darstellt. Ein Übermaß an Kundenorientierung, wie es sich bei den Soft Sellern in Form einer hohen Kundenorientierung sowie einer Vernachlässigung der Abschlussorientierung zeigt, hat jedoch, wie in Kapitel 2 bereits gezeigt, auch negative Auswirkungen auf die Verkaufsproduktivität. Die Top Seller können hingegen ihre Investitionen in ihre Kunden durch höhere Erträge rechtfertigen, welche sie wohl durch abschlussorientiertes Verhalten erzielen.

	Soft Seller	Top Seller
hoch	6.8 7.0	10.0 10.0
Kundenorientierung	■ Verkaufserfolg ■ Kundenloyalität No Seller	■ Verkaufserfolg ■ Kundenloyalität Hard Seller
gering	4.0 1.0 ■ Verkaufserfolg ■ Kundenloyalität	4.9 1.0 ■ Verkaufserfolg ■ Kundenloyalität
	gering → Abschlussorientierung → hoch	

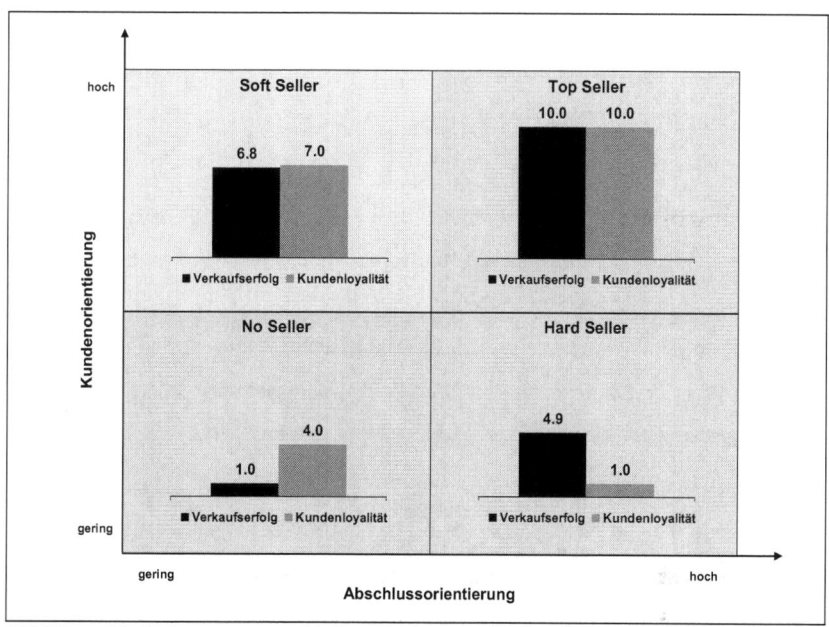

Abbildung 13: Leistungsunterschiede zwischen den Verkäufertypen

Ein interessantes Bild zeigt sich hinsichtlich der Loyalität der Kunden der einzelnen Verkäufertypen. Erwartungsgemäß erzielen die Hard Seller, die überwiegend auf die Erzielung von Verkaufsabschlüssen fokussiert sind, die niedrigsten Loyalitätswerte. Erneut erzielen hingegen die Top Seller an dieser Stelle die höchsten Werte. Dieses Ergebnis macht deutlich, dass bei Verkäufern, welche sich in hohem Maße kundenorientiert verhalten, ein gewisses Maß an Abschlussorientierung sich anscheinend nicht negativ auf Geschäftsbeziehungen mit Kunden auswirkt. Die mögliche Erklärung hierfür scheint plausibel: sofern ein Vertriebsmitarbeiter sich in hohem Maße um die Bedürfnisse seiner Kunden kümmert, sehen diese es als gerechtfertigt an, dass der Verkäufer auch bemüht ist, einen Verkaufsabschluss zu erzielen. Auf Basis der bisherigen Erkenntnisse lässt sich der erste Erfolgsfaktor (EF) für effektives Verhalten im Kundenkontakt ableiten:

EF_1: Vertriebsmitarbeiter sollten im Allgemeinen im Kundenkontakt ein hohes Maß an Kundenorientierung sowie ein „gesundes" Maß an Abschlussorientierung zeigen. Im Zweifelsfall sollten die Bedürfnisse der Kunden stärker als die (kurzfristigen) Verkaufsinteressen des Unternehmens gewichtet werden.

Neben dem Verhalten von Vertriebsmitarbeitern *in* Verkaufsgesprächen spielt auch die Kundenbetreuung *außerhalb* von Verkaufsgesprächen eine wichtige Rolle für die Festigung von Geschäftsbeziehungen. Neben der Verkaufsleistung und der Kundenloyalität als Leistungsindikatoren wird daher auch untersucht, inwiefern sich die einzelnen Verkäufertypen hinsichtlich der Qualität der Kundenbetreuung unterscheiden. Die Betreuungsqualität wird anhand von fünf Kriterien bewertet:

- das Ausmaß, in dem Vertriebsmitarbeiter für ihre Kunden erreichbar sind,
- das Ausmaß, in dem Vertriebsmitarbeiter flexibel auf Kundenanfragen eingehen,
- das Ausmaß der Zuverlässigkeit der Vertriebsmitarbeiter,
- das Ausmaß der Sorgfalt der Vertriebsmitarbeiter sowie
- das Ausmaß, in dem Vertriebsmitarbeiter ihre Kunden proaktiv kontaktieren.

Abbildung 14 zeigt die Ergebnisse der entsprechenden Analyse. Hieraus wird ersichtlich, dass diejenigen Verkäufergruppen, welche ein überdurchschnittliches Maß an Kundenorientierung aufweisen (also die Top und Soft Seller), generell auch serviceorientierter sind. Doch auch zwischen den Top und Soft Sellern gibt es Unterschiede. Während die Top Seller deutlich sorgfältiger Kundengespräche vor- und nachbereiten sowie proaktiver auf ihre Kunden zugehen, weisen die Soft Seller ein höheres Maß an Erreichbarkeit und Flexibilität gegenüber ihren Kunden auf. Diese Ergebnisse deuten wiederum auf ein Übermaß des kundenorientierten Verhaltens der Soft Seller hin.

Ständig für den Kunden erreichbar zu sein sowie stets flexibel auf Kundenanfragen einzugehen wirkt sich vermutlich negativ auf die Arbeitsproduktivität aus. Die Top Seller scheinen hier eher ein „optimales" statt eines maximalen Niveaus an Serviceorientierung aufzuweisen. Entsprechend lautet der zweite Erfolgsfaktor:

EF_2: *Vertriebsmitarbeiter sollten Wert auf eine qualitativ hochwertige Kundenbetreuung legen. Insbesondere sollten sie sich durch ihre Sorgfalt sowie durch ihr proaktives Verhalten gegenüber Kunden auszeichnen. Zudem sollten sie einen „optimalen" Grad anstelle eines maximalen Grades an Erreichbarkeit und Flexibilität aufweisen.*

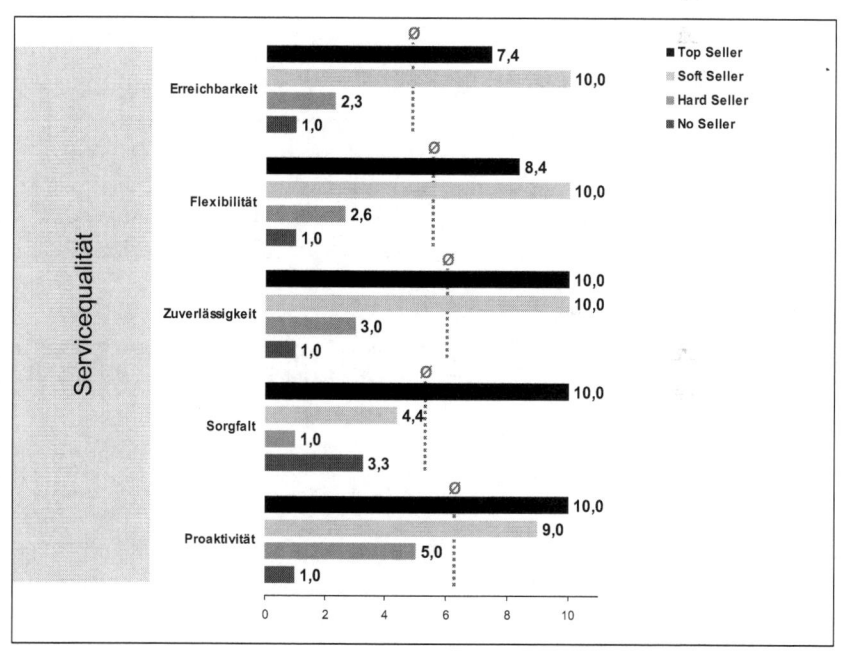

Abbildung 14: Unterschiede zwischen den Verkäufertypen hinsichtlich der Qualität der Kundenbetreuung

Indikatoren der Kundenorientierung von Vertriebsmitarbeitern

Kundenorientierte Vertriebsmitarbeiter...

I. Kundenwertschätzung

1. ... respektieren ihre Kunden und deren Ansichten.
2. ... zeigen Verständnis, wenn ein Kunde in Gesprächen eine andere Meinung vertritt.
3. ... sind höflich gegenüber ihren Kunden auch bei Unstimmigkeiten in Gesprächen.
4. ... lassen ihre Kunden in Gesprächen ausreden.
5. ... zeigen in Gesprächen ihre Wertschätzung gegenüber ihren Kunden.

II. Systematische Bedarfsermittlung

1. ... erkundigen sich nach den konkreten Leistungsanforderungen ihrer Kunden.
2. ... stellen gezielte Fragen, um den konkreten Bedarf ihrer Kunden zu bestimmen.
3. ... binden ihre Kunden aktiv in das Gespräch ein, um deren konkreten Bedarf zu bestimmen.
4. ... hören ihren Kunden aufmerksam zu, um ein richtiges Verständnis für deren Bedarf zu bekommen.
5. ... fassen Aussagen ihrer Kunden zusammen, um ein richtiges Verständnis für deren Bedarf zu bekommen.

III. Bedarfsorientierte Leistungspräsentation

1. ... schildern vor allem die für ihre Kunden relevanten fachlichen Informationen.
2. ... schildern ihren Kunden vor allem die Vorteile ihrer Leistungen, welche für diese von besonderer Relevanz sind.
3. ... orientieren sich bei ihrer Verkaufsargumentation sehr an den Interessen ihrer Kunden.
4. ... gehen bei der Vorstellung ihrer Leistungen sehr individuell auf die Anforderungen ihrer Kunden ein.
5. ... zeigen großes Engagement, um für ihre Kunden geeignete Produktlösungen zu identifizieren.

IV. Faktenorientierte Leistungspräsentation

1. ... liefern ihren Kunden ein realistisches Bild über die Leistungsfähigkeit ihrer Produkte.
2. ... schildern ihren Kunden auch mögliche Nachteile ihrer Leistungen.
3. ... schildern ihren Kunden auch mögliche, mit ihren Leistungen verbundene Risiken.

V. Kompetente Einwandbehandlung

1. ... gehen direkt auf Einwände ihrer Kunden ein.
2. ... widmen Einwänden ihrer Kunden große Aufmerksamkeit.
3. ... fragen bei Einwänden ihrer Kunden nach der Ursache des jeweiligen Einwands.
4. ... zeigen großes Engagement, um Kundeneinwände zufriedenstellend zu beheben.

VI. Lösungsorientiertes Konfliktverhalten

1. ... gehen sehr ausführlich auf Meinungsverschiedenheiten mit ihren Kunden ein, um diese zu beheben.
2. ... stellen übereinstimmende Ansichten zwischen sich und ihren Kunden heraus, um Meinungsverschiedenheiten zu beheben.
3. ... erarbeiten mit ihren Kunden eine für beide Seiten zufriedenstellende Einigung, um Meinungsverschiedenheiten zu beheben.
4. ... bringen alle Unstimmigkeiten zwischen sich und ihren Kunden zur Sprache, um Meinungsverschiedenheiten zu beheben.
5. ... sprechen intensiv mit ihren Kunden über die Gründe für auftretende Meinungsverschiedenheiten.

VII. Berücksichtigung von Kundeninteressen

1. ... berücksichtigen in Verkaufsverhandlungen die Interessen ihrer Kunden.
2. ... bringen ihre Interessen mit den Interessen ihrer Kunden in Einklang, um in Verkaufsverhandlungen eine Einigung zu erzielen.
3. ... widersprechen ihren Kunden bei Bedarf, damit diese eine aus Kundensicht optimale Kaufentscheidung treffen.
4. ... machen ihre Kunden auf Fehleinschätzungen aufmerksam, um in deren Interesse zu einer optimalen Kaufentscheidung zu kommen.
5. ... schließen mit ihren Kunden gegebenenfalls Kompromisse (bspw. durch die Einigung auf eine geringere Abnahmemenge oder ein günstigeres Einstiegsprodukt), um in Verkaufsverhandlungen eine Einigung zu erzielen.

Tabelle 14: Mögliche Indikatoren der Kundenorientierung von Vertriebsmitarbeitern

Indikatoren der Abschlussorientierung von Vertriebsmitarbeitern
Abschlussorientierte Vertriebsmitarbeiter...
I. Durchsetzungsorientiertes Konfliktverhalten
1. ... vertreten bei Meinungsverschiedenheiten mit Kunden ihren Standpunkt.
2. ... erklären, sofern gerechtfertigt, ihren Kunden auf nachvollziehbare Weise, dass ihre Sichtweise korrekt ist.
3. ... sind, sofern gerechtfertigt, bemüht, ihren Standpunkt gegenüber Kunden durchzusetzen.
4. ... nutzen, sofern gerechtfertigt, ihren Einfluss, um Kunden von ihrer Sichtweise zu überzeugen.
5. ... nutzen, sofern gerechtfertigt, ihre Autorität, um Kunden von ihrer Sichtweise zu überzeugen.
6. ... nutzen, sofern gerechtfertigt, ihre Kompetenz, um Kunden von ihrer Sichtweise zu überzeugen.
II. Verfolgung eigener Interessen
1. ... verfolgen in Verkaufsverhandlungen die Interessen des Unternehmens.
2. ... konzentrieren sich bei mehreren Ansprechpartnern auf Kundenseite auf die Entscheidungsträger, um in Verkaufsverhandlungen eine Einigung zu erzielen.
3. ... sind bemüht, positiv verlaufene Kundengespräche auch zum Abschluss zu bringen.
4. ... machen ihre Kunden bei Abschlüssen auf mögliche Zusatzleistungen aufmerksam.
5. ... nutzen positiv verlaufene Verhandlungen, um Folgegeschäfte einzuleiten.
6. ... vermeiden es soweit wie möglich, ihren Kunden kostspielige Sonderanfertigungen zu versprechen.
7. ... vermeiden es, ihren Kunden überzogene Preiszugeständnisse zu machen.
III. Behutsamer Aufbau von Abschlussdruck
1. ... fragen ihre Kunden in Verhandlungen direkt, ob sie ihr Angebot annehmen möchten.
2. ... formulieren vor dem Kaufabschluss konkrete Konditionen (bspw. spezielle Lieferzeiten, Zahlungsmöglichkeiten) für ihre Kunden.
3. ... formulieren vor dem Kaufabschluss konkrete Leistungsalternativen (bspw. inklusive/exklusive bestimmter Zusatzleistungen) für ihre Kunden.
4. ... betonen in Verhandlungen, sofern gerechtfertigt, die zeitlich befristete Gültigkeit von Angeboten.
5. ... machen ihren Kunden klar, dass bei fehlender Gegenleistung entsprechende Kundenprivilegien (bspw. spezielle Services) nicht länger aufrecht erhalten werden können.

Tabelle 15: Mögliche Indikatoren der Abschlussorientierung von Vertriebsmitarbeitern

Zusammenfassend lässt sich also festhalten, dass sich eine Balance aus Kundenorientierung und „behutsamer" Abschlussorientierung positiv auf den Verkaufserfolg auswirkt (vgl. hierzu auch Haas 2009; Homburg/Fargel 2006). Zur besseren Verdeutlichung eines derartigen Verhaltensmusters werden in den Tabellen 14 und 15 mögliche Indikatoren des kundenorientierten und des (behutsamen) abschlussorientierten Verhaltens von Vertriebsmitarbeitern aufgezeigt.

4.4 Einflussgrößen des kunden- und des abschlussorientierten Verhaltens von Verkäufern

In Wissenschaft und Praxis herrscht weitgehend Einigkeit darüber, dass das Verhalten von Vertriebsmitarbeitern im Kundenkontakt im Wesentlichen von zwei Gruppen von Faktoren beeinflusst wird (vgl. für einen Überblick Haas 2008; Nerdinger 2001):

- persönliche Eigenschaften der Vertriebsmitarbeiter sowie
- Maßnahmen zur Führung der Vertriebsmitarbeiter.

Vor diesem Hintergrund wird in den folgenden Abschnitten untersucht, inwiefern sich die verschiedenen Verkäufertypen hinsichtlich ihrer Persönlichkeit sowie hinsichtlich ihrer Führung voneinander unterscheiden. In diesem Zusammenhang werden Faktoren analysiert, zu denen wissenschaftlich fundierte Erkenntnisse vorliegen, dass diese einen starken Einfluss auf das Verkäuferverhalten im Kundenkontakt haben.

4.4.1 Die Bedeutung persönlicher Eigenschaften für das Verhalten im Kundenkontakt

In Anlehnung an die in Kapitel 1.3 bereits vorgenommene Klassifizierung wird im Hinblick auf persönliche Eigenschaften von Vertriebsmitarbeitern im Folgenden zwischen Persönlichkeitsmerkmalen, persönlichen Einstellungen und persönlichen Fähigkeiten unterschieden.

4.4.1.1 Persönlichkeitsmerkmale von Vertriebsmitarbeitern

Zunächst wird analysiert, inwiefern die einzelnen Verkäufertypen Unterschiede hinsichtlich der folgenden beiden Persönlichkeitsmerkmale aufweisen (vgl. hierzu Nerdinger 2001):

- *Verträglichkeit*: Verträglichkeit kennzeichnet altruistische, mitfühlende, verständnisvolle und wohlwollende Menschen. Diese neigen zu zwischenmenschlichem

Vertrauen sowie zu Kooperation und Nachgiebigkeit. Ferner weisen sie ein starkes Harmoniebedürfnis auf.

- *Gewissenhaftigkeit*: Gewissenhaftigkeit unterscheidet ordentliche, zuverlässige, hart arbeitende, disziplinierte, pünktliche, penible, ehrgeizige und systematische von nachlässigen und gleichgültigen Personen. Demnach umfasst diese Eigenschaft sowohl Aspekte der Verlässlichkeit als auch der Leistungsorientierung.

Abbildung 15 verdeutlicht die Unterschiede zwischen den einzelnen Verkäufertypen hinsichtlich der beiden Persönlichkeitsmerkmale.

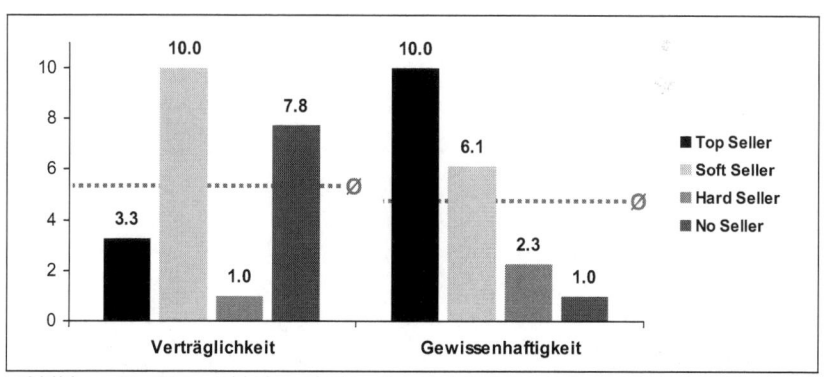

Abbildung 15: Unterschiede zwischen den Verkäufertypen im Hinblick auf Persönlichkeitsmerkmale

Die Ergebnisse zeigen deutlich, dass die Soft und No Seller ein hohes Maß an Verträglichkeit aufweisen. Insbesondere die Soft Seller haben folglich ein starkes Harmoniebedürfnis im Kundenkontakt und sind fokussiert darauf, ein gutes Verhältnis zu ihren Kunden zu pflegen. Daher vermeiden sie wohl abschlussorientiertes Verhalten, um möglichen Interessenskonflikten in Verhandlungen vorzubeugen. Vielmehr stehen die Interessen der Kunden im Vordergrund, was sich jedoch, wie in Kapitel 4.3 bereits erwähnt, auf die Verkaufsleistung negativ auswirken kann (bspw. durch nachgiebiges Verhalten bei hohen Rabattforderungen seitens der Kunden).

Bezüglich der Gewissenhaftigkeit weisen die Top Seller die höchsten Werte auf. Die mit der Gewissenhaftigkeit verbundene Leistungsorientierung führt zu hohem Engagement im Kundenkontakt, derartige Anstrengungen spiegeln sich in der überdurchschnittlichen Kunden- und Abschlussorientierung der Top Seller wider und schlagen sich letztendlich auch in einem höheren Verkaufserfolg nieder. Die mit der Gewissenhaftigkeit verbundene Disziplin und Zuverlässigkeit zeigt sich auch anhand der Serviceorientierung der Top Seller (vgl. Kapitel 4.3). Wie bereits gezeigt, weisen die Top Seller hier mit Abstand das höchste Maß an Sorgfalt bei der Ausübung ihrer Tätigkeit auf. Im Hinblick auf die Persönlichkeit von Verkäufern lässt sich somit als Erfolgsfaktor festhalten:

EF_3: Vertriebsmitarbeiter sollten sich durch ein hohes Maß an Gewissenhaftigkeit auszeichnen. Zudem sollten sie keine Angst vor möglichen Interessenskonflikten mit Kunden haben und nicht davor zurückscheuen, gegenüber ihren Kunden klar Stellung zu beziehen.

4.4.1.2 Persönliche Einstellungen von Vertriebsmitarbeitern

Wie bereits erwähnt, beschreiben persönliche Einstellungen bestimmte Denkhaltungen von Vertriebsmitarbeitern, welche sich auf die Ausübung ihrer beruflichen Tätigkeit beziehen. Zunächst wird in diesem Zusammenhang untersucht, welche Form der Motivation Vertriebsmitarbeiter im Rahmen ihrer Verkaufstätigkeit aufweisen. Hier unterscheidet man zwischen zwei Facetten der Motivation (vgl. bspw. Jaramillo/Mulki 2008; Miao/Evans 2007):

- *Intrinsische Motivation*: Intrinsisch motivierte Verkäufer sehen ihre Arbeit selbst als belohnend und befriedigend an. Sie arbeiten im Vertrieb, weil sie Spaß daran haben, weil sie dort immer wieder vor Herausforderungen gestellt werden und sich so persönlich weiterentwickeln können.

- *Extrinsische Motivation*: Extrinsisch motivierte Verkäufer sehen die Arbeit im Vertrieb überwiegend als Mittel zum Zweck. Sie arbeiten vielmehr im Vertrieb, weil sie dadurch Belohnungen von „außen" erhalten können, wie beispielsweise die Anerkennung von Vorgesetzten und Kollegen sowie Bonuszahlungen bei Erreichen bzw. Übertreffen der Verkaufsziele.

Abbildung 16 zeigt, inwiefern die einzelnen Verkäufertypen intrinsisch und extrinsisch motiviert sind.

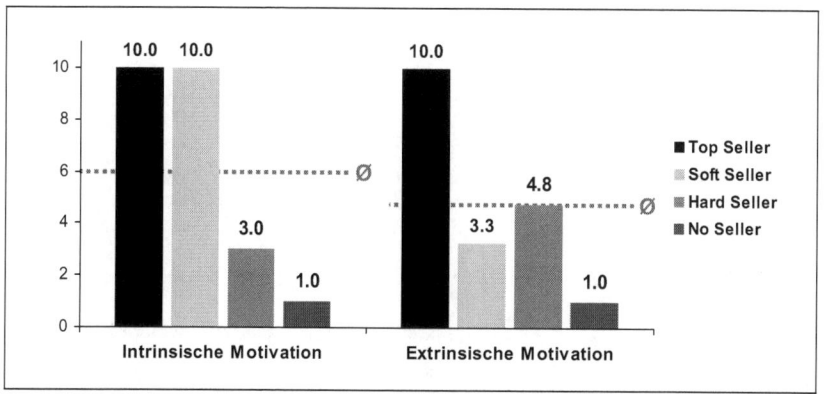

Abbildung 16: Unterschiede zwischen den Verkäufertypen im Hinblick auf deren Motivation

Die Analyse zeigt, dass die Top und Soft Seller das höchste Maß an intrinsischer Motivation vorweisen. Dies hat zur Folge, dass die Top und Soft Seller ein besonderes Engagement im Kundenkontakt zeigen, da dies in ihnen ein Gefühl der Zufriedenheit hervorruft. Ferner weisen intrinsisch motivierte Verkäufer eine höhere Lernbereitschaft auf, was sie dazu verleitet, individuell auf die Bedürfnisse ihrer Kunden einzugehen, wodurch sie ihre verkäuferischen Fähigkeiten weiterentwickeln können (vgl. Weitz/ Sujan/Sujan 1986). Dadurch sind sie auch besser in der Lage, kritische Situationen im Kundenkontakt zu meistern (vgl. Miao/Evans 2007). Somit stellt die intrinsische Motivation der Top und Soft Seller eine wichtige Ursache dar, warum diese Verkäufertypen sich stärker kundenorientiert verhalten als die Hard und No Seller (vgl. Pullins 2001).

Mit großem Abstand weisen die Top Seller zudem auch das höchste Maß an extrinsischer Motivation auf, gefolgt von den Hard Sellern. Folglich legen die Top und Hard Seller unter den vier Verkäufertypen den größten Wert auf materielle (bspw. Provisionen) und immaterielle (bspw. Auszeichnungen durch Vorgesetzte) Belohnungen für ihre Arbeit. Wissend, dass derartige Belohnungen im Vertrieb in der Regel mit hohen Verkaufszahlen einhergehen, verhalten sich die Top und Hard Seller entsprechend abschlussorientierter als die Soft und No Seller. An dieser Stelle sei bereits erwähnt, dass bei extrinsisch motivierten Verkäufern die Gestaltung der Vergütungssysteme einen hohen Einfluss auf das gezeigte Verhalten im Kundenkontakt hat. Diese Thematik wird daher in Kapitel 4.4.2.1 aufgegriffen. Im Hinblick auf die Motivation von Vertriebsmitarbeitern lässt sich der folgende Erfolgsfaktor formulieren:

EF_4: Vertriebsmitarbeiter sollten ein hohes Maß an intrinsischer und extrinsischer Motivation aufweisen. Insbesondere sollten sie ihre Tätigkeit als attraktiv und herausfordernd ansehen sowie als Chance, Erfolg im Berufsleben zu haben.

Neben der Motivation werden im Rahmen dieser Studie noch vier weitere Eigenschaften von Verkäufern untersucht, welche deren Einstellung gegenüber ihrer beruflichen Tätigkeit beschreiben und von zentraler Bedeutung im persönlichen Verkauf sind (vgl. hierzu bspw. MacKenzie/Podsakoff/Ahearne 1998). Im Einzelnen sind dies:

- *Rollenklarheit der Vertriebsmitarbeiter*: Die Rollenklarheit beschreibt, inwieweit Vertriebsmitarbeiter sich bewusst sind, was von ihnen im Rahmen ihrer beruflichen Tätigkeit erwartet wird und welche Maßnahmen sie zur Erreichung ihrer Ziele ergreifen können. Beispiel: Der Vertriebsmitarbeiter weiß genauestens Bescheid über seine Entscheidungsspielräume gegenüber Kunden (bspw. Preiskompetenzen).

- *Rollenkonflikte der Vertriebsmitarbeiter*: Mit Rollenkonflikten ist gemeint, inwieweit Vertriebsmitarbeiter mit unvereinbaren Erwartungen (bspw. von Vorgesetzten und Kunden) bzw. unterschiedlichen Ansichten im Hinblick auf ihre Tätigkeiten konfrontiert sind. Beispiel: Der Vertriebsmitarbeiter hält die Ziele, die ihm durch die Vertriebsleitung gesetzt werden, regelmäßig für unrealistisch.

- *Organisationales Commitment der Vertriebsmitarbeiter*: Das Commitment von Verkäufern beschreibt, inwieweit diese sich ihrem Arbeitgeber verbunden fühlen und sich mit ihrem Unternehmen identifizieren. Beispiel: Der Vertriebsmitarbeiter ist stolz darauf, ein Teil seines Unternehmens zu sein.

- *Zufriedenheit der Vertriebsmitarbeiter*: Die Zufriedenheit der Vertriebsmitarbeiter bezieht sich sowohl auf die generelle Arbeitszufriedenheit als auch auf einzelne Aspekte der beruflichen Tätigkeit (bspw. auf die Zufriedenheit mit den Vorgesetzten, der Arbeitsbelastung etc.).

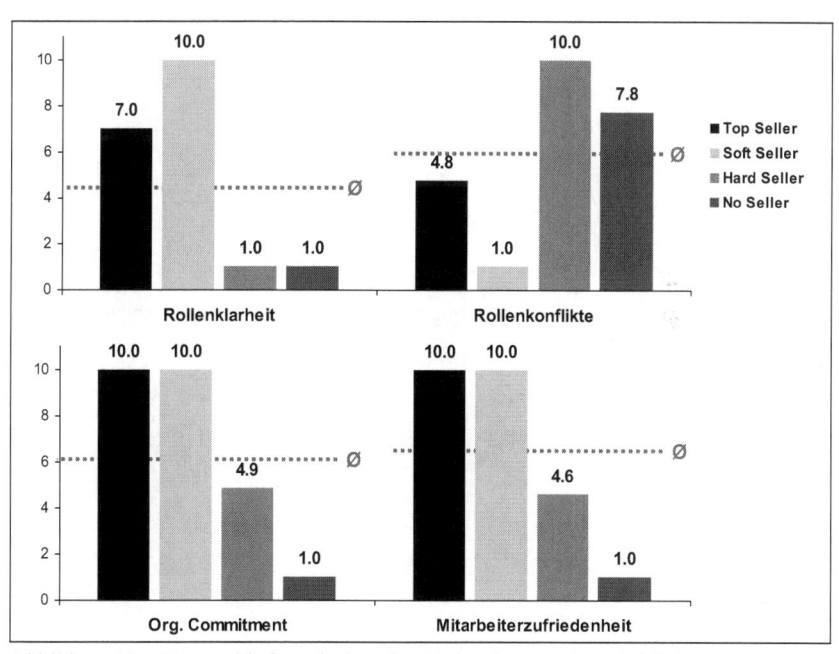

Abbildung 17: Unterschiede zwischen den Verkäufertypen im Hinblick auf persönliche Einstellungen

In Abbildung 17 ist dargestellt, inwieweit die einzelnen Verkäufertypen die oben genannten Eigenschaften aufweisen. In wissenschaftlichen Studien konnte bereits mehrfach gezeigt werden, dass Unklarheiten bezüglich der Ausübung der Verkaufstätigkeit sowie Rollenkonflikte eine demotivierende und frustrierende Wirkung haben, was zu einer Verringerung der Zufriedenheit, des Commitments sowie des Engagements und des effektiven Auftretens im Kundenkontakt führt (vgl. bspw. Bettencourt/Brown 2003; Siguaw/Brown/Widing 1994). Die vorliegenden Studienergebnisse belegen diese Erkenntnisse. Demnach weisen die Top und Soft Seller das geringste Maß an Rollenkonflikten sowie das höchste Maß an Rollenklarheit, Commitment und Zufriedenheit auf. Diese positiven Einstellungen verleiten sie vermutlich dazu, sich, quasi als „Gegenleistung" für ein positives Arbeitsumfeld, im Sinne des Unternehmens verstärkt um die Bedürfnisse der Kunden zu kümmern, um so langfristige Geschäftsbeziehungen aufzubauen (vgl. Homburg/Stock 2001; Homburg/Wieseke/Hoyer 2009). Zufriedene Mitarbeiter weisen zudem positive Gefühlszustände auf, wodurch sie stärker zu prosozialem bzw. kundenorientiertem Verhalten im Kundenkontakt neigen (vgl. bspw. Kelley/Hoffman 1997).

Die No Seller hingegen sind deutlich weniger mit ihrer Arbeit zufrieden und identifizieren sich am wenigsten mit ihrem Arbeitgeber, wodurch sich deren relative Inaktivität im Kundenkontakt begründen lässt. Dadurch, dass die Hard Seller ungeachtet der Kundenbedürfnisse auf die Erzielung von Verkaufsabschlüssen fokussiert sind, empfinden diese die stärksten Rollenkonflikte, da sie am ehesten auch zu Kaufempfehlungen neigen, welche nicht optimal für Kunden sind (vgl. Kapitel 4.2). Die Soft Seller hingegen handeln ganz im Interesse der Kunden, was Rollenkonflikte entsprechend weiter reduziert sowie die Rollenklarheit zusätzlich erhöht (vgl. bspw. Jones/Busch/ Dacin 2003).

Schließlich zeigt sich, dass die Top Seller größere Rollenkonflikte als die Soft Seller verspüren, was sich anscheinend jedoch nicht auf deren Effektivität im Kundenkontakt auswirkt. Dies lässt sich damit erklären, dass Verkäufer in ihrem Beruf ohnehin stets verschiedenen Anforderungen gerecht werden müssen (bspw. eigenen Ansprüchen sowie denjenigen der Vorgesetzten und Kunden; vgl. Tebbe 2000) und somit einem „natürlichen" Maß an Rollenkonflikten ausgesetzt sind. Das heißt folglich, dass Rollenkonflikte erst dann negative Auswirkungen haben, sobald sie dieses natürliche Maß deutlich überschreiten (wie es wohl bei den Hard und No Sellern der Fall ist). An dieser Stelle sei bereits erwähnt, dass dem Verhalten von Vorgesetzten eine große Bedeutung im Hinblick auf die Vermeidung von Rollenkonflikten und -unklarheiten zukommt, weshalb dieser Aspekt in Kapitel 4.2.2.2 aufgegriffen wird. Zusammenfassend lässt sich auf Basis der Studienergebnisse als weiterer Erfolgsfaktor festhalten:

EF_5: Vertriebsmitarbeiter sollten sich durch eine hohe Identifikation und Verbundenheit mit ihrem Unternehmen auszeichnen. Zudem sollten sie genau wissen, was von ihnen erwartet wird und was sie tun müssen, um ihre Ziele zu erreichen und den Anforderungen der Vorgesetzten und Kunden bestmöglich gerecht zu werden.

4.4.1.3 Persönliche Fähigkeiten von Vertriebsmitarbeitern

Unter den persönlichen Fähigkeiten spielen vor allem die Sozial- und Fachkompetenz von Vertriebsmitarbeitern eine bedeutsame Rolle im Kundenkontakt (vgl. Homburg/ Schäfer/Schneider 2008). Im Rahmen der vorliegenden empirischen Studie werden daher jeweils zwei zentrale Facetten der Sozial- und Fachkompetenz untersucht (vgl. Homburg/Stock 2000; Nerdinger 2001):

- *Einfühlungsvermögen*: Das Einfühlungsvermögen, auch als Empathie bezeichnet, beschreibt die Fähigkeit eines Verkäufers, sich in die Lage seiner Kunden hineinzuversetzen, Situationen aus der Kundenperspektive zu betrachten und letztendlich die Probleme und Bedürfnisse der Kunden zu verstehen. Beispiel: Der Vertriebsmitarbeiter kann die wahrgenommenen Risiken, die Kunden mit bestimmten Produkten assoziieren, gut nachvollziehen.

- *Wahrnehmungsfähigkeit*: Hierunter wird die Fähigkeit eines Verkäufers verstanden, die verbalen Informationen und die nicht-verbalen Signale der Kunden in Gesprächen wahrzunehmen, korrekt zu interpretieren, und entsprechend adäquat zu reagieren. Beispiel: Der Vertriebsmitarbeiter kann die Emotionen seiner Kunden in bestimmten Gesprächssituationen sehr gut einschätzen.

- *Deklaratives Wissen*: Mit deklarativem Wissen ist die Kenntnis von Fakten eines Vertriebsmitarbeiters gemeint. Im Rahmen dieser Studie werden unter dem deklarativen Wissen von Verkäufern marktspezifische, wettbewerbsspezifische, kundenspezifische, produktspezifische und betriebswirtschaftliche Kenntnisse zusammengefasst. Beispiel: Der Vertriebsmitarbeiter kann für seine Kunden die Wirtschaftlichkeit von Leistungsangeboten bewerten.

- *Prozedurales Wissen*: Unter dem prozeduralen Wissen wird die Kenntnis von Handlungsabläufen verstanden. Hier spielen zwei Aspekte eine besondere Rolle. Zum einen sind dies verkaufsprozessbezogene Kenntnisse (bspw. wie ein Verkäufer mit verschiedenen Kundentypen umzugehen hat). Zum anderen ist dies die Fähigkeit zur Selbstorganisation, also inwieweit Verkäufer in der Lage sind, ihre Arbeitsweise reibungslos und effizient zu gestalten. Beispiel: Der Vertriebsmitarbeiter setzt klare Ziele und Prioritäten für die eigene Arbeit.

In Abbildung 18 wird aufgezeigt, inwiefern sich die einzelnen Verkäufertypen hinsichtlich der aufgeführten persönlichen Fähigkeiten unterscheiden. Die Ergebnisse zeigen eindeutig, dass die Top Seller bei allen untersuchten Fähigkeiten am besten abschneiden, gefolgt von den Soft Sellern. Dies scheint plausibel, da die Sozial- und Fachkompetenz zwei wichtige Voraussetzungen für effektives, kundenorientiertes Verhalten darstellen (vgl. bspw. Rozell/Pettijohn/Parker 2004). Vertriebsmitarbeiter mit einem hohen Einfühlungsvermögen sowie einer starken Wahrnehmungsfähigkeit können den Kunden deutlich besser „lesen" und somit individueller auf ihn eingehen (vgl. Giacobbe et al. 2006; Widmier 2002). Deklaratives und prozedurales Wissen ermöglichen es Verkäufern, ihre Produkte und Dienstleistungen kundengerecht vorzustellen sowie adäquate Lösungen zu identifizieren, welche die Kundenbedürfnisse befriedigen (vgl. bspw. Bettencourt/Gwinner/Meuter 2001). Ein hohes Maß an Sozial- und Fachkompetenz erleichtert es Verkäufern zudem, Konfliktsituationen bzw. Kundeneinwände (bspw. Preiseinwände) zu meistern. Konkret sind Vertriebsmitarbeiter mit einer hohen Sozial- und Fachkompetenz in Verhandlungen wohl besser in der Lage, auf Basis des Kundennutzens zu argumentieren und dadurch höhere Preise durchzusetzen.

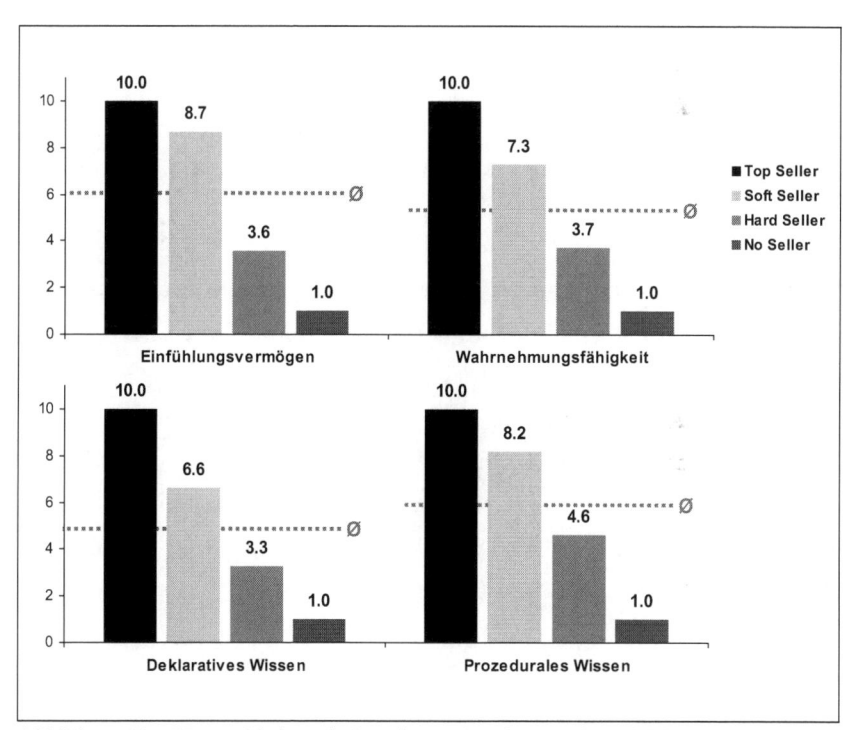

Abbildung 18: Unterschiede zwischen den Verkäufertypen im Hinblick auf persönliche Fähigkeiten

Des Weiteren können die Top Seller verglichen mit den Hard Sellern durch ihre hohe Wahrnehmungsfähigkeit und ihr ausgeprägtes prozedurales Wissen vermutlich deutlich besser abschätzen, wann der richtige Moment in einem Verkaufsgespräch gekommen ist, um ein Geschäft abzuschließen. Die Hard Seller sind hingegen deutlich stärker gefährdet, sich im falschen Moment abschlussorientiert zu verhalten. Unangemessenes abschlussorientiertes Verhalten erhöht die Gefahr negativer Kundenreaktionen, welche negative Konsequenzen für den Verkaufserfolg und die Kundenbeziehung nach sich ziehen können. Auf Basis der Ergebnisse zu den persönlichen Fähigkeiten von Verkäufern lässt sich als Erfolgsfaktor ableiten:

EF_6: *Vertriebsmitarbeiter sollten ein hohes Maß an Sozial- und Fachkompetenz aufweisen. Insbesondere sollten sie in der Lage sein, die Gefühle und Gedankengänge der Kunden zu deuten, individuell auf die Kunden einzugehen sowie sich der Situation angemessen kunden- und abschlussorientiert zu verhalten.*

Die Ergebnisse in Kapitel 4.4.1 zeigen, dass eine Reihe persönlicher Eigenschaften einen starken Einfluss auf das kunden- und abschlussorientierte Verhalten von Verkäufern hat. Zur besseren Veranschaulichung der diskutierten persönlichen Einstellungen und Fähigkeiten sind in den Tabellen 16 und 17 wiederum mögliche Indikatoren für die einzelnen Faktoren dargestellt. In den folgenden Abschnitten soll nun unter anderem darauf eingegangen werden, inwieweit durch bestimmte Führungsmaßnahmen persönliche Einstellungen beeinflusst bzw. persönliche Fähigkeiten weiterentwickelt werden können (vgl. ausführlich Homburg/Stock 2000).

Indikatoren persönlicher Einstellungen von Vertriebsmitarbeitern
Der Vertriebsmitarbeiter...
I. Intrinsische Motivation
1. ... arbeitet im Vertrieb, um sich persönlich weiterzuentwickeln.
2. ... arbeitet im Vertrieb, weil ihm die Vertriebsarbeit Spaß macht.
3. ... arbeitet im Vertrieb, weil er dadurch immer wieder vor neue Herausforderungen gestellt wird.
4. ... arbeitet im Vertrieb, weil es in ihm ein Gefühl der Zufriedenheit hervorruft.
5. ... arbeitet im Vertrieb, weil er die Vertriebsarbeit als wichtige Aufgabe betrachtet.
II. Extrinsische Motivation
1. ... arbeitet im Vertrieb, um beruflich voranzukommen.
2. ... arbeitet im Vertrieb, weil es dort attraktive Verdienstmöglichkeiten gibt (bspw. durch Provisionen, Boni).
3. ... arbeitet im Vertrieb, um sich einen gehobenen Lebensstandard leisten zu können.
4. ... arbeitet im Vertrieb, weil er dort viel Anerkennung von Vorgesetzten und Kollegen erhalten kann.
III. Rollenklarheit
1. ... kennt seine Verantwortlichkeiten genau.
2. ... hat klar formulierte Ziele.
3. ... weiß genau, was von ihm im Rahmen seiner Arbeit erwartet wird.
4. ... kennt seine Entscheidungsspielräume gegenüber Kunden genau.
5. ... weiß genau, wie er sich seine Arbeitszeit zur Erledigung seiner Aufgaben einteilen muss.
6. ... weiß genau, wie er an seine Aufgaben herangehen muss.
IV. Rollenkonflikte
1. ... ist der Meinung, dass bestimmte Aufgaben anders bewältigt werden sollten, als es ihm vorgeschrieben wird.
2. ... kann seine Aufgaben regelmäßig in der verfügbaren Zeit nicht bewältigen.
3. ... ist mit unvereinbaren Erwartungen seiner Vorgesetzten und Kunden konfrontiert.
4. ... ist der Meinung, dass er wichtigere Aufgaben erledigen sollte.
5. ... hält die Ziele, die ihm gesetzt werden, regelmäßig für unrealistisch.
6. ... gerät im Rahmen seiner Arbeit regelmäßig in Konfliktsituationen.
V. Organisationales Commitment
1. ... zeigt ein Engagement, welches über das üblicherweise Erwartete hinausgeht.
2. ... spricht seinen Freunden gegenüber sehr positiv über sein Unternehmen.
3. ... fühlt sich insgesamt seinem Unternehmen gegenüber sehr verbunden.
4. ... weist ähnliche Wertvorstellungen auf wie die der gesamten Organisation.
5. ... ist stolz darauf, ein Teil seines Unternehmens zu sein.
6. ... ist sehr froh, sich entschieden zu haben, für sein Unternehmen zu arbeiten.
7. ... setzt sich intensiv mit der Zukunft seines Unternehmens auseinander.
8. ... beschäftigt sich mit Problemen des Unternehmens so, als wären es seine eigenen.
VI. Mitarbeiterzufriedenheit
1. ... ist mit der Führung durch seine Vorgesetzten sehr zufrieden.
2. ... ist mit dem Arbeitsklima innerhalb seiner Organisation sehr zufrieden.
3. ... ist mit der Arbeitsbelastung im Rahmen seiner Tätigkeit sehr zufrieden.
4. ... ist mit der Vergütung seiner Arbeitsleistung sehr zufrieden.
5. ... ist mit den Weiterbildungsmöglichkeiten innerhalb des Unternehmens sehr zufrieden.
6. ... ist mit den Karrieremöglichkeiten innerhalb des Unternehmens sehr zufrieden.
7. ... ist mit den von ihm betreuten Kunden sehr zufrieden.
8. ... ist insgesamt mit seiner momentanen beruflichen Tätigkeit sehr zufrieden.

Tabelle 16: Mögliche Indikatoren persönlicher Einstellungen von Vertriebsmitarbeitern

Indikatoren persönlicher Fähigkeiten von Vertriebsmitarbeitern

Der Vertriebsmitarbeiter...

I. Einfühlungsvermögen

1. ... ist in der Lage, Aspekte aus der Perspektive seiner Kunden zu betrachten.
2. ... kann sich in die Situation seiner Kunden sehr gut hineinversetzen.
3. ... kann Gegenargumente seiner Kunden nachvollziehen.
4. ... kann sich mit Problemen seiner Kunden sehr gut auseinandersetzen.
5. ... zeigt sich generell sehr einfühlsam gegenüber seinen Kunden.

II. Wahrnehmungsfähigkeit

1. ... kann die Emotionen seiner Kunden in Gesprächen sehr gut einschätzen.
2. ... kann sehr gut einschätzen, was seine Kunden in Gesprächen denken.
3. ... erkennt sehr schnell, ob seine Kunden in Gesprächen seine Argumente verstehen.
4. ... erkennt sehr schnell, ob seine Kunden in Gesprächen seine Argumente akzeptieren.
5. ... kann relativ gut einschätzen, ob seine Kunden in Gesprächen die Wahrheit sagen.
6. ... erkennt sehr schnell, ob seine Kunden einem Angebot ablehnend gegenüberstehen.
7. ... erkennt sehr schnell, ob seine Kunden an einem Angebot interessiert sind.

III. Deklaratives Wissen

1. ... besitzt umfangreiche Kenntnisse über seine Absatzmärkte (bspw. gesetzliche Regelungen, Markttrends).
2. ... verfügt über umfangreiches Wissen über die Wettbewerber.
3. ... ist über Aktivitäten der Wettbewerber sehr gut informiert.
4. ... verfügt über detaillierte Kundenkenntnisse.
5. ... kennt die Wertschöpfungsprozesse seiner Kunden sehr gut.
6. ... kennt die Absatzmärkte seiner Kunden sehr gut.
7. ... kennt die Ziele, Bedürfnisse und Anforderungen seiner Kunden sehr gut.
8. ... kennt die finanzielle Situation seiner Kunden sehr gut.
9. ... kennt die maßgeblichen Entscheidungsträger auf Seiten seiner Kunden sehr gut.
10. ... kennt die Kaufentscheidungsprozesse auf Seiten seiner Kunden sehr gut.
11. ... verfügt über umfangreiche Produktkenntnisse.
12. ... kennt die Merkmale und Leistungsfähigkeit seiner Produkte sehr gut.
13. ... weiß, wie sich seine Produkte und Dienstleistungen zu Leistungspaketen für seine Kunden kombinieren lassen.
14. ... überschaut das Produktspektrum seines Unternehmens.
15. ... verfügt über umfangreiche betriebswirtschaftliche Kenntnisse.
16. ... kennt die internen Kostenstrukturen seines Unternehmens.
17. ... kann die Wirtschaftlichkeit seiner Leistungsangebote für seine Kunden bewerten.

IV. Prozedurales Wissen

1. ... beherrscht ein breites Spektrum an Verkaufstechniken.
2. ... kann auf eine Vielzahl erlebter Verkaufssituationen in seinem Gedächtnis zurückgreifen.
3. ... weiß, wie er sich in verschiedenen Verkaufssituationen zu verhalten hat.
4. ... weiß, wie er sich in verschiedenen Phasen von Kundengesprächen zu verhalten hat.
5. ... weiß, wie er mit verschiedenen Kundentypen umzugehen hat.
6. ... weiß, wie er verschiedenen Kundenreaktionen begegnen kann (bspw. Einwände, Kritik, ablehnendes Verhalten).
7. ... ist sehr gut selbstorganisiert.
8. ... kann sich seine Arbeitszeit sehr gut einteilen.
9. ... setzt klare Ziele und Prioritäten für die eigene Arbeit.
10. ... hat eine sehr gut funktionierende Termin- und Zeitplanung.
11. ... geht sehr strukturiert an seine Aufgaben heran.

Tabelle 17: Mögliche Indikatoren persönlicher Fähigkeiten von Vertriebsmitarbeitern

4.4.2 Die Bedeutung von Managementmaßnahmen für das Verhalten im Kundenkontakt

Da Vertriebsmanager in der Regel das Verkäuferverhalten nicht beobachten können, stellt die Interaktion zwischen Vertriebsmitarbeitern und Kunden in Beratungs- oder Verkaufsgesprächen aus Managementsicht eine Art „Black Box" dar. Von daher ist es aus Managementsicht von großem Interesse, Anhaltspunkte zu gewinnen, inwieweit sich Führungsmaßnahmen auf das Verkäuferverhalten im Kundenkontakt auswirken.

Vor diesem Hintergrund wird in den nächsten Abschnitten analysiert, inwiefern es bei den einzelnen Verkäufertypen Unterschiede hinsichtlich der folgenden Führungsinstrumente gibt (vgl. Homburg/Schäfer/Schneider 2008):

- die Gestaltung der Vergütungssysteme,
- der Führungsstil der Vertriebsleiter sowie
- die Gestaltung von Schulungsmaßnahmen.

4.4.2.1 Die Gestaltung der Vergütungssysteme

Die (insbesondere variable) Vergütung von Vertriebsmitarbeitern stellt aus Managementsicht ein zentrales Instrument dar, um Anreize zu setzen, dass Verkäufer im Sinne der Unternehmensziele handeln. Da wie bereits erwähnt das Verhalten von Vertriebsmitarbeitern (gerade bei Mitarbeitern im Außendienst) durch die Vertriebsleitung in der Regel nicht beobachtbar ist, sollen Verkäufer durch die variable Vergütung motiviert werden, sich im Kundenkontakt dermaßen zu verhalten, dass die jeweiligen Ziele bestmöglich erreicht werden.

In einem ersten Schritt wird zunächst untersucht, wie sich die variable Vergütung generell bei den befragten Vertriebsmitarbeitern gestaltet. Abbildung 19 zeigt diesbezüglich zum einen eine Verteilung der Höhe der variablen Vergütung und zum anderen, inwieweit die variable Vergütung an bestimmte Zielgrößen gekoppelt ist.

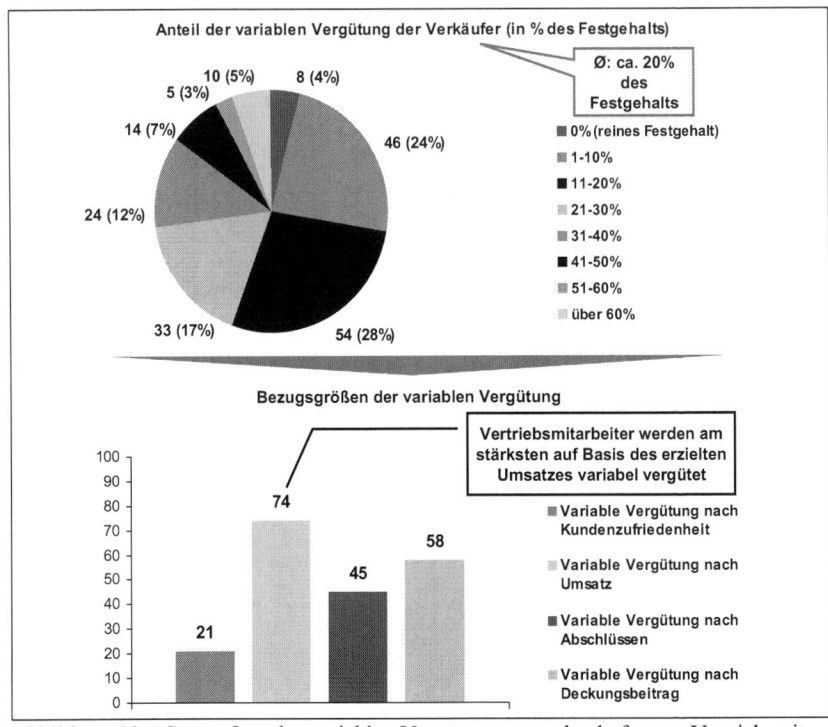

Abbildung 19: Status Quo der variablen Vergütung unter den befragten Vertriebsmitarbeitern

Die Auswertung zeigt, dass fast alle befragten Vertriebsmitarbeiter neben ihrem Festgehalt auch variabel vergütet werden, im Durchschnitt beläuft sich der Anteil der variablen Vergütung auf etwa 20% des Festgehalts. Ferner zeigen die Ergebnisse bezüglich der zugrundeliegenden Zielgrößen (gemessen auf einer Skala von 0 = „überhaupt nicht" bis 100 = „sehr stark"), dass die befragten Vertriebsmitarbeiter überwiegend auf Basis ihres erzielten Umsatzes variabel vergütet werden. Zudem finden mittlerweile auch verstärkt effizienzbezogene Zielgrößen wie beispielsweise die Vergütung nach dem erzielten Deckungsbeitrag Verwendung, während die Vergütung auf Basis der erzielten Kundenzufriedenheit bislang eine eher untergeordnete Rolle einnimmt.

In einem zweiten Schritt wird nun analysiert, inwiefern es Unterschiede zwischen den vier Verkäufertypen hinsichtlich der variablen Vergütung gibt. Die entsprechenden Ergebnisse sind in Abbildung 20 dargestellt.

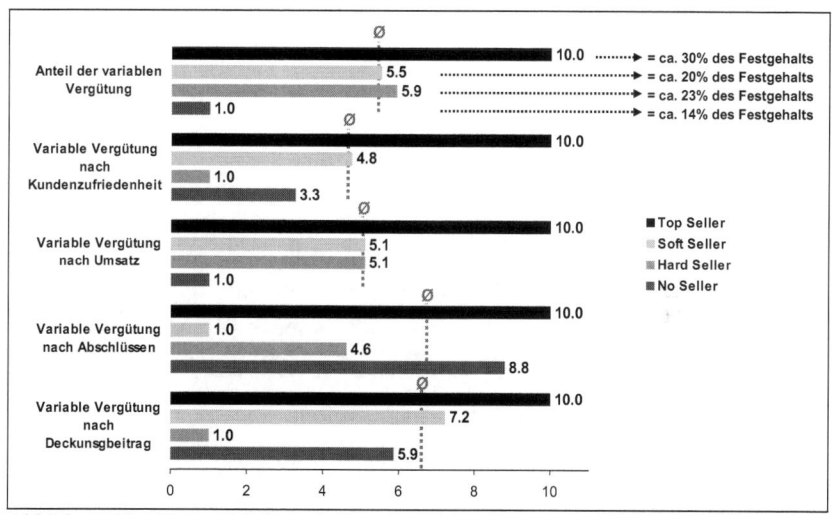

Abbildung 20: Unterschiede zwischen den Verkäufertypen im Hinblick auf die variable Vergütung

Aus Abbildung 20 geht deutlich hervor, dass die Top Seller mit Abstand am stärksten variabel vergütet werden und entsprechend bei allen Kriterien die höchsten Werte aufweisen. Durch die überdurchschnittliche Vergütung nach „harten" Kriterien wie beispielsweise dem erzielten Deckungsbeitrag sowie nach der erzielten Zufriedenheit der Kunden (wenngleich auf einem deutlich niedrigeren Niveau verglichen mit den harten Zielgrößen) haben die Top Seller einen starken Anreiz, sich im Kundenkontakt sowohl kunden- als auch abschlussorientiert zu verhalten, um die jeweiligen Ziele zu erreichen. Die variable Vergütung spielt bei den Top Sellern zudem eine besonders wichtige Rolle, da diese auch das höchste Maß an extrinsischer Motivation aufweisen und somit ein starkes Interesse daran haben, ihre Vergütungsziele zu erreichen (vgl. die Ergebnisse in Kapitel 4.4.1.2 sowie Lee 1998).

Die Hard Seller weisen das zweithöchste Maß an extrinsischer Motivation (vgl. Kapitel 4.4.1.2) und variabler Vergütung auf. Die Ergebnisse zeigen in diesem Zusammenhang, dass die Hard Seller überwiegend auf Basis der erzielten Umsätze bzw. Abschlüsse variabel vergütet werden, während sie bei der Vergütung nach Kundenzufriedenheit den geringsten Wert aufweisen. Somit haben diese Verkäufer auch den geringsten monetären Anreiz, sich kundenorientiert zu verhalten. Tatsächlich verhalten sich die Hard Seller überdurchschnittlich abschlussorientiert, um ihre umsatzbezogenen Vergütungsziele zu erreichen. Dadurch, dass Deckungsbeitragsziele bei den Hard Sellern ebenfalls eine untergeordnete Rolle spielen, könnten diese auch ein geringeres Kostenbewusstsein aufweisen. Dies kann sich dadurch äußern, dass Hard Seller eine Vielzahl an (wenig effektiven, sich aber beispielsweise in den Reisekosten widerspiegelnden) Kundengesprächen führen, um ihre Umsatzziele zu erreichen. Zudem könnten sie stärker dazu neigen, Kundenforderungen nach Preiszugeständnissen nachzukommen, um so ihre Abschlussziele zu erreichen. Ein derartiges „Streben nach Quantität statt Qualität" mag eine weitere Ursache für die geringere Verkaufsproduktivität der Hard Seller darstellen (vgl. die Ergebnisse aus Kapitel 4.3 sowie Kieser 2008).

Die No Seller weisen mit Abstand das geringste Maß an variabler Vergütung auf, was (in Verbindung mit ihrem geringen Maß an intrinsischer und extrinsischer Motivation; vgl. Kapitel 4.4.1.2) ein weiteres Indiz dafür darstellt, warum sie sich unterdurchschnittlich kunden- und abschlussorientiert verhalten. Ein interessantes Ergebnis zeigt sich bei den Soft Sellern. Obwohl das Ausmaß der variablen Vergütung nach dem erzielten Umsatz bei dieser Verkäufergruppe nahezu identisch mit dem der Hard Seller ist, zeigen diese beiden Verkäufertypen jedoch völlig unterschiedliche Verhaltensmuster, um ihre Umsatzziele zu erreichen. Dies zeigt sehr deutlich, dass die Motivationswirkung der variablen Vergütung wohl in hohem Maße von persönlichen Merkmalen der Verkäufer abhängt (vgl. hierzu auch Widmier 2002). Dadurch, dass die Soft Seller beispielsweise ein überdurchschnittliches Maß an Verträglichkeit, intrinsischer Motivation und Sozialkompetenz aufweisen, wählen diese einen kundenorientierten Ansatz, um ihre Umsatzziele zu erreichen. Bei den Hard Sellern sind diese persönlichen Eigenschaften deutlich schwächer ausgeprägt, so dass diese eine überwiegend abschlussorientierte Verkaufsstrategie zur Erreichung ihrer Vergütungsziele wählen.

Auf Basis dieser Erkenntnisse scheint es daher empfehlenswert, Vergütungsmaßnahmen in einem gewissen Umfang an persönlichen Merkmalen der Verkäufer auszurichten. So mag es beispielsweise bei den Hard Sellern sinnvoll sein, bei der variablen Vergütung mehr Gewicht auf die Erzielung von Kundenzufriedenheit zu legen, um so einen Anreiz zu schaffen, dass diese sich stärker kundenorientiert verhalten (vgl. hierzu auch Hauser/Simester/Wernerfelt 1994; Sharma/Sarel 1995). Bei den Soft Sellern hingegen könnten finanzielle Zielgrößen stärker betont werden, damit diese verstärkt im Sinne der wirtschaftlichen Unternehmensziele handeln. Vor diesem Hintergrund lässt sich als Erfolgsfaktor festhalten (vgl. hierzu auch Kapitel 2.8.2):

EF_7: Bei der Vergütung von Vertriebsmitarbeitern sollte generell auf eine Balance aus „weichen" (bspw. Kundenzufriedenheit) und „harten", effizienzbezogenen (bspw. Deckungsbeitrag) Zielgrößen geachtet werden. Die relative Gewichtung dieser Kriterien sollte sich an persönlichen Eigenschaften der jeweiligen Vertriebsmitarbeiter orientieren.

An dieser Stelle soll noch kurz auf zwei Aspekte eingegangen werden. Erstens erscheint es offensichtlich, dass durch Vergütungsmaßnahmen (bspw. die Vergütung der erzielten Kundenzufriedenheit), welche zu kundenorientiertem Verhalten verleiten sollen, Defizite hinsichtlich persönlicher Fähigkeiten, durch welche effektive Kundenorientierung erst ermöglicht wird, nicht kaschiert werden können. In solchen Fällen sind vielmehr geeignete Maßnahmen einzuleiten (bspw. spezifische Schulungen und Einzelcoachings), um derartige Defizite zu verringern (vgl. bspw. Stock-Homburg 2008).

Zweitens sei hier noch einmal die relativ geringe Berücksichtigung der Kundenzufriedenheit als Vergütungsziel erwähnt (vgl. Abbildung 19). Dies erscheint überraschend, wird doch in vielen Unternehmen die Erzielung von Kundenzufriedenheit und Kundenbindung als zentrales strategisches Ziel betrachtet. Ein Grund für die mangelnde Implementierung der Kundenorientierung in den Vergütungssystemen im Vertrieb mag darin liegen, dass dies eine systematische Messung und ein systematisches Management der Kundenzufriedenheit erfordert (vgl. hierzu ausführlich Homburg/Fürst 2008; Jensen 2008). Insbesondere ist es notwendig, die Zufriedenheit der Kunden mit konkreten Leistungsaspekten zu erfassen (bspw. die Zufriedenheit der Kunden mit der persönlichen Beratung). Neben der Gesamtzufriedenheit der Kunden müssen folglich auch Zufriedenheitswerte vorliegen, die sich direkt auf die Tätigkeiten von Vertriebsmitarbeitern beziehen. Zudem müssen Zufriedenheitswerte auf verschiedene organisatorische Ebenen heruntergebrochen werden können (bspw. die Kundenzufriedenheit in der Verkaufsregion, mit der Filiale, mit Beraterteams). Nur so können Vertriebsmitarbeiter leistungsgerecht auf Basis der durch sie erzielten Kundenzufriedenheit entlohnt werden. Vor diesem Hintergrund wird die Vermutung aufgestellt, dass unter anderem derartige operative Herausforderungen Unternehmen bisweilen davon abhalten, die Kundenzufriedenheit stärker in den Vergütungssystemen im Vertrieb zu verankern.

4.4.2.2 Der Führungsstil der Vertriebsleiter

Der Führungsstil von Vorgesetzten hat einen entscheidenden Einfluss auf die Motivation der Vertriebsmitarbeiter und, wie in Kapitel 4.4.1.2 bereits angedeutet, auf deren Rollenklarheit sowie dadurch auch auf deren konkretes Verhalten im Kundenkontakt (vgl. bspw. Kohli 1989). Der Führungsstil von Vertriebsleitern lässt sich generell anhand von drei Dimensionen charakterisieren (vgl. Homburg/Stock 2002; Stock/Hoyer 2002):

- *Leistungsorientierung*: Die Leistungsorientierung eines Vertriebsleiters manifestiert sich in einer starken Ausrichtung des Führungsstils auf Leistungsziele. Den Vertriebsmitarbeitern werden anspruchsvolle, aber auch realistische Ziele gesetzt. Die Zielerreichung wird regelmäßig überprüft. Beispiel: Leistungsorientierte Vertriebsmanager belohnen regelmäßig gute Leistungen ihrer Vertriebsmitarbeiter.

- *Mitarbeiterorientierung*: Die Mitarbeiterorientierung drückt sich in einem offenen zwischenmenschlichen Verhältnis zwischen Vertriebsleitern und -mitarbeitern aus. Der Vorgesetzte bringt seinen Mitarbeitern persönliche Wertschätzung entgegen, die Zusammenarbeit ist von gegenseitigem Respekt und Vertrauen geprägt. Beispiel: Mitarbeiterorientierte Vertriebsmanager nehmen Rücksicht auf die Belange ihrer Mitarbeiter.

- *Kundenorientierung*: Die Kundenorientierung des Vertriebsleiters zeichnet sich insbesondere dadurch aus, dass der Vertriebsleiter Kundenorientierung durch sein eigenes Verhalten vorlebt, beispielsweise, indem er die Bedeutung der Kunden für das Unternehmen betont und hohen Wert auf die ständige Verbesserung kundenbezogener Geschäftsprozesse legt.

Im Rahmen der Datenerhebung wurden die teilnehmenden Vertriebsmitarbeiter befragt, wie stark die drei Facetten des Führungsstils bei ihren Vertriebsleitern ausgeprägt sind. Abbildung 21 verdeutlicht die entsprechenden Ergebnisse für die vier Verkäufertypen.

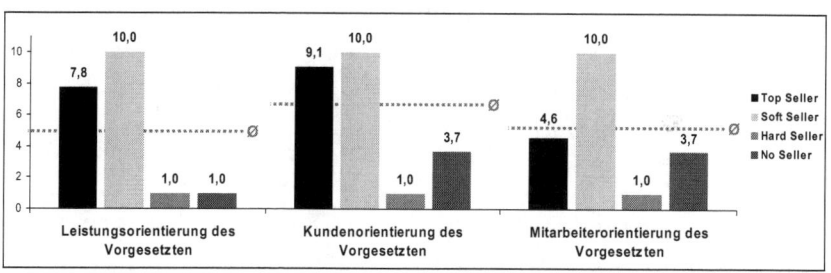

Abbildung 21: Unterschiede zwischen den Verkäufertypen im Hinblick auf das Verhalten der Vertriebsleiter

Bei Betrachtung von Abbildung 21 fällt zunächst einmal auf, dass die Vorgesetzten der Top und Soft Seller das höchste Maß an Leistungs-, Mitarbeiter- und Kundenorientierung aufweisen. Dies liefert eine weitere Erklärung dafür, warum die Top und Soft Seller deutlich stärker kundenorientiert sind als die Hard und No Seller. Der Vorgesetzte nimmt hier eine Vorbildrolle ein, vermittelt die Wertvorstellungen des Unternehmens und motiviert folglich durch seine eigene Leistungs- und Kundenorientierung die Vertriebsmitarbeiter, ein hohes Engagement im Verkauf zur Befriedigung der Kundenbedürfnisse zu zeigen (vgl. Homburg/Stock 2002; Wieseke et al. 2007). Zudem überträgt sich die Mitarbeiter- bzw. Beziehungsorientierung des Vertriebsleiters auf die Beziehungsorientierung der Verkäufer gegenüber ihren Kunden. Genauer gesagt neigen Vertriebsmitarbeiter bei beziehungsorientierten Vorgesetzten wohl stärker dazu, ein gleichermaßen vertrauensvolles Verhältnis zu ihren Kunden aufzubauen.

Interessant sind zudem die Unterschiede zwischen den Top und Soft Sellern hinsichtlich der Leistungs- und Mitarbeiterorientierung der Vertriebsleiter. Zum einen ist die Leistungsorientierung bei den Vorgesetzten der Top Seller etwas weniger ausgeprägt als bei den Vorgesetzten der Soft Seller. Dies erscheint auf den ersten Blick ein wenig überraschend, zeigen die Top Seller (über ihre überdurchschnittliche Kunden- und Abschlussorientierung; vgl. Kapitel 4.2) doch das höchste Engagement im Kundenkontakt. Dieses Ergebnis macht deutlich, dass das Verkäuferverhalten nicht allein durch das Verhalten der Vorgesetzten erklärt werden kann. Der Führungsstil spielt hier sicherlich eine wichtige Rolle, allerdings hängt das Verhalten im Kundenkontakt, wie bereits gezeigt, auch von einer Reihe anderer Faktoren ab. Beispielsweise weisen die Top Seller ein höheres Maß an Gewissenhaftigkeit und extrinsischer Motivation als die Soft Seller auf (vgl. Kapitel 4.4.1.1 und 4.4.1.2). Diese persönlichen Eigenschaften der Top Seller „überkompensieren" anscheinend die etwas geringere Leistungsorientierung ihrer Vorgesetzten.

Zum anderen ist die Mitarbeiterorientierung bei den Vorgesetzten der Soft Seller deutlich stärker ausgeprägt als bei den Top Sellern. Absolut betrachtet sind die Vertriebsleiter der Soft Seller zudem deutlich mitarbeiterorientierter als leistungs- und kundenorientiert. Dies deutet auf ein Übermaß an Mitarbeiterorientierung bei den Vorgesetzten der Soft Seller hin, was unter anderem wohl dazu führt, dass diese Verkäufergruppe zu sehr auf eine harmonische Beziehung mit ihren Kunden fokussiert ist und dadurch jegliche abschlussorientierte Verhaltensweisen vermeidet (vgl. Kapitel 4.3).

Auf Basis dieses Ergebnisses sollte jedoch nicht geschlossen werden, dass die Mitarbeiterorientierung eines Vorgesetzten grundsätzlich „schlecht" ist. Die Mitarbeiterorientierung des Vertriebsleiters trägt unter anderem entscheidend zur Zufriedenheit und zum Commitment der Vertriebsmitarbeiter gegenüber ihrem Arbeitgeber bei (vgl. Judge/Piccolo/Ilies 2004). Allerdings sollten die Leistungs-, Mitarbeiter- und Kundenorientierung eines Vorgesetzten in einem ausgeglichenen Verhältnis zueinander stehen (vgl. Homburg/Stock 2000; Homburg/Schäfer/Schneider 2008). Die Analyse der absoluten Werte des Führungsverhaltens zeigt, dass dies bei den Vertriebsleitern der Top Seller am ehesten der Fall ist. Auf einer Skala von 0 (= „überhaupt nicht") bis 100 (= „sehr stark") haben die Top Seller die Leistungsorientierung ihrer Vorgesetzten mit 75, die Kundenorientierung mit 72 und die Mitarbeiterorientierung mit 75 bewertet. Ein derartiger „professioneller" Führungsstil fördert den Zusammenhalt in der Vertriebsorganisation und motiviert Vertriebsmitarbeiter gleichzeitig, wie bereits erwähnt, ein hohes Engagement im Kundenkontakt zu zeigen. Entsprechend ergibt sich als Erfolgsfaktor:

EF_8: Vertriebsleiter sollten auf ein hohes und vor allem ausgewogenes Maß an Leistungs-, Mitarbeiter- und Kundenorientierung achten. Insbesondere sollten sie ein Übermaß der Beziehungsorientierung gegenüber ihren Mitarbeitern vermeiden, da ansonsten die Gefahr besteht, dass die Verkaufsorientierung bei den Vertriebsmitarbeitern in den Hintergrund rückt.

Um die diskutierten Facetten des Führungsstils stärker zu verdeutlichen, liefert Tabelle 18 wiederum einen Überblick über mögliche Indikatoren der Leistungs-, Mitarbeiter- und Kundenorientierung von Vertriebsleitern.

Indikatoren des Führungsstils von Vertriebsleitern
I. Leistungsorientierung des Vorgesetzten
Leistungsorientierte Vertriebsleiter ...   1. ... kommunizieren ihren Mitarbeitern aktiv und regelmäßig die Unternehmensziele.   2. ... setzen sich und den Mitarbeitern klare Ziele.   3. ... bewerten regelmäßig den Grad der Zielerreichung ihrer Mitarbeiter.   4. ... schieben dringende Entscheidungen nicht auf.   5. ... ermutigen ihre Mitarbeiter zu besonderen Leistungen.   6. ... belohnen gute Leistungen ihrer Mitarbeiter.   7. ... kritisieren schlechte Leistungen ihrer Mitarbeiter.
II. Mitarbeiterorientierung des Vorgesetzten
Mitarbeiterorientierte Vertriebsleiter ...   1. ... schätzen ihre Mitarbeiter persönlich.   2. ... nehmen Rücksicht auf die Belange ihrer Mitarbeiter.   3. ... legen Wert auf gute zwischenmenschliche Beziehungen zu ihren Mitarbeitern.   4. ... stellen sich auch in schwierigen Situationen hinter ihre Mitarbeiter.   5. ... fördern Ideen und Initiativen der Mitarbeiter.   6. ... machen es ihren Mitarbeitern leicht, unbefangen und frei mit ihnen zu sprechen.   7. ... binden ihre Mitarbeiter in für sie relevante Entscheidungen ein.
III. Kundenorientierung des Vorgesetzten
Kundenorientierte Vertriebsleiter ...   1. ... leben Kundenorientierung vor.   2. ... erkennen kundenorientierte Verhaltensweisen ihrer Mitarbeiter an.   3. ... kritisieren Verhaltensweisen ihrer Mitarbeiter, die nicht kundenorientiert sind.   4. ... fördern kundenorientierte Mitarbeiter in besonderem Maße.   5. ... sprechen mit ihren Mitarbeitern häufig über die Bedeutung der Kunden für das Unternehmen.   6. ... arbeiten an der Verbesserung der kundenbezogenen Prozesse in ihrem Bereich.   7. ... setzen ihren Mitarbeitern kundenorientierte Ziele (bspw. im Hinblick auf die Beschwerdebehandlung).

Tabelle 18: Mögliche Indikatoren der Facetten des Führungsstils von Vertriebsleitern

Neben den Dimensionen des Führungsverhaltens stellt das Ausmaß der Entscheidungskompetenzen der Vertriebsmitarbeiter, auch als Empowerment bezeichnet, eine weitere zentrale Komponente des Führungsstils dar (vgl. Hartline/Maxham/McKee 2000). In der wissenschaftlichen Literatur werden eine Reihe positiver Effekte mit der Delegation von Entscheidungsfreiheiten an die Mitarbeiter assoziiert. So steigert das Empowerment beispielsweise die Motivation, das Selbstwertgefühl, die Rollenklarheit sowie die Anpassungsfähigkeit und Flexibilität der Vertriebsmitarbeiter (vgl. bspw. Ahearne/Mathieu/Rapp 2005; Hartline/Ferrell 1996; Rapp et al. 2006).

Vor diesem Hintergrund wird im Rahmen dieser Studie untersucht, inwiefern die befragten Vertriebsmitarbeiter über Entscheidungsspielräume im Kundenkontakt verfügen. Der Umfang an Entscheidungsfreiheiten im Hinblick auf bestimmte Aspekte wird dabei wiederum auf einer Skala von 0 (= „überhaupt nicht") bis 100 (= „sehr hoch") gemessen. Abbildung 22 zeigt die entsprechenden Ergebnisse.

Vertriebsmitarbeiter verfügen über die größten Freiheiten hinsichtlich der Betreuung ihrer Kunden

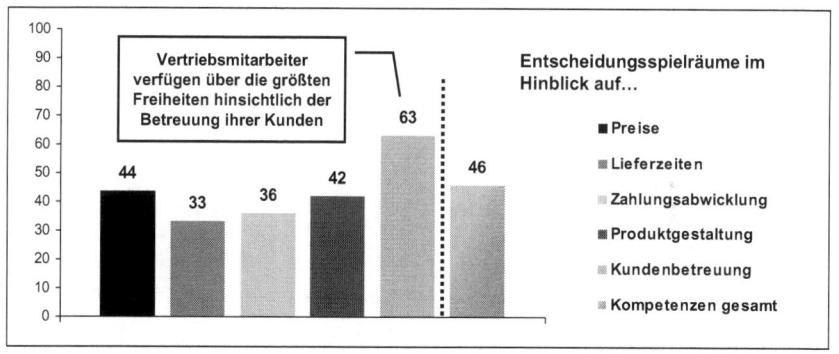

Entscheidungsspielräume im Hinblick auf...
- Preise
- Lieferzeiten
- Zahlungsabwicklung
- Produktgestaltung
- Kundenbetreuung
- Kompetenzen gesamt

Werte: 44, 33, 36, 42, 63, 46

Abbildung 22: Entscheidungskompetenzen der befragten Vertriebsmitarbeiter

Die Ergebnisse zeigen, dass die befragten Vertriebsmitarbeiter im Durchschnitt durchaus über gewisse Entscheidungsspielräume bei der Ausübung ihrer Verkaufstätigkeit verfügen. Insbesondere hinsichtlich der Gestaltung der Kundenbetreuung genießen sie ein relativ hohes Maß an Autonomie. Auf Basis dieser Erkenntnisse wird nun untersucht, inwiefern es Unterschiede zwischen den vier Verkäufertypen hinsichtlich des Gesamtumfangs an Entscheidungskompetenzen gibt. Die Resultate dieser Analyse sind in Abbildung 23 dargestellt.

Aus Abbildung 23 geht deutlich hervor, dass die Top Seller mit Abstand die höchsten Entscheidungsfreiheiten aufweisen, gefolgt von den Soft Sellern. Wie bereits angedeutet, erhöhen diese Freiräume die Motivation und Flexibilität der Vertriebsmitarbeiter, wodurch sie anscheinend individueller auf die Kundenbedürfnisse eingehen und dementsprechend ein höheres Maß an Kundenorientierung zeigen (vgl. Martin/Bush 2006).

```
10 ┤     10.0
     
 8 ┤
              6.1                                          ■ Top Seller
 6 ┤                                                        Soft Seller
                    ·························  ⌀         ■ Hard Seller
 4 ┤                                                      ■ No Seller

 2 ┤                       1.0      1.0
 0 ┴─────────────────────────────────────────
        Gesamt-Entscheidungskompetenzen
```

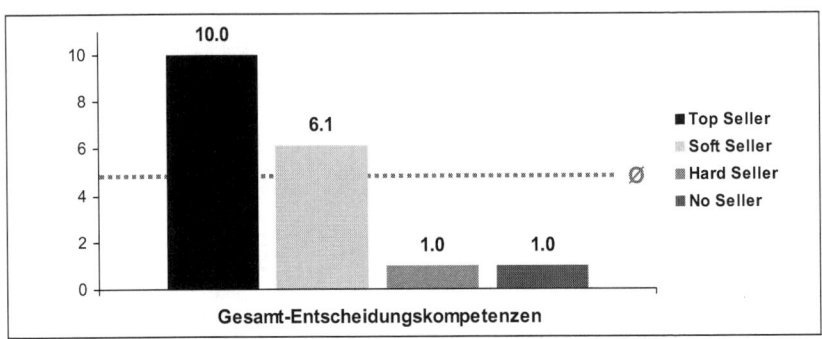

Abbildung 23: Unterschiede zwischen den Verkäufertypen im Hinblick auf deren Entscheidungskompetenzen

Diese Ergebnisse erwecken den Eindruck, dass Entscheidungsspielräume sich durchweg positiv auf die Leistung von Vertriebsmitarbeitern auswirken. An dieser Stelle sei jedoch erwähnt, dass die Gewährung von Entscheidungskompetenzen auch mit gewissen Risiken behaftet ist. Vertriebsmitarbeiter könnten derartige Kompetenzen zu Ungunsten des Unternehmens nutzen, indem sie beispielsweise Kunden überhöhte Preisnachlässe gewähren oder äußerst kostspielige Sonderanfertigungen versprechen, um Kunden zufriedenzustellen und Aufträge zu generieren. Um die Gefahr derartiger, „dysfunktionaler" Verhaltensweisen zu minimieren, können Unternehmen sich durch geeignete Steuerungsmechanismen absichern. Die Top Seller beispielsweise werden in relativ hohem Maße auf Basis des erzielten Deckungsbeitrags variabel vergütet. Dadurch haben sie kaum einen Anreiz, Entscheidungsspielräume zu Ungunsten des Unternehmens auszunutzen, weil damit einhergehende „Kosten" (bspw. geringere Margen durch geringere Preise oder höhere Fertigungskosten) ihr eigenes Ergebnis belasten und Bonuszahlungen entsprechend schmälern. Somit ergibt sich als Erfolgsfaktor:

EF_9: *Vertriebsmitarbeiter sollten über die nötigen Entscheidungskompetenzen verfügen, um sich im Kundenkontakt effektiv verhalten zu können. Allerdings sollte das Vertriebsmanagement hier disziplinierend eingreifen und sich durch Steuerungsmaßnahmen absichern, um die Gefahr des Missbrauchs von Entscheidungsspielräumen zu minimieren.*

4.4.2.3 Die Gestaltung von Schulungsmaßnahmen

Wie bereits in Kapitel 4.1 angedeutet, stellen Schulungsmaßnahmen ein wichtiges Instrument in der Praxis dar, um Vertriebsmitarbeiter zu motivieren, deren Fähigkeiten weiterzuentwickeln und dadurch schließlich die Effektivität ihres Verhaltens im Kundenkontakt zu steigern. Allerdings wird die Effektivität von Schulungsmaßnahmen in der Praxis immer wieder in Frage gestellt. Viele Vertriebsmitarbeiter sind oftmals unzufrieden mit den Verkaufstrainings, welche sie erhalten (vgl. bspw. Ricks/Williams/ Weeks 2008). Damit Vertriebsschulungen zu einer Steigerung des Vertriebserfolgs führen, sind gemäß der Vertriebsliteratur vor allem zwei Aspekte zu beachten (vgl. hierzu ausführlich Attia/Honeycutt/Jantan 2008; Homburg/Schäfer/Schneider 2008). Zum einen sollten auch Schulungsmaßnahmen einem systematischen Managementprozess unterliegen. Im Allgemeinen setzt sich dieser zusammen aus einer Analyse des Schulungsbedarfs, der Festlegung konkreter Schulungsziele, der Umsetzung mittels geeigneter Schulungsmethoden sowie der Kontrolle des Schulungserfolgs. Zum anderen ist entscheidend, welche konkreten Inhalte in Schulungen vermittelt werden und inwieweit die Aneignung dieser Inhalte zu einer Steigerung des Verkaufserfolgs beiträgt.

Vor diesem Hintergrund wurden im Rahmen der Datenerhebung die teilnehmenden Vertriebsleiter befragt, in welchem Umfang in ihrer Geschäftseinheit bestimmte Inhalte in Trainings vermittelt werden. Abbildung 24 veranschaulicht die entsprechenden Ergebnisse.

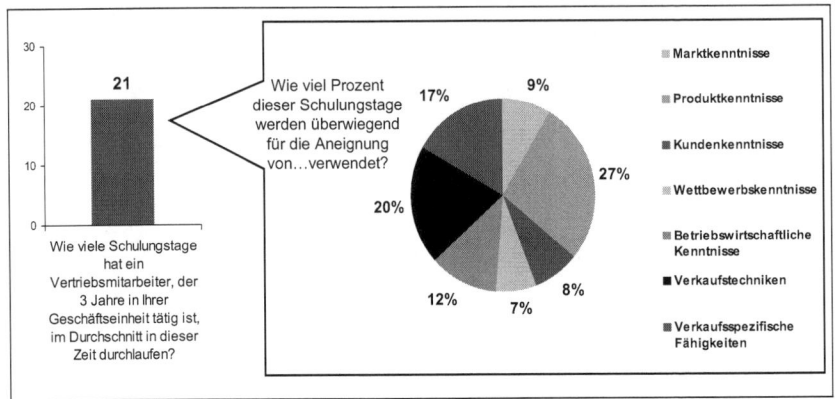

Abbildung 24: Status Quo der Inhalte von Schulungsmaßnahmen unter den befragten Vertriebsmitarbeitern

Die Ergebnisse zeigen, dass ein Vertriebsmitarbeiter im Zeitraum von drei Jahren im Durchschnitt 21 Schulungstage durchläuft, wobei der Fokus im Rahmen dieser Schulungen auf der Vermittlung von Produktkenntnissen und Verkaufstechniken liegt. Diese Ergebnisse stimmen mit denen anderer Studien überein (vgl. bspw. Zahn 1997) und erscheinen auch plausibel, stellen doch Produktkenntnisse und Verkaufstechniken das „Grundrüstzeug" eines Verkäufers dar. Allerdings stellt sich die Frage nach der „optimalen" Gewichtung dieser Schulungsinhalte. Dementsprechend wird des Weiteren untersucht, inwiefern es zwischen den einzelnen Verkäufertypen Unterschiede hinsichtlich des Schulungsumfangs und der Gewichtung von Schulungsinhalten gibt. Die Resultate dieser Analyse sind in Abbildung 25 dargestellt.

Bei Betrachtung von Abbildung 25 fällt insbesondere auf, dass die Top und Soft Seller deutlich mehr Produktschulungen erhalten als die No und insbesondere Hard Seller, während die Hard Seller mit Abstand am stärksten im Hinblick auf die Aneignung von Verkaufstechniken trainiert werden.

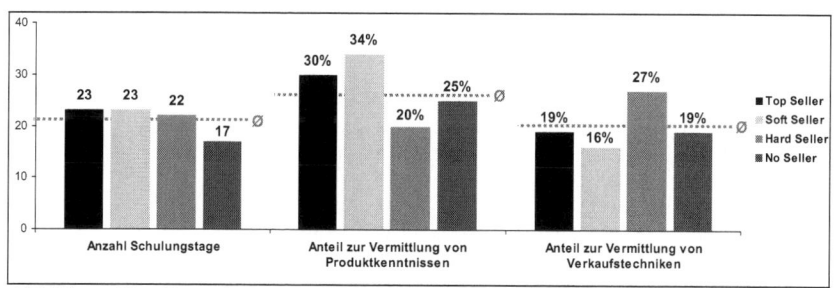

Abbildung 25: Zentrale Unterschiede zwischen den Verkäufertypen im Hinblick auf die Gestaltung von Schulungsmaßnahmen

Auch diese Ergebnisse tragen zur Erklärung der unterschiedlichen Verhaltensmuster der Verkäufertypen bei. Durch ihre umfangreicheren Produktkenntnisse sind die Top und Soft Seller besser in der Lage, bestimmte Produktvorteile und mögliche Produktanwendungen in Abhängigkeit der Kundenbedürfnisse zu schildern sowie für den Kunden geeignete Produktlösungen zu identifizieren, was sich in ihrem hohen Maß an Kundenorientierung widerspiegelt (vgl. die Ergebnisse in Kapitel 4.4.1.3). Aufgrund ihrer geringeren Motivation und Fähigkeit, individuell auf den Kunden einzugehen, setzen die Hard Seller anscheinend vielmehr die erlernten Verkaufstechniken zur Erzielung von Verkaufsabschlüssen ein. Durch ein derartiges standardisiertes Vorgehen finden jedoch individuelle Bedürfnisse, Kommunikationsstile und Reaktionen der Kunden zu wenig Beachtung, was als eine weitere Ursache für die geringere Verkaufsproduktivität der Hard Seller betrachtet werden kann (vgl. Kapitel 4.3). Auf Basis der Erkenntnisse aus diesem Abschnitt und der Ergebnisse aus Kapitel 4.4.1.3 kann abschließend als Erfolgsfaktor festgehalten werden:

EF_{10}: *Im Allgemeinen sollte in Vertriebsschulungen mehr Wert auf die Steigerung der Sozial- und Fachkompetenz von Vertriebsmitarbeitern als auf die Vermittlung von Verkaufstechniken gelegt werden. Im Speziellen sollten derartige Maßnahmen zudem auf den individuellen Weiterbildungsbedarf der Vertriebsmitarbeiter zugeschnitten werden.*

Die Ausführungen in Kapitel 4.4 haben gezeigt, dass eine Reihe von Faktoren das Verhalten der Vertriebsmitarbeiter im Kundenkontakt beeinflusst und somit auch mitentscheidend für deren Leistung ist. Im folgenden Abschnitt sollen die zentralen Ergebnisse der vorliegenden Studie nochmals zusammengefasst werden.

4.5 Zusammenfassung der Erkenntnisse und abschließende Handlungsempfehlungen

Die Ergebnisse der empirischen Untersuchung haben gezeigt, dass die effektive Kombination kunden- und abschlussorientierter Verhaltensweisen sich positiv auf den Vertriebserfolg auswirkt (vgl. Kapitel 4.3). Für Vertriebsmanager stellt sich an dieser Stelle die Frage, an welchen Stellhebeln sie ansetzen können, um die Effektivität des Verkaufsverhaltens von Vertriebsmitarbeitern zu erhöhen (vgl. Kapitel 1.1). Im Rahmen der vorliegenden Studie wird diesbezüglich eine Reihe von Einflussgrößen identifiziert. Die folgenden Abbildungen sollen nochmals die zentralen Unterschiede zwischen den Top, Soft und Hard Sellern zusammenfassen, um einen besseren Überblick zu liefern, warum sich Vertriebsmitarbeiter im Kundenkontakt überwiegend kundenorientiert *oder* abschlussorientiert oder sowohl kunden- *als auch* abschlussorientiert verhalten.

Zunächst sind einmal in Abbildung 26 die zentralen Unterschiede zwischen den Top und den Soft Sellern dargestellt. Sämtliche Werte sind wiederum zur besseren Vergleichbarkeit auf einer Skala von 1 (= geringster Wert unter den vier Verkäufertypen) bis 10 (= höchster Wert unter den vier Verkäufertypen) normiert. Aus der Abbildung wird deutlich, dass bei den Soft Sellern Faktoren stark ausgeprägt sind, welche zur Vermeidung abschlussorientierter Verhaltensweisen führen (bspw. die Verträglichkeit eines Verkäufers und die Mitarbeiterorientierung des Vorgesetzten), während bei den Top Sellern Faktoren stark ausgeprägt sind, welche abschlussorientiertes Verhalten begünstigen (bspw. die extrinsische Motivation eines Verkäufers und dessen variable Vergütung auf Basis wirtschaftlicher Zielgrößen). Zudem sind bei den Top Sellern bestimmte Fähigkeiten stärker ausgeprägt, welche einen positiven Einfluss auf das effektive kunden- *und* abschlussorientierte Verhalten haben (bspw. das deklarative und prozedurale Wissen sowie die Wahrnehmungsfähigkeit eines Verkäufers).

Merkmal	Soft Seller	Top Seller
Verträglichkeit	3.3	10.0
Gewissenhaftigkeit	6.1	10.0
Extrinsische Motivation	3.3	10.0
Wahrnehmungsfähigkeit	7.3	10.0
Deklaratives Wissen	6.6	10.0
Prozedurales Wissen	8.2	10.0
Anteil var. Vergütung	5.5	10.0
Vergütung nach Umsatz	5.1	10.0
Vergütung nach Abschlüssen	1.0	10.0
Vergütung nach Deckungsbeitrag	7.2	10.0
Mitarbeiterorientierung des Vorgesetzten	4.6	10.0

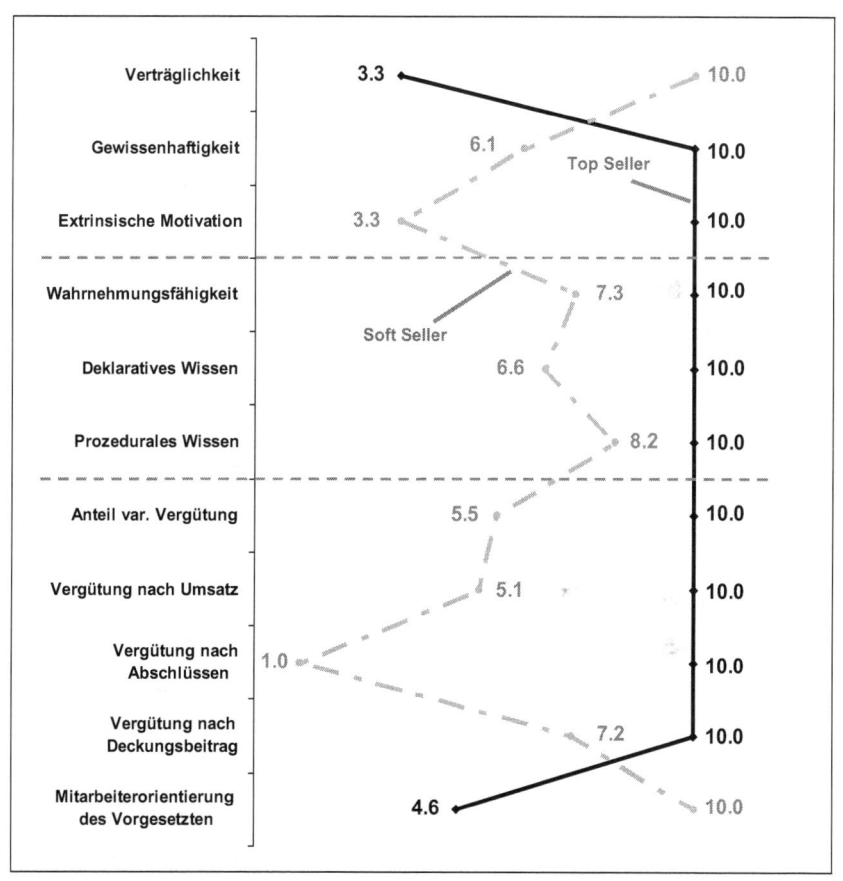

Abbildung 26: Zentrale Unterschiede zwischen den Top und Soft Sellern

Abbildung 27 zeigt ferner eine Gegenüberstellung der Top und der Hard Seller. Die Top Seller weisen hier zum einen höhere Werte bei Faktoren auf, welche zu einem höheren Engagement im Kundenkontakt (bspw. die Gewissenhaftigkeit und das organisationale Commitment eines Vertriebsmitarbeiters sowie die Leistungsorientierung des Vorgesetzten) und insbesondere zu einem höheren Maß an Kundenorientierung führen (bspw. das Einfühlungsvermögen eines Verkäufers, dessen Vergütung nach Kundenzufriedenheit und die Kundenorientierung des Vorgesetzten). Zum anderen sind bestimmte Fähigkeiten bei den Top Sellern wiederum stärker ausgeprägt, welche den *effektiven* Einsatz abschlussorientierter Verhaltensweisen begünstigen (bspw. die Wahrnehmungsfähigkeit und das prozedurale Wissen eines Verkäufers).

Schließlich verdeutlicht Abbildung 28 nochmals die zentralen Unterschiede zwischen den Soft und den Hard Sellern. Auch hier wird nochmals deutlich, warum die Soft Seller zu überwiegend kundenorientiertem Verhalten (bspw. aufgrund ihrer Verträglichkeit, Rollenklarheit sowie der Kunden- und Mitarbeiterorientierung des Vorgesetzten) und die Hard Seller zu überwiegend abschlussorientiertem Verhalten neigen (bspw. aufgrund mangelnder intrinsischer Motivation, Sozial- und Fachkompetenz, der hohen variablen Vergütung nach Abschlüssen sowie der überwiegenden Vermittlung von Verkaufstechniken in Vertriebsschulungen).

Zusammenfassend lässt sich festhalten, dass Verhaltensmuster von Vertriebsmitarbeitern im Kundenkontakt sich nicht anhand einzelner Faktoren vollständig erklären lassen, sondern vielmehr durch ein komplexes Wirkungsgeflecht aus persönlichen Eigenschaften und Führungsmaßnahmen begründet sind. Dies stellt das Vertriebsmanagement entsprechend vor enorme Herausforderungen, da eine Reihe an Faktoren sowie Wechselwirkungen zwischen diesen Faktoren beachtet werden müssen. Die vorliegende Studie liefert in diesem Zusammenhang Vertriebsmanagern einen Überblick über die zentralen Stellschrauben und gibt weitere Aufschlüsse dahingehend, inwiefern einzelne Faktoren ineinandergreifen.

Kunden- und abschlussorientiertes Verhalten von Vertriebsmitarbeitern

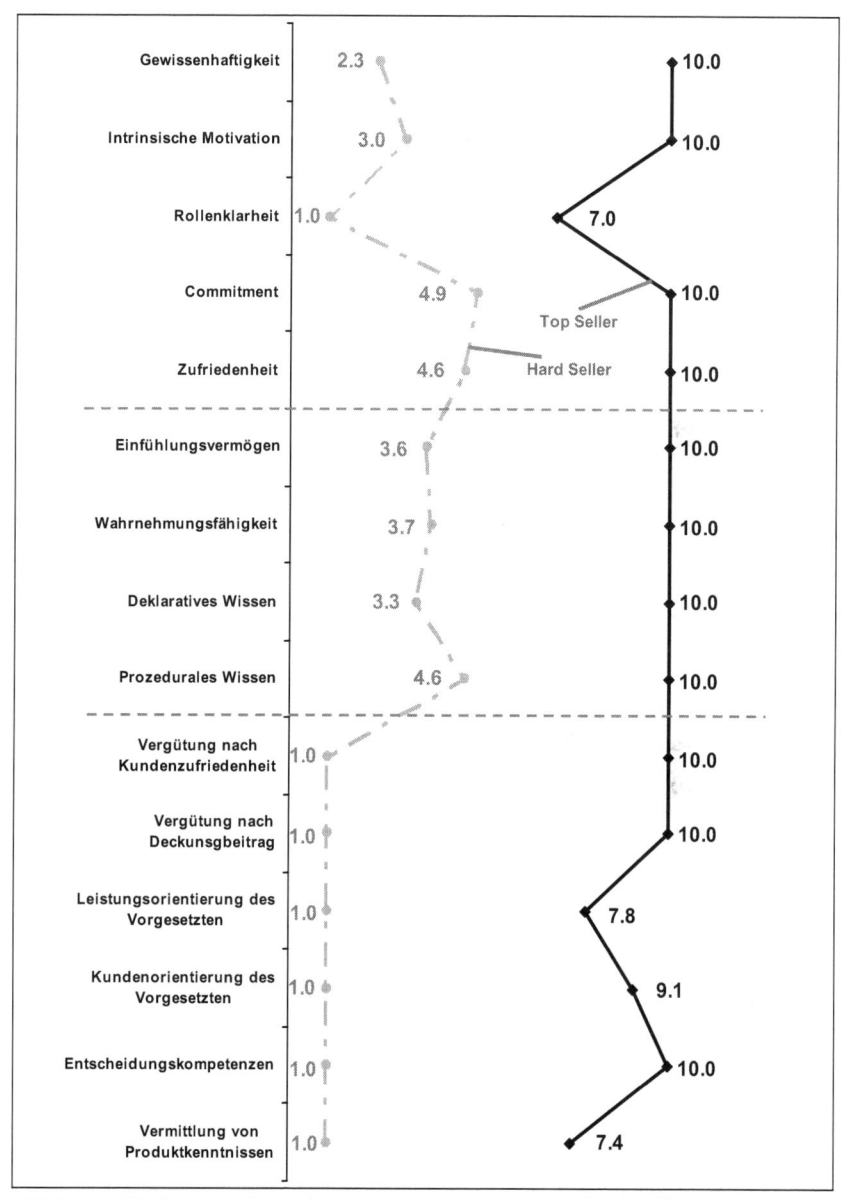

Merkmal	Hard Seller	Top Seller
Gewissenhaftigkeit	2.3	10.0
Intrinsische Motivation	3.0	10.0
Rollenklarheit	1.0	7.0
Commitment	4.9	10.0
Zufriedenheit	4.6	10.0
Einfühlungsvermögen	3.6	10.0
Wahrnehmungsfähigkeit	3.7	10.0
Deklaratives Wissen	3.3	10.0
Prozedurales Wissen	4.6	10.0
Vergütung nach Kundenzufriedenheit	1.0	10.0
Vergütung nach Deckunsgbeitrag	1.0	10.0
Leistungsorientierung des Vorgesetzten	1.0	7.8
Kundenorientierung des Vorgesetzten	1.0	9.1
Entscheidungskompetenzen	1.0	10.0
Vermittlung von Produktkenntnissen	1.0	7.4

Abbildung 27: Zentrale Unterschiede zwischen den Top und Hard Sellern

	Soft Seller	Hard Seller
Verträglichkeit	10.0	1.0
Intrinsische Motivation	10.0	3.0
Rollenklarheit	10.0	1.0
Rollenkonflikte	10.0	1.0
Commitment	10.0	4.9
Zufriedenheit	10.0	4.6
Einfühlungsvermögen	8.7	3.6
Wahrnehmungsfähigkeit	7.3	3.7
Deklaratives Wissen	6.6	3.3
Prozedurales Wissen	8.2	4.6
Vergütung nach Kundenzufriedenheit	4.8	1.0
Vergütung nach Abschlüssen	4.6	1.0
Kundenorientierung des Vorgesetzten	10.0	1.0
Mitarbeiterorientierung des Vorgesetzten	10.0	1.0
Entscheidungskompetenzen	6.1	1.0
Vermittlung von Produktkenntnissen	10.0	1.0
Vermittlung von Verkaufstechniken	10.0	1.0

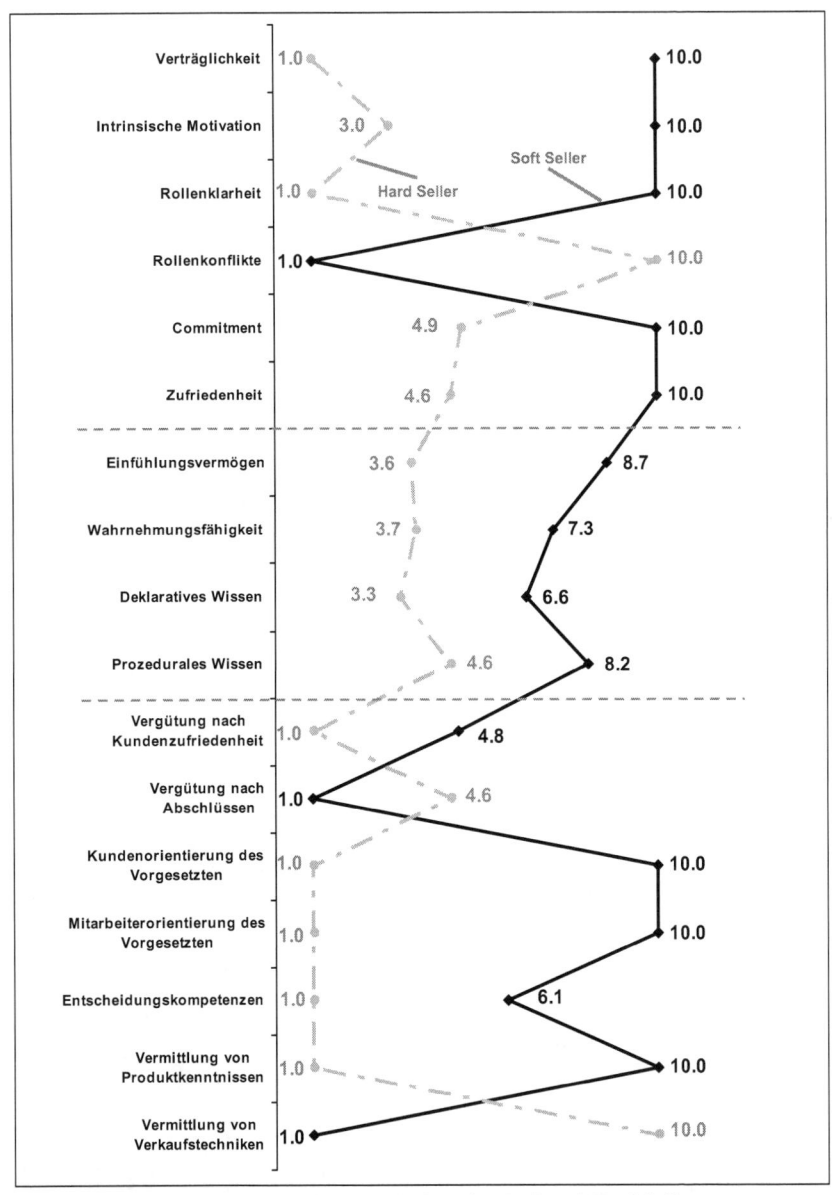

Abbildung 28: Zentrale Unterschiede zwischen den Soft und Hard Sellern

Auf Basis der Studienergebnisse lassen sich abschließend folgende Handlungsempfehlungen für Vertriebsmitarbeiter und -manager ableiten:

Handlungsempfehlungen für Vertriebsmitarbeiter

(1) Vertriebsmitarbeiter sollten eine Balance aus kunden- und (behutsamen) abschlussorientierten Verhaltensweisen im Kundenkontakt finden. Im Zweifelsfall sollten sie die Bedürfnisse ihrer Kunden den Verkaufsinteressen ihrer Vorgesetzten für bestimmte Produkte vorziehen.

(2) Vertriebsmitarbeiter sollten sich stets fair gegenüber ihren Kunden verhalten, insbesondere wenn es um die Erzielung von Verkaufsabschlüssen geht. In diesem Zusammenhang sollten sie in Kundengesprächen zunächst in „Vorleistung" gehen und den Leistungsanforderungen der Kunden hohe Aufmerksamkeit widmen. Jedoch sollten sie auch gezielt auf einen Kaufabschluss hinarbeiten, wenn sie die geeignete Produktlösung für den Kunden gefunden haben.

(3) Vertriebsmitarbeiter sollten ein Übermaß an Kundenorientierung vermeiden. Insbesondere sollten sie vermeiden, Kunden überzogene Preiszugeständnisse zu machen sowie kostspielige Sonderanfertigungen zu versprechen, welche für das Unternehmen nicht profitabel sind.

(4) Vertriebsmitarbeiter sollten keine Angst vor möglichen Interessenskonflikten oder Meinungsverschiedenheiten mit Kunden haben, sondern klar Stellung beziehen, wenn es nötig ist. Konfliktsituationen sollten eher als Chance betrachtet werden. In solchen Fällen sollten Vertriebsmitarbeiter in erster Linie konstruktiv und lösungsorientiert vorgehen. Sofern es gerechtfertigt ist, sollten sie ihren Kunden auf eine überzeugende, stets freundliche Weise klarmachen, dass ihr Standpunkt der richtige ist.

(5) Vertriebsmitarbeiter sollten schließlich ihre verkäuferischen Fähigkeiten trainieren. Insbesondere sollten sie ein Gespür dafür entwickeln, in welchen Situationen be-

stimmte kunden- und abschlussorientierte Verhaltensweisen am ehesten angebracht sind.

Handlungsempfehlungen für Vertriebsmanager

(1) Vertriebsmanager sollten bei der Einstellung von Vertriebsmitarbeitern darauf achten, inwiefern die Kandidaten einen strukturierten, disziplinierten und engagierten Eindruck hinterlassen. Zudem sollten sie prüfen, inwieweit Kandidaten möglichen Interessenkonflikten bzw. Meinungsverschiedenheiten aus dem Weg gehen (bspw. durch vorschnelles, nachgiebiges Verhalten).

(2) Vertriebsmanager sollten ein Arbeitsumfeld schaffen, das die Zufriedenheit und das Commitment der Vertriebsmitarbeiter gegenüber ihrem Unternehmen fördert. Somit schaffen sie die Voraussetzungen, dass Vertriebsmitarbeiter ein hohes Engagement im Kundenkontakt zeigen. Ferner verringern sie die Gefahr, dass Vertriebsmitarbeiter ein Übermaß an Kundenorientierung aufweisen.

(3) Vertriebsmanager sollten zudem klar den Aufgabenbereich der Vertriebsmitarbeiter definieren. Sie sollten deutlich machen, was von ihnen erwartet wird, und den Vertriebsmitarbeitern realistische Verkaufsziele setzen, um einem Übermaß an Abschlussorientierung vorzubeugen.

(4) Vertriebsmanager sollten bei der variablen Vergütung ihrer Vertriebsmitarbeiter auf eine Balance aus „weichen", kundenbezogenen (bspw. die Steigerung der Kundenzufriedenheit) und „harten", erfolgsbezogenen Zielen (bspw. die Erhöhung des Deckungsbeitrags je Kunde) achten. Ferner sollten sie bei der Gewichtung weicher und harter Zielgrößen bestehende Defizite der Vertriebsmitarbeiter im Hinblick auf deren Kunden- und Abschlussorientierung berücksichtigen.

(5) Vertriebsmanager sollten ihren Vertriebsmitarbeitern nötige Entscheidungsspielräume gewähren, sich jedoch auch durch geeignete Steuerungsmechanismen (bspw.

durch die variable Vergütung des erzielten Deckungsbeitrags) absichern, um die nötige Preis- und Kostendisziplin zu gewährleisten.

(6) Steuerungsmaßnahmen können bei verschiedenen Verkäuferpersönlichkeiten unterschiedliche Effekte haben. Daher sollten Vertriebsmanager darauf achten, dass Vertriebsmitarbeiter über die nötigen Charaktereigenschaften und Fähigkeiten verfügen, damit ihre Maßnahmen zu den gewünschten Verhaltensweisen im Kundenkontakt führen.

(7) Vertriebsmanager sollten in Vertriebsschulungen weniger Wert auf die Vermittlung von Verkaufstechniken legen, welche angeblich immer funktionieren, sondern vielmehr an der Sozial- und Fachkompetenz ihrer Vertriebsmitarbeiter arbeiten.

(8) Schließlich sollten Vertriebsmanager auf eine *ausgewogene* Balance aus leistungs-, kunden- und mitarbeiterorientiertem Führungsverhalten achten. Insbesondere sollten sie vermeiden, ein zu freundschaftliches Verhältnis zu ihren Vertriebsmitarbeitern aufzubauen und gleichzeitig die Leistungsziele aus den Augen zu verlieren.

5 Schlussbetrachtung

Das übergeordnete Ziel der vorliegenden Arbeit ist es, Antworten auf die Fragen zu finden, was effektives Verhalten von Vertriebsmitarbeitern im Kundenkontakt im Allgemeinen ausmacht, welche Rolle bestimmte Verkaufssituationen oder -gegebenheiten für das Verkäuferverhalten spielen und welche Faktoren das effektive Auftreten von Vertriebsmitarbeitern gegenüber Kunden begünstigen. In diesem Zusammenhang orientiert sich die Arbeit an der in der Forschung und Praxis gängigen Unterscheidung zwischen kunden- und abschlussorientierten Verhaltensweisen (vgl. Kapitel 1.2). Basierend auf einer umfassenden Auswertung der bisherigen Forschung zur Kunden- und Abschlussorientierung von Verkäufern (vgl. Kapitel 1.3) werden in Kapitel 1.4 konkret acht Forschungsfragen formuliert, deren Beantwortung Anhaltspunkte liefern soll, wie die Effektivität von Vertriebsmitarbeitern unter Berücksichtigung der gegenwärtigen Herausforderungen im Vertrieb (vgl. Kapitel 1.1) erhöht werden kann. Zur Schließung der identifizierten Forschungslücken werden drei empirische Studien durchgeführt und deren Ergebnisse in den Kapiteln 2, 3 und 4 vorgestellt. Im Folgenden sollen die zentralen Erkenntnisse nochmals zusammengefasst anhand der Beantwortung der acht Forschungsfragen dargestellt werden.

Forschungsfrage 1: Was macht kundenorientiertes Verhalten in Verkaufsgesprächen konkret aus?

Trotz der Vielzahl an Arbeiten zur Kundenorientierung von Kundenkontaktmitarbeitern liefert die Forschung bislang kein klares Bild darüber, was kundenorientiertes Verhalten im Kundenkontakt konkret ausmacht (vgl. Kapitel 1.3). Basierend auf einer umfassenden Auswertung der wissenschaftlichen und praxisnahen Literatur werden daher in der vorliegenden Arbeit eine Reihe an Facetten definiert, welche die Kundenorientierung von Vertriebsmitarbeitern näher beschreiben (vgl. Kapitel 2.3, 2.7.2, 3.2.1 und

Schlussbetrachtung 165

4.2). Anhand dieser Facetten lassen sich zunächst fach- bzw. aufgabenbezogene Verhaltensweisen und zwischenmenschliche, personenbezogene Verhaltensweisen unterscheiden. In Anlehnung an typische Phasen eines Verkaufsgesprächs (vgl. Dwyer/Hill/ Martin 2000; Jobber/Lancaster 2006) werden in diesem Zusammenhang sieben fachbezogene Facetten der Kundenorientierung identifiziert:

- die systematische Ermittlung des Kundenbedarfs,
- die bedarfsorientierte Präsentation von Leistungsangeboten,
- die faktenorientierte Präsentation von Leistungsangeboten,
- die kompetente Behandlung von Kundeneinwänden,
- das lösungsorientierte Verhalten bei Meinungsverschiedenheiten,
- die Berücksichtigung von Kundeninteressen in Verkaufsverhandlungen sowie
- die Vermeidung des Aufbaus von Abschlussdruck.

Ferner werden in den vorgestellten empirischen Studien zwei personenbezogene Facetten der Kundenorientierung konzeptualisiert:

- die Wertschätzung des Kunden in Verkaufsgesprächen und
- der Aufbau persönlicher Beziehungen zu den Kunden (in Kapitel 3 als relationale Kundenorientierung bezeichnet).

Die aufgezeigten Facetten lassen sich jeweils mittels mehrerer, spezifischer Indikatoren messen (vgl. insbesondere die Tabellen 8, 12 und 14). Somit liefert die vorliegende Arbeit konkrete Anhaltspunkte, was kundenorientiertes Verhalten in Verkaufsgesprächen bedeutet.

Forschungsfrage 2: Inwieweit führt kundenorientiertes Verhalten in Verkaufsgesprächen zu einer Steigerung des Verkaufserfolgs?

Im Rahmen der ersten empirischen Studie (vgl. Kapitel 2) wird der Zusammenhang zwischen der Kundenorientierung von Vertriebsmitarbeitern und deren Verkaufsleistung im Detail untersucht. Bisherige wissenschaftliche Arbeiten können nicht eindeutig bestätigen, dass kundenorientiertes Verhalten zu einer Steigerung des Verkaufserfolgs führt. Während in der Vergangenheit stets ein linearer Zusammenhang zwischen der Kundenorientierung und der Verkäuferleistung vermutet wurde, wird in der vorliegenden Arbeit unter erstmaliger Berücksichtigung des Nutzens *und* der Kosten der Kundenorientierung ein nicht-linearer Zusammenhang in Form eines umgekehrten U unterstellt.

Tatsächlich belegen die empirischen Ergebnisse, dass ein Übermaß der Kundenorientierung schädlich für den Verkaufserfolg ist. In anderen Worten wird gezeigt, dass kundenorientiertes Verhalten nur bis zu einem gewissen, optimalen Niveau zu einer Steigerung der Verkaufsleistung beiträgt. Ab diesem Optimalpunkt jedoch übersteigen die Nachteile der Kundenorientierung (bspw. entgangene Erlöse aufgrund mangelnder zeitlicher Ressourcen für die Neukundenakquisition, aufgrund mangelnder Konsequenz bei der Erzielung von Verkaufsabschlüssen sowie aufgrund von Kundenzugeständnissen) deren Vorteile (bspw. eine stärkere Durchdringung der Bestandskunden). Dies führt bei einer Intensität des kundenorientierten Verhaltens, welche über dem optimalen Niveau liegt, in Summe zu einem geringeren Verkaufserfolg. Die Existenz dieses nicht-linearen Zusammenhangs liefert eine plausible Erklärung für die bisherigen, uneinheitlichen Ergebnisse hinsichtlich eines linearen Zusammenhangs zwischen der Kundenorientierung und der Verkaufsleistung (vgl. Tabelle 3). Vor diesem Hintergrund stellt dieses Ergebnis einen wichtigen Beitrag für die Vertriebsforschung und -praxis dar.

Forschungsfrage 3: In welchen Situationen ist kundenorientiertes Verhalten für den Verkaufserfolg mehr oder weniger relevant?

Aufgrund der Heterogenität der Rahmenbedingungen im persönlichen Verkauf stellt sich die Frage, ob das optimale Niveau der Kundenorientierung von Merkmalen der Verkaufssituation abhängt. Tatsächlich zeigen die empirischen Ergebnisse in Kapitel 2.7.3, dass unter bestimmten Bedingungen ein höheres Maß der Kundenorientierung für den Verkaufserfolg optimal ist. Konkret kann gezeigt werden, dass die Kundenorientierung von Vertriebsmitarbeitern bei hoher Wettbewerbsintensität, bei einem überdurchschnittlichen Preisniveau des Anbieters, bei für den Kunden besonders wichtigen Produkten sowie bei stark individualisierten Produkten eine höhere Relevanz für den Verkaufserfolg besitzt.

Diese Ergebnisse verdeutlichen somit, dass die Effektivität kundenorientierter Verhaltensweisen in Bezug auf die Erzielung einer hohen Verkaufsleistung von Merkmalen der Verkaufssituation abhängt. Allerdings gibt es bislang kaum wissenschaftliche Arbeiten, welche den Einfluss moderierender Faktoren auf die Auswirkungen der Kundenorientierung von Vertriebsmitarbeitern untersucht haben (vgl. Franke/Park 2006). Die mangelnde Berücksichtigung von Moderatorvariablen mag ein weiterer Grund für die bisherigen uneinheitlichen Forschungsergebnisse sein. Vor diesem Hintergrund ist es zwingend erforderlich, in zukünftigen Forschungsarbeiten moderierende Einflüsse von Kontextfaktoren verstärkt zu berücksichtigen, um die Realität der Vertriebspraxis in der Forschung besser abzubilden.

Forschungsfrage 4: Inwieweit führen kundenorientierte Verhaltensweisen zu einer Steigerung der Kundenloyalität?

Wie in Kapitel 1.1 angedeutet, ist neben der Bedeutung für den Verkaufserfolg eine ebenso wichtige Frage, wie sich das Verhalten von Vertriebsmitarbeitern auf die Absichten eines Kunden auswirkt, die Geschäftsbeziehung mit dem Anbieter aufrechtzuerhalten bzw. auszudehnen. Daher wird in der zweiten empirischen Studie (vgl. Kapitel

3) untersucht, inwieweit die beiden grundsätzlichen Dimensionen des kundenorientierten Verhaltens zu einer Steigerung der Kundenloyalität beitragen. Konkret wird an dieser Stelle zwischen der fachbezogenen, „funktionalen" Kundenorientierung und der personenbezogenen, „relationalen" Kundenorientierung unterschieden.

Die Ergebnisse in Kapitel 3 verdeutlichen die Notwendigkeit der getrennten Analyse der Dimensionen der Kundenorientierung. Während die funktionale Kundenorientierung im Allgemeinen einen positiven Einfluss auf die Kundenloyalität aufweist, führt die relationale Kundenorientierung generell zu keiner Steigerung der Kundenloyalität. Die zentrale Begründung hierfür ist, dass Kunden auch offen gegenüber relationalen Verhaltensweisen sein müssen, damit diese einen positiven Effekt aufweisen. Dies ist jedoch nicht immer gegeben, da manche Kunden aufgrund persönlicher Einstellungen eher abgeneigt sind, persönliche Kontakte zu Vertriebsmitarbeitern zu knüpfen. Diese Ergebnisse deuten bereits an, dass kundenorientierte Verhaltensweisen nicht grundsätzlich zum Aufbau von Geschäftsbeziehungen beitragen. Diese Erkenntnis wird durch die Beantwortung der fünften Forschungsfrage bekräftigt.

Forschungsfrage 5: In welchen Situationen legen Kunden mehr oder weniger Wert auf bestimmte kundenorientierte Verhaltensweisen?

Da es, wie bereits erwähnt, kaum Forschungsarbeiten zu Faktoren gibt, welche die Effekte der Kundenorientierung möglicherweise moderieren, wird im Rahmen der zweiten empirischen Studie untersucht, unter welchen Bedingungen die funktionale und die relationale Kundenorientierung von Verkäufern mehr oder weniger zu einer Steigerung der Kundenloyalität beitragen. Gegeben dem Produktivitätsdruck in der Vertriebspraxis (vgl. Kapitel 1.1) liefert die vorliegende Arbeit an dieser Stelle wichtige Anhaltspunkte, in welchen Situationen Kunden hohen Wert auf kundenorientierte Verhaltensweisen von Verkäufern legen und diese sich folglich tatsächlich lohnen.

In Anlehnung an das Konzept des adaptiven Verkaufens wird unterstellt, dass kundenorientierte Verhaltensweisen den Kommunikationspräferenzen eines Kunden gerecht

Schlussbetrachtung

werden müssen. Die Kommunikationsbedürfnisse eines Kunden werden vermutlich selbst von einer Reihe von Faktoren beeinflusst, insbesondere von den Facetten des Kommunikationsstils eines Kunden sowie von den Merkmalen der Produkte eines Anbieters (vgl. Sheth 1976). Generell belegen die Studienergebnisse in Kapitel 3 diese Vermutungen. Im Einzelnen kann gezeigt werden, dass insbesondere bei Kunden mit einer hohen Aufgabenorientierung, bei starken Marken und bei für den Kunden wichtigen Produkten die funktionale Kundenorientierung einen starken Einfluss auf die Bindungsabsichten von Kunden hat (vgl. Kapitel 3.7.1). Relationales kundenorientiertes Verhalten hingegen ist vor allem bei interaktionsorientierten Kunden, bei schwachen Marken, bei individualisierten Produkten sowie bei einfachen Produkten vorteilhaft. Während beziehungsbildende Verhaltensweisen von Verkäufern im Allgemeinen keinen Einfluss auf die Loyalität der Kunden haben, zeigen die Studienergebnisse jedoch auch, dass insbesondere bei Kunden mit einer geringen Interaktionsorientierung und bei schwachen Marken die relationale Kundenorientierung zu einer Verringerung der Kundenloyalität führen kann. Diese Ergebnisse verdeutlichen, dass die Effektivität kundenorientierter Verhaltensweisen in Bezug auf die Erzielung von Kundenloyalität ebenso in hohem Maße von Merkmalen der Verkaufssituation abhängt.

Forschungsfrage 6: Was macht abschlussorientiertes Verhalten in Verkaufsgesprächen im Kontext langfristiger Kundenbeziehungen konkret aus?

Während die ersten fünf Forschungsfragen bestehende Forschungslücken hinsichtlich der Kundenorientierung von Vertriebsmitarbeitern adressieren, widmet sich die sechste Forschungsfrage der Abschlussorientierung von Vertriebsmitarbeiten. Im Vergleich zu kundenorientierten Verhaltensweisen werden abschlussorientierte Verhaltensweisen in der Forschung bislang stark vernachlässigt. Dies mag wohl dem traditionell sehr negativen Verständnis der Abschlussorientierung geschuldet sein, wonach abschlussorientiertes Verhalten grundsätzlich „schlecht" ist und nicht zu einer nachhaltigen Steigerung des Vertriebserfolgs beiträgt.

Vor diesem Hintergrund wird der vorliegenden Arbeit ein „positiveres" Verständnis der Abschlussorientierung zugrunde gelegt, welches unmoralisches bzw. betrügerisches Verhalten ausschließt. Konkret können auf Basis einer umfassenden Literaturauswertung drei Facetten der Abschlussorientierung von Vertriebsmitarbeitern identifiziert werden (vgl. Kapitel 4.2):

- das durchsetzungsorientierte Verhalten bei Meinungsverschiedenheiten mit Kunden,
- die Verfolgung der wirtschaftlichen Interessen des Unternehmens in Verkaufsverhandlungen und
- der Aufbau von Abschlussdruck in Verkaufsgesprächen.

Die aufgezeigten Facetten lassen sich wiederum durch eine Reihe konkreter Indikatoren messen (vgl. Tabelle 15). Somit liefert die vorliegende Arbeit auch dahingehend konkrete Anhaltspunkte, was abschlussorientiertes Verhalten in Verkaufsgesprächen im Kontext langfristiger Kundenbeziehungen bedeutet.

Forschungsfrage 7: Inwieweit hat abschlussorientiertes Verhalten einen Einfluss auf den Verkaufserfolg und die Kundenloyalität?

Wie in Kapitel 1.4 bereits erwähnt, stellt sich für Vertriebsmitarbeiter in der Praxis die Frage, inwieweit abschlussorientiertes Verhalten hilfreich ist, um dem Effizienzdruck im Vertrieb gerecht zu werden, ohne gleichzeitig Kundenbeziehungen zu gefährden. Die Ergebnisse der dritten empirischen Studie (vgl. Kapitel 4.3) deuten an, dass eine isolierte Betrachtung der Abschlussorientierung für die Beantwortung dieser Frage zu kurz greift.

Konkret kann gezeigt werden, dass die Effektivität der Abschlussorientierung von dem Ausmaß des gezeigten kundenorientierten Verhaltens abhängt. Wie aus Abbildung 13 ersichtlich wird, erzielen diejenigen Vertriebsmitarbeiter, welche sich überdurchschnittlich kunden- *und* abschlussorientiert verhalten (die sogenannten „Top Seller"), auch überdurchschnittliche Werte im Hinblick auf die Verkaufsleistung und die Loyalität der Kunden. Vertriebsmitarbeiter, welche in geringem Maße kundenorientiert sind, aber ein überdurchschnittliches Maß an Abschlussorientierung im Kundenkontakt zeigen (die sogenannten „Hard Seller"), weisen hingegen eine deutlich geringere Verkaufsleistung und Loyalität ihrer Kunden auf. Dies bedeutet, dass abschlussorientiertes Verhalten bei Vertriebsmitarbeitern, welche gleichzeitig auch ein hohes Maß an Kundenorientierung aufweisen, tatsächlich zu einer Steigerung des Verkaufserfolgs beiträgt, ohne bestehende Kundenbeziehungen zu gefährden. Gemäß den Studienergebnissen in Kapitel 4 ist es letztendlich entscheidend, eine Balance aus kunden- und abschlussorientierten Verhaltensweisen zu finden, wodurch sowohl die Erreichung der Vertriebsziele als auch die Festigung von Kundenbeziehungen sichergestellt werden kann.

Forschungsfrage 8: Inwieweit beeinflussen persönliche Eigenschaften von Vertriebsmitarbeitern und Maßnahmen des Vertriebsmanagements kunden- und abschlussorientiertes Verhalten in Verkaufsgesprächen?

Schließlich stellt sich die Frage, welche Voraussetzungen erfüllt sein müssen, damit Vertriebsmitarbeiter ein „optimales" Maß an kunden- und abschlussorientiertem Verhalten im Kundenkontakt zeigen. In diesem Zusammenhang wird im Rahmen der dritten empirischen Studie (vgl. Kapitel 4.4) eine Reihe von Faktoren identifiziert, welche einen Einfluss auf die Kunden- und Abschlussorientierung von Vertriebsmitarbeitern haben. Von besonderem Interesse ist an dieser Stelle jedoch nicht der isolierte Einfluss einzelner Faktoren (vgl. Kapitel 1.4), sondern vielmehr, inwiefern das Zusammenspiel aus persönlichen Eigenschaften und Maßnahmen des Vertriebsmanagements dazu führt, dass sich Vertriebsmitarbeiter überwiegend kundenorientiert (wie die sogenannten „Soft Seller"), überwiegend abschlussorientiert (wie die „Hard Seller") oder sowohl kunden- als auch abschlussorientiert verhalten (wie die „Top Seller").

Vor diesem Hintergrund liefern die Abbildungen 26, 27 und 28 in Kapitel 4.5 einen Überblick über die zentralen Unterschiede zwischen den Top, den Soft und den Hard Sellern. Die Soft Seller verhalten sich überwiegend kundenorientiert, da sie zum einen über persönliche Fähigkeiten verfügen, welche kundenorientiertes Verhalten erst ermöglichen (bspw. ein hohes Einfühlungsvermögen und eine hohe Fachkompetenz). Zum anderen weisen sie beispielsweise ein hohes Maß an intrinsischer Motivation, Zufriedenheit, Rollenklarheit und Commitment gegenüber ihrem Arbeitgeber auf, was sie zusätzlich motiviert, sich kundenorientiert zu verhalten. Schließlich können einige Faktoren identifiziert werden, welche vermutlich dafür ausschlaggebend sind, dass die Soft Seller nur ein sehr geringes Maß an Abschlussorientierung aufweisen und zu einem Übermaß an kundenorientiertem Verhalten tendieren. Als Beispiele seien an dieser Stelle die Verträglichkeit der Soft Seller sowie die hohe Mitarbeiterorientierung der Vorgesetzten der Soft Seller genannt.

Die Top Seller weisen ebenfalls persönliche Eigenschaften auf, welche kundenorientiertes Verhalten begünstigen (bspw. eine hohe intrinsische Motivation, Gewissenhaftigkeit, Sozial- und Fachkompetenz). Zudem sind die Top Seller in hohem Maße extrinsisch motiviert und werden in hohem Maße auf Basis des erzielten Deckungsbeitrags und der erzielten Kundenzufriedenheit variabel vergütet. Ferner weisen die Vorgesetzten der Top Seller ein ausgewogenes Maß an Leistungs-, Mitarbeiter- und Kundenorientierung auf. Diese Faktoren führen unter anderem wohl dazu, dass die Top Seller ein optimales Maß an kunden- *und* abschlussorientiertem Verhalten zeigen.

Die Hard Seller schließlich weisen zum einen eine geringe Motivation und Fähigkeit auf, sich kundenorientiert zu verhalten. Zum anderen weisen sie unter den vier Verkäufertypen das zweithöchste Maß an extrinsischer Motivation auf und werden überwiegend auf Basis der erzielten Abschlüsse und des erzielten Umsatzes und weniger auf Basis der erzielten Kundenzufriedenheit variabel vergütet. Zudem werden die Hard Seller am stärksten im Hinblick auf die Aneignung von Verkaufstechniken geschult.

Schlussbetrachtung

Dies verleitet die Hard Seller vermutlich dazu, sich überwiegend abschlussorientiert und weniger kundenorientiert in Verkaufsgesprächen zu verhalten.

Abschließend seien an dieser Stelle auf Basis der Ergebnisse der drei empirischen Studien die *zentralen Implikationen für die Forschung und Praxis* aus der vorliegenden Arbeit nochmals kurz erwähnt.

Zunächst liefert die vorliegende Arbeit sowohl für Praktiker als auch für Wissenschaftler wichtige Anhaltspunkte, was kunden- und abschlussorientiertes Verhalten in Verkaufsgesprächen konkret ausmacht. Wissenschaftler können diese Erkenntnisse in zukünftigen Forschungsarbeiten speziell im Rahmen der Konzeptualisierung und Operationalisierung der Kunden- und Abschlussorientierung von Vertriebsmitarbeitern nutzen. Für Vertriebsmanager können die aufgezeigten Indikatoren als Grundlage für die Bewertung und Schulung von Vertriebsmitarbeitern dienen. Vertriebsmitarbeiter können die aufgezeigten Verhaltensweisen als Leitfaden für Verkaufsgespräche verwenden (vgl. insbesondere die Tabellen 14 und 15).

Entgegen der gängigen Annahme in Forschung und Praxis wird in der vorliegenden Arbeit gezeigt, dass kundenorientierte Verhaltensweisen nicht durchweg zu einer Steigerung der Verkaufsleistung und der Kundenloyalität beitragen. Vielmehr ist in Forschung und Praxis eine differenziertere Sichtweise notwendig. Vertriebsmanager und -mitarbeiter sollten gezielt analysieren, welche Facetten und welche Intensität des kundenorientierten Verhaltens in bestimmten Verkaufssituationen angebracht sind. Forscher im Vertriebsbereich sollten die Effekte verschiedener Facetten der Kundenorientierung vielmehr getrennt analysieren, statt stets ein aggregiertes Konstrukt zu verwenden. Zudem sollten sie verstärkt mögliche nicht-lineare Effekte der Kundenorientierung sowie mögliche moderierende Einflüsse berücksichtigen. Nur auf diese Weise können Forschungsarbeiten in diesem Bereich der Praxis wichtige Impulse liefern.

Des Weiteren zeigen die Ergebnisse in Kapitel 4, dass abschlussorientiertes Verhalten ebenfalls zu einer Steigerung der Verkaufsleistung beitragen kann, ohne negative Konsequenzen für bestehende Geschäftsbeziehungen mit Kunden. Die zukünftige Forschung sollte daher die Kunden- und Abschlussorientierung von Vertriebsmitarbeitern nicht wie bisher isoliert betrachten, sondern vielmehr untersuchen, inwieweit Interaktionseffekte zwischen diesen beiden Verhaltensdimensionen existieren. Zudem wäre es wünschenswert, wenn Akademiker im Rahmen zukünftiger Forschungsbemühungen auf Basis eines positiveren Verständnisses die Messung der Abschlussorientierung von Verkäufern weiterentwickeln würden. Für die Vertriebspraxis bedeutet dieses Ergebnis, dass eine der Verkaufssituation angepasste Balance aus Kunden- und Abschlussorientierung eine geeignete Strategie darstellt, um sowohl die Produktivität im Vertrieb zu erhöhen, als auch Geschäftsbeziehungen mit Kunden zu festigen (vgl. Kapitel 1.1).

Schließlich zeigen die Ergebnisse in Kapitel 4 der vorliegenden Arbeit, dass sowohl persönliche Eigenschaften als auch Maßnahmen des Vertriebsmanagements das kunden- und abschlussorientierte Verhalten von Vertriebsmitarbeitern beeinflussen. Für die Vertriebspraxis bedeuten diese Ergebnisse, dass Vertriebsmitarbeiter zunächst über die notwendigen Charaktereigenschaften und Fähigkeiten verfügen müssen, damit diese im Kundenkontakt überhaupt effektiv auftreten können. Über Maßnahmen des Vertriebsmanagements können ferner zusätzliche Anreize gesetzt werden, damit Vertriebsmitarbeiter gewünschte Verhaltensweisen auch tatsächlich zeigen. Für die Forschung heißt das, dass Persönlichkeitsmerkmale und Führungsmaßnahmen in zukünftigen Studien nicht weiterhin isoliert behandelt werden sollten. Vielmehr sollte verstärkt untersucht werden, inwieweit Interaktionseffekte zwischen diesen beiden Gruppen von Variablen bestehen.

Basierend auf den neuen Erkenntnissen ist letztendlich zu hoffen, dass diese Arbeit maßgeblich zur Schließung bestehender Forschungslücken sowie zu einer Steigerung der Effektivität des Verhaltens von Vertriebsmitarbeitern im Kundenkontakt beitragen kann.

Literaturverzeichnis

Akcura, T., Srinivasan, K. (2005), Research Note: Customer Intimacy and Cross-Selling Strategy, Management Science, 51, 6, S. 1007-1012.

Ahearne, M., Mathieu, J., Rapp, A. (2005), To Empower or Not to Empower Your Sales Force? An Empirical Examination of the Influence of Leadership Empowerment Behavior on Customer Satisfaction and Performance, Journal of Applied Psychology, 90, 5, S. 945-955.

Anderson, E. (1996), Customer Satisfaction and Price Tolerance, Marketing Letters, 7, 3, S. 265-274.

Anderson, E. (1998), Customer Satisfaction and Word of Mouth, Journal of Service Research, 1, 1, S. 5-17.

Anderson, J. Gerbing, D. (1984), The Effect of Sampling Error on Convergence, Improper Solutions, and Goodness-of-Fit Indices for Maximum Likelihood Confirmatory Factor Analysis, Psychometrica, 49, 2, S. 155-173.

Anderson, J., Narus, J. (1991), Partnering as a Focused Market Strategy, California Management Review, 33, 3, S. 95-113.

Anderson, E., Fornell, C., Lehmann, D. (1994), Customer Satisfaction, Market Share, and Profitability, Journal of Marketing, 56 (Juli), S. 53-66.

Andrews, C., Shimp, T. (1990), Effects of Involvement, Argument Strength, and Source Characteristics on Central and Peripheral Processing of Advertising, Psychology & Marketing, 7, 3, S. 195-214.

Appiah-Adu, K., Singh, S. (1998), Customer Orientation and Performance: A Study of SMEs, Management Decision, 36, 6, S. 385-394.

Attia, A., Honeycutt, E., Jantan, M. (2008), Global Sales Training: In Search of Antecedent, Mediating, and Consequence Variables, Industrial Marketing Management, 37, 2, S. 181-190.

Avila, R., Tadepalli, R. (1999), Supervisory Antecedents to the Customer Orientation and Job Satisfaction of Salespeople: An Empirical Investigation, Journal of Marketing Management, 9, 2, S. 59-72.

Bagozzi, R. Baumgartner, H. (1994), The Evaluation of Structural Equation Models and Hypotheses Testing, in: Bagozzi, R. (Hrsg.), Principles of Marketing Research, Cambridge, S. 386-422.

Bagozzi, R., Edwards, J. (1998), A General Approach for Representing Constructs in Organizational Research, Organizational Research Methods, 1, 1, S. 45–87.

Baldauf, A., Cravens, D. (1999), Improving the Effectiveness of Field Sales Organizations - A European Perspective, Industrial Marketing Management, 28, 1, S. 63-72.

Bandalos, D., Finney, S. (2001), Item Parceling Issues in Structural Equation Modeling, in: Marcoulides, G., Schumacker, R. (Hrsg.), New Developments and Techniques in Structural Equation Modeling, Mahwah, S. 269-296.

Bass, B. (1960), Leadership, Psychology, and Organizational Behavior, New York.

Bass, B. (1967), Social Behavior and the Orientation Inventory: A Review, Psychological Bulletin, 68, 4, S. 260-292.

Bass, K., Hebert, F., Tomkiewicz, J. (2003), Real Estate Professionals' Customer Orientation and Sales Performance, B>Quest, 8, S. 1-8.

Bauer, R. (1960), Consumer Behavior as Risk-Taking, Proceedings of the 43rd Conference of the AMA, Chicago.

Beatty, S., Mayer, M., Coleman, J., Reynolds, K., Lee, J. (1996), Customer-Sales Associate Retail Relationships, Journal of Retailing, 72, 3, S. 223-247.

Behrman, D., Perreault, W. (1982), Measuring the Performance of Industrial Salespersons, Journal of Business Research, 10, 3, S. 355-370.

Bejou, D., Ennew, C., Palmer, A. (1998), Trust, Ethics and Relationship Satisfaction, International Journal of Bank Marketing, 16, 4, S. 170-175.

Bejou, D., Wray, B., Ingram, T. (1996), Determinants of Relationship Quality: An Artificial Neural Network Analysis, Journal of Business Research, 36, 2, S. 137-143.

Belizzi, J., Hite, R. (1989), Supervising Unethical Salesforce Behavior, Journal of Marketing, 53 (April), S. 36-47.

Bendapudi, N., Berry, L. (1997), Customers' Motivations for Maintaining Relationships with Service Providers, Journal of Retailing, 73, 1, S. 15-37.

Bettencourt, L., Brown, S. (1997), Contact Employees: Relationships Among Workplace Fairness, Job Satisfaction and Prosocial Service Behaviors, Journal of Retailing, 73, 1, S. 39-61.

Bettencourt, L., Brown, S. (2003), Role Stressors and Customer-Oriented Boundary-Spanning Behaviors in Service Organizations, Journal of the Academy of Marketing Science, 31, 4, S. 394-408.

Bettencourt, L., Brown, S., MacKenzie, S. (2005), Customer-Oriented Boundary-Spanning Behaviors: Test of a Social Exchange Model of Antecedents, Journal of Retailing, 81, 2, S. 141-157.

Bettencourt, L., Gwinner, K., Meuter, M., (2001), A Comparison of Attitude, Personality, and Knowledge Predictors of Service-Oriented Organizational Citizenship Behaviors, Journal of Applied Psychology, 86, 1, S. 29-41.

Beutin, N., Fürst, A., Finkel, B. (2003), Kundenorientierung im deutschen Automobilhandel: State of Practice und Erfolgsfaktoren, Arbeitspapier Nr. M77, Institut für Marktorientierte Unternehmensführung, Universität Mannheim.

Beverland, M. (2001), Contextual Influences and the Adoption and Practice of Relationship Selling in a Business-to-Business Setting: An Exploratory Study, Journal of Personal Selling & Sales Management, 21, 3, S. 207-215.

Blake, R., Mouton, J. (1972), Besser verkaufen durch GRID, Düsseldorf.

Bloch, P., Richins, M. (1983), A Theoretical Model for the Study of Product Importance Perceptions, Journal of Marketing, 47 (Sommer), S. 69-81.

Boles, J., Johnson, J., Barksdale, H. (2000), How Salespeople Build Quality Relationships: A Replication and Extension, Journal of Business Research, 48, 1, S. 75-82.

Boles, J., Babin, B., Brashear, T., Brooks, C. (2001), An Examination of the Relationships Between Retail Work Environments, Salesperson Selling Orientation-Customer Orientation and Job Performance, Journal of Marketing Theory & Practice, 9, 3, S. 1-13.

Boles, J., Brashear, T., Bellenger, D., Barksdale, H. (2000), Relationship Selling Behaviors: Antecedents and Relationship with Performance, Journal of Business & Industrial Marketing, 15, 2/3, S. 141-153.

Borkenau, P., Ostendorf, F. (1993), NEO-Fünf-Faktoren-Inventar (NEO-FFI), Göttingen.

Brady, M., Cronin, J. (2001), Customer Orientation: Effects on Customer Service Perceptions and Outcome Behaviors, Journal of Service Research, 3, 3, S. 241-251.

Brown, R., Hauenstein, N. (2005), Interrater Agreement Reconsidered: An Alternative to the r_{wg} Indices, Organizational Research Methods, 8, 2, S. 165-184.

Brown, T., Mowen, J., Donavan, T., Licata, J. (2002), The Customer Orientation of Service Workers: Personality Trait Effects on Self- and Supervisor Performance Ratings, Journal of Marketing Research, 39 (Februar), S. 110-119.

Bursk, E. (2006), Low-Pressure Selling, Harvard Business Review, 84, 7/8, S. 150-162.

Cannon, J., Perreault, W. (1999), Buyer-Seller Relationships in Business Markets, Journal of Marketing Research, 36 (November), S. 439-460.

Castleberry, S., Shepherd, D., Ridnour, R. (1999), Effective Interpersonal Listening in the Personal Selling Environment: Conceptualization, Measurement, And Nomological Validity, Journal of Marketing Theory & Practice, 7, 1, S. 30-38.

Literaturverzeichnis

Chadwick-Jones, J. (1976), Social Exchange Theory: Its Structure and Influence in Social Psychology, New York.

Churchill, G., Ford, N., Hartley, S., Walker, O. (1985), The Determinants of Salesperson Performance: A Meta-Analysis, Journal of Marketing Research, 22 (Mai), S. 103-118.

Clee, M., Wicklund, R. (1980), Consumer Behavior and Psychological Reactance, Journal of Consumer Research, 6, 4, S. 389-405.

Cohen, J., Cohen, P., West, S., Aiken, L. (2003), Applied Multiple Regression/Correlation Analysis for the Behavioral Sciences, Mahwah.

Cravens, D., Ingram, T., LaForge, R., Young, C. (1993), Behavior-Based and Outcome-Based Salesforce Control Systems, Journal of Marketing, 57 (Oktober), S. 47-59.

Crosby, L., Stephens, N. (1987), Effects of Relationship Marketing on Satisfaction, Retention, and Prices in the Life Insurance Industry, Journal of Marketing Research, 24, 4, S. 404-411.

Crosby, L., Evans, K., Cowles, D. (1990), Relationship Quality in Services Selling: An Interpersonal Influence Perspective, Journal of Marketing, 54 (Juli), S. 68-81.

Cross, M., Brashear, T., Rigdon, E., Bellenger, D. (2007), Customer Orientation and Salesperson Performance, European Journal of Marketing, 41, 7/8, S. 821-835.

Culnan, M., Armstrong, P. (1999), Information Privacy Concerns, Procedural Fairness, and Impersonal Trust: An Empirical Investigation, Organization Science, 10, 1, S. 104-115.

D'Andrea, R., (2005), Executing Profitable Sales Negotiations: Selling Value, Not Price, Industrial and Commercial Planning, 37, 1, S. 18-24.

Dannenberg, H., Zupancic, D. (2009), Excellence in Sales – Optimising Customer and Sales Management, Wiesbaden.

Day, G., (1994), The Capabilities of Market-Driven Organizations, Journal of Marketing, 58 (Oktober), S. 37-52.

Dean, A. (2007), The Impact of the Customer Orientation of Call Center Employees on Customers' Affective Commitment and Loyalty, Journal of Service Research, 10, 2, S. 161-173.

De Dreu, C., Evers, A., Beersma, B., Kluwer, E., Nauta, A. (2001), A Theory-Based Measure of Conflict Management Strategies in the Workplace, Journal of Organizational Behavior, 22, 6, S. 645-668.

De Luca, L., Atuahene-Gima, K. (2007), Market Knowledge Dimensions and Cross-Functional Collaboration: Examining the Different Routes to Product Innovation Performance, Journal of Marketing, 71 (Januar), S. 95-112.

Deshpandé, R., Farley, J., Webster, F. (1993), Corporate Culture, Customer Orientation, and Innovativeness in Japanese Firms: A Quadrad Analysis, Journal of Marketing, 57 (Januar), S. 23-37.

Donavan, T., Brown, T., Mowen, J. (2004), Internal Benefits of Service-Worker Customer-Orientation: Job Satisfaction, Commitment, and Organizational Citizenship Behaviors, Journal of Marketing, 68 (Januar), S. 128-146.

Doney, P., Cannon, J. (1997), An Examination of the Nature of Trust in Buyer-Seller Relationships, Journal of Marketing, 61 (April), S. 35-51.

Dowling, G. (1986), Perceived Risk: The Concept and Its Measurement, Psychology & Marketing, 3, 3, S. 193-210.

Dowling, G., Staelin, R. (1994), A Model of Perceived Risk and Intended Risk-Handling Activity, Journal of Consumer Research, 21, 1, S. 119-134.

Drollinger, T., Comer, L., Warrington, P. (2006), Development and Validation of the Active Empathetic Listening Scale, Psychology & Marketing, 23, 2, S. 161-180.

Dubinsky, A. (1980), A Factor Analytic Study of the Personal Selling Process, Journal of Personal Selling & Sales Management, 1 (Winter), S. 26-33.

Dwyer, S., Hill, J., Martin, W. (2000), An Empirical Investigation of Critical Success Factors in the Personal Selling Process for Homogenous Goods, Journal of Personal Selling & Sales Management, 20, 3, S. 151-159.

Dwyer, R., Schurr, P., Oh, S. (1987), Developing Buyer-Seller Relationships, Journal of Marketing, 51 (April), 11-27.

Ekeh, P. (1974), Social Exchange Theory: The Two Traditions, London.

Erdem, T., Swait, J. (1998), Brand Equity as a Signaling Phenomenon, Journal of Consumer Psychology, 7, 2, S. 131-157.

Flaherty, T., Dahlstrom, R., Skinner, S. (1999), Organizational Values and Role Stress as Determinants of Customer-Oriented Selling Performance, Journal of Personal Selling & Sales Management, 19, 2, 1-18.

Flaherty, K., Mowen, J., Brown, T., Marshall, G. (2009), Leadership Propensity and Sales Performance Among Sales Personnel and Managers in a Specialty Retail Store Setting, Journal of Personal Selling & Sales Management, 29, 1, S. 43-59.

Fiedler, F. (1967), A Theory of Leadership Effectiveness, New York.

Franke, G., Park, J. (2006), Salesperson Adaptive Selling Behavior and Customer Orientation, Journal of Marketing Research, 43 (November), S. 693-702.

Ganesan, S. (1994), Determinants of Long-Term Orientation in Buyer-Seller Relationships, Journal of Marketing, 58 (April), S. 1-19.

George, J. (1991), State or Trait: Effects of Positive Mood on Prosocial Behaviors at Work, Journal of Applied Psychology, 76, 2, S. 299-307.

Gerbing, D., Anderson, J. (1988), An Updated Paradigm for Scale Development Incorporating Unidimensionality and Its Assessment, Journal of Marketing Research, 25, 2, S. 186-192.

Giacobbe, R., Jackson, D., Crosby, L., Bridges, C. (2006), A Contingency Approach to Adaptive Selling Behavior and Sales Performance: Selling Situations and Salesperson Characteristics, Journal of Personal Selling & Sales Management, 26, 2, S. 115-142.

Gilmore, J., Pine, J. (1997), The Four Faces of Mass Customization, Harvard Business Review, 75, 1, S. 91-101.

Goff, B., Boles, J., Bellenger, D., Stojack, C. (1997), The Influence of Salesperson Behaviors on Customer Satisfaction with Products, Journal of Retailing, 73, 2, S. 171-183.

Haas, A. (2006), Wie wirkt das kundenorientierte Verkaufen auf die Kundenzufriedenheit mit der Beratung? Eine Analyse unter Berücksichtigung der Interaktionen zwischen den Dimensionen des Verkäuferverhaltens, Marketing ZFP, 28, 4, S. 236-246.

Haas, A. (2008), Kundenorientierung von Mitarbeitern: Forschungsstand und -perspektiven, Zeitschrift für Betriebswirtschaft, 78, 10, S. 1061-1100.

Haas, A. (2009), Kann zu viel Kundenorientierung nachteilig sein? Eine Analyse der Wirkung der Kundenorientierung von Verkäufern auf die Kaufentscheidung, Zeitschrift für Betriebswirtschaft, 79, 1, S. 7-30.

Harris, E., Mowen, J., Brown, T. (2005), Re-examining Salesperson Goal Orientations: Personality Influencers, Customer Orientation, and Work Satisfaction, Journal of the Academy of Marketing Science, 33, 1, S. 19-35.

Hartline, M., Ferrell, O. (1996), The Management of Customer-Contact Service Employees: An Empirical Investigation, Journal of Marketing, 60 (Oktober), S. 52-70.

Hartline, M., Maxham, J., McKee, D. (2000), Corridors of Influence in the Dissemination of Customer-Oriented Strategy to Customer Contact Service Employees, Journal of Marketing, 64 (April), S. 35-50.

Hauser, J., Simester, D., Wernerfelt, B. (1994), Customer Satisfaction Incentives, Marketing Science, 13, 4, S. 327-350.

Henke, J., Yeniyurt, S., Zhang, C. (2009), Supplier Price Concessions: A Longitudinal Empirical Study, Marketing Letters, 20, 1, S. 61-74.

Henry, P. (1975), Manage Your Sales Force as a System, Harvard Business Review, 53, 2, S. 85-95.

Herndl, K. (2009), Auf dem Weg zum Profi im Verkauf – Verkaufsgespräche zielstrebig und kundenorientiert führen, 3. Auflage, Wiesbaden.

Hoffman, D., Ingram, T., (1991), Creating Customer-Oriented Employees: The Case in Home Health Care, Journal of Health Care Marketing, 11, 2, S. 24-32.

Homans, G. (1961), Social Behavior: Its Elementary Forms, New York.

Homburg, Ch., Fargel, T. (2006), Neue Kunden systematisch gewinnen, Harvard Business Manager, Oktober, S. 94-110.

Homburg, Ch., Fargel, T. (2007), Customer Acquisition Excellence – Systematisches Management der Neukundengewinnung, Arbeitspapier Nr. M106, Institut für Marktorientierte Unternehmensführung, Universität Mannheim.

Homburg Ch., Fürst, A. (2008), Überblick über die Messung von Kundenzufriedenheit und Kundenbindung, in: Bruhn, M., Homburg, Ch. (Hrsg.), Handbuch Kundenbindungsmanagement – Strategien und Instrumente für ein erfolgreiches CRM, 6. Auflage, Wiesbaden, S. 607-642.

Homburg, Ch., Giering, A. (1996), Konzeptualisierung und Operationalisierung komplexer Konstrukte – Ein Leitfaden für die Marketingforschung, Marketing ZFP, 18, 1, S. 5-24.

Homburg, Ch., Krohmer, H. (2009), Marketingmanagement: Strategie - Instrumente - Umsetzung - Unternehmensführung, 3. Auflage, Wiesbaden.

Homburg, Ch., Stock, R. (2000), Der kundenorientierte Mitarbeiter – Bewerten, begeistern, bewegen, Wiesbaden.

Homburg, Ch., Stock, R. (2001), Der Zusammenhang zwischen Mitarbeiter- und Kundenzufriedenheit: Eine dyadische Analyse, Zeitschrift für Betriebswirtschaft, 71, 7, S. 789-806.

Homburg, Ch., Stock, R. (2002), Führungsverhalten als Einflussgröße der Kundenorientierung von Mitarbeitern: Ein dreidimensionales Konzept, Marketing - Zeitschrift für Forschung und Praxis, 24, 2, S. 123-137.

Homburg, C., Stock, R. (2004), The Link Between Salespeople's Job Satisfaction and Customer Satisfaction in a Business-to-Business Context: A Dyadic Analysis, Journal of the Academy of Marketing Science, 32, 2, S. 144-158.

Homburg, Ch., Schäfer, H., Beutin, N. (2002), Sales Excellence – Systematisches Vertriebsmanagement als Schlüssel zum Unternehmenserfolg, Arbeitspapier Nr. M65, Institut für Marktorientierte Unternehmensführung, Universität Mannheim.

Homburg, Ch., Schäfer, H., Schneider, J. (2008), Sales Excellence – Vertriebsmanagement mit System, 5. Auflage, Wiesbaden.

Homburg, Ch., Staritz, M., Bingemer, S. (2008), Wege aus der Commodity-Falle – Der Product Differentiation Excellence-Ansatz, Arbeitspapier Nr. M112, Institut für Marktorientierte Unternehmensführung, Universität Mannheim.

Homburg, Ch., Wieseke, J., Bornemann, T., (2009), Implementing the Marketing Concept at the Employee-Customer Interface: The Role of Customer Need Knowledge, Journal of Marketing, 73 (Juli), S. 64-81.

Homburg, Ch., Wieseke, J., Hoyer, W. (2009), Social Identity and the Service-Profit Chain, Journal of Marketing, 73 (März), S. 38-54.

Honeycutt, E., Siguaw, J., Hunt, T. (1995), Business Ethics and Job-Related Constructs: A Cross-Cultural Comparison of Automotive Salespeople, Journal of Business Ethics, 14, 3, S. 235-248.

Howe, V., Hoffman, D., Hardigree, D. (1994), The Relationship Between Ethical and Customer-Oriented Service Provider Behaviors, Journal of Business Ethics, 13, 7, S. 497-506.

Hoyer, W., MacInnis, D. (2009), Consumer Behavior, 4. Auflage, Boston.

Huang, M., (2008), The Influence of Selling Behaviors on Customer Relationships in Financial Services, International Journal of Service Industry Management, 19, 4, S. 458-473.

Humphreys, M., Williams, M. (1996), Exploring the Relative Effects of Salesperson Interpersonal Process Attributes and Technical Product Attributes on Customer Satisfaction, Journal of Personal Selling & Sales Management, 16, 3, S. 47-57.

Hunter, G., Perreault, W. (2007), Making Sales Technology Effective, Journal of Marketing, 71 (Januar), S. 16-34.

Irwin, J., McClelland, G. (2001), Misleading Heuristics and Moderated Multiple Regression Models, Journal of Marketing Research, 38 (Februar), S. 100-109.

Jacobs, R., Evans, K., Kleine, R., Landry, T. (2001), Disclosure and Its Reciprocity as Predictors of Key Outcomes of an Initial Sales Encounter, Journal of Personal Selling & Sales Management, 21, 1, S. 51-61.

James, L., Demaree, R., Wolf, G. (1984), Estimating Within-Group Interrater Reliability With and Without Response Bias, Journal of Applied Psychology, 69, 1, S. 85-98.

Jaramillo, F., Grisaffe, D. (2009), Does Customer Orientation Impact Objective Sales Performance? Insights from a Longitudinal Model in Direct Selling, Journal of Personal Selling & Sales Management, 29, 2, S. 167-178.

Jaramillo, F., Mulki, J. (2008), Sales Effort: The Intertwined Roles of the Leader, Customers, and the Salesperson, Journal of Personal Selling & Sales Management, 28, 1, S. 37-51.

Jaramillo, F., Ladik, D., Marshall, G., Mulki, J. (2007a), A Meta-Analysis of the Relationship Between Sales Orientation-Customer Orientation (SOCO) and Salesperson Job Performance, Journal of Business & Industrial Marketing, 22, 4/5, S. 302-310.

Jaramillo, F., Locander, W., Spector, P., Harris, E. (2007b), Getting The Job Done: The Moderating Role of Initiative on The Relationship Between Intrinsic Motivation And Adaptive Selling, Journal of Personal Selling & Sales Management, 27, 1, S. 59-74.

Jaworski, B., Kohli, A. (1993), Market Orientation: Antecedents and Consequences, Journal of Marketing, 57 (Juli), S. 53-70.

Jensen, O. (2008), Kundenorientierte Vergütungssysteme als Schlüssel zur Kundenzufriedenheit, in: Homburg, Ch. (Hrsg.), Kundenzufriedenheit: Konzepte – Methoden – Erfahrungen, 7. Auflage, Wiesbaden, S. 357-374.

Jobber, D., Lancaster, G. (2006), Selling and Sales Management, 7. Auflage, Harlow.

Jolson, M. (1997), Broadening the Scope of Relationship Selling, Journal of Personal Selling & Sales Management, 17, 4, S. 75-88.

Jones, E., Busch, P., Dacin, P. (2003), Firm Market Orientation and Salesperson Customer Orientation: Interpersonal and Intrapersonal Influences on Customer Service and Retention in Business-to-Business Buyer-Seller Relationships, Journal of Business Research, 56, 4, S. 323-340.

Joshi, A., Randall, S. (2001), The Indirect Effects of Organizational Controls on Salesperson Performance and Customer Orientation, Journal of Business Research, 54, 1, S. 1-9.

Judge, T., Piccolo, R., Illies, R., (2004), The Forgotten Ones? The Validity of Consideration and Initiating Structure in Leadership Research, Journal of Applied Psychology, 89, 1, S. 36-55.

Katsikea, E., Skarmeas, D. (2003), Organisational and Managerial Drivers of Effective Export Sales Organisations: An Empirical Investigation, European Journal of Marketing, 37, 11/12, S. 1723-1745.

Keillor, B., Parker, S., Pettijohn, C. (2000), Relationship-Oriented Characteristics and Salesperson Performance, Journal of Business & Industrial Marketing, 15, 1, S. 7-22.

Keiningham, T., Munn, T., Evans, H. (2003), The Impact of Customer Satisfaction on Share-of-Wallet in a Business-to-Business Environment, Journal of Service Research, 6, 1, S. 37-50.

Keller, K. (1993), Conceptualizing, Measuring, and Managing Customer-Based Brand Equity, Journal of Marketing, 57 (Januar), S. 1-22.

Kelley, S., Hoffman, K. (1997), An Investigation of Positive Affect, Prosocial Behaviors and Service Quality, Journal of Retailing, 73, 3, S. 407-427.

Kieser, H. (2008), Moderne Vergütung im Verkauf – Leistungsorientiert entlohnen mit Deckungsbeiträgen und Zielprämien, 3. Auflage, Sternenfels.

Kirca, A., Jayachandran, S., Bearden, W. (2005), Market Orientation: A Meta-Analytic Review and Assessment of its Antecedents and Impact on Performance, Journal of Marketing, 69 (April), S. 24-41.

Kohli, A., (1989), Effects of Supervisory Behavior: The Role of Individual Differences Among Salespeople, Journal of Marketing, 53 (Oktober), S. 40-50.

Kohli, A., Jaworski, B. (1990), Market Orientation: The Construct, Research Propositions, and Managerial Implications, Journal of Marketing, 54 (April), S. 1-18.

Kumar, N., Scheer, L., Steenkamp, J.-B. (1995), The Effects of Perceived Interdependence on Dealer Attitudes, Journal of Marketing Research, 32 (August), S. 348-356.

Lagace, R., Dahlstrom, R., Gassenheimer, J. (1991), The Relevance of Ethical Salesperson Behavior on Relationship Quality: The Pharmaceutical Industry, Journal of Personal Selling & Sales Management, 11, 4, S. 39-47.

Langerak, F. (2001), Effects of Market Orientation on the Behaviors of Salespersons and Purchasers, Channel Relationships, and Performance of Manufacturers, International Journal of Research in Marketing, 18, 3, S. 221-234.

Lasser, W., Mittal, B., Sharma, A. (1995), Measuring Customer-Based Brand Equity, Journal of Consumer Marketing, 12, 4, S. 11-19.

Lee, D. (1998), The Moderating Effect of Salesperson Reward Orientation on the Relative Effectiveness of Alternative Compensation Plans, Journal of Business Research, 43, 2, S. 65-77.

Levy, M., Sharma, A. (1994), Adaptive Selling: The Role of Gender, Age, Sales Experience, and Education, Journal of Business Research, 31, 1, S. 39-47.

Liao, H., Chuang, A. (2004), A Multilevel Investigation of Factors Influencing Employee Service Performance and Customer Outcomes, Academy of Management Journal, 47, 1, S. 41-58.

Licata, J., Mowen, J., Harris, E., Brown, T. (2003), On the Trait Antecedents and Outcomes of Service Worker Job Resourcefulness: A Hierarchical Model Approach, Journal of the Academy of Marketing Science, 31, 3, S. 256-271.

Liu, C., Chen, K., (2006), Personality Traits as Antecedents of Employee Customer Orientation, A Case Study in the Hospitality Industry, International Journal of Management, 23, 3, S. 478-485.

Lopez, T., Carr, J., Gregory, B., Dwyer, S. (2005), The Influence of Psychological Climate on the Salesperson Customer Orientation - Salesperson Performance Relationship, Journal of Marketing Theory & Practice, 13, 2, S. 59-71.

Lukas, B., Ferrell, O. (2000), The Effect of Market Orientation on Product Innovation, Journal of the Academy of Marketing Science, 28, 2, S. 239-247.

Macintosh, G. (2007), Customer Orientation, Relationship Quality, and Relational Benefits to the Firm, Journal of Services Marketing, 21, 3, S. 150-157.

Macintosh, G., Lockshin, L. (1997), Retail Relationships and Store Loyalty: A Multi-Level Perspective, International Journal of Research in Marketing, 14, 5, S. 487-497.

MacKenzie, S., Podsakoff, P., Ahearne, M. (1998), Some Possible Antecedents and Consequences of In-Role and Extra-Role Salesperson Performance, Journal of Marketing, 62 (Juli), S. 87-98.

Marsh, H., Wen, Z., Hau, K. (2006), Structural Equation Models of Latent Interaction and Quadratic Effects, in: Hancock, G., Mueller, R. (Hrsg.), Structural Equation Modeling: A Second Course, Greenwich, S. 225-265.

Martin, C., Bush, A. (2003), The Potential Influence of Organizational and Personal Variables on Customer-oriented Selling, Journal of Business and Industrial Marketing, 18, 2, S. 114-1132.

Martin, C., Bush, A. (2006), Psychological Climate, Empowerment, Leadership Style, and Customer-Oriented Selling: An Analysis of the Sales Manager-Salesperson Dyad, Journal of the Academy of Marketing Science, 34, 3, S. 419-438.

Matsuo, M. (2006), Customer Orientation, Conflict, and Innovativeness in Japanese Sales Departments, Journal of Business Research, 59, 2, S. 242-250.

McFarland, R. (2003), Crisis of Conscience: The Use of Coercive Sales Tactics And Resultant Felt Stress in the Salesperson, Journal of Personal Selling & Sales Management, 10, 4, S. 311-325.

McFarland, R., Challagalla, G., Shervani, T. (2006), Influence Tactics for Effective Adaptive Selling, Journal of Marketing, 70 (Oktober), S. 103-117.

McIntyre, R., Claxton, R., Anselmi, K., Wheatley, E. (2000), Cognitive Style as an Antecedent to Adaptiveness, Customer Orientation, and Self-Perceived Selling Performance, Journal of Business and Psychology, 15, 2, S. 179-196.

McQuiston, D. (1989), Novelty, Complexity, and Importance as Causal Determinants of Industrial Buyer Behavior, Journal of Marketing, 53 (April), S. 66-79.

Menguc, B. (1996), The Influence of the Market Orientation of the Firm on Sales Force Behavior and Attitudes: Further Empirical Results, International Journal of Research in Marketing, 13, 3, S. 277-291.

Miao, C., Evans, K. (2007), The Impact of Salesperson Motivation on Role Perceptions and Job Performance - A Cognitive and Affective Perspective, Journal of Personal Selling & Sales Management, 27, 1, S. 89-101.

Michaels, R., Day, R., (1985), Measuring Customer Orientation of Salespeople: A Replication With Industrial Buyers, Journal of Marketing Research, 22 (November), S. 443-446.

Miles, M., Arnold, D., Nash, H. (1990), Adaptive Communication: The Adaptation of the Seller's Interpersonal Style to the Stage of the Dyad's Relationship and the Buyer's Communication Style, Journal of Personal Selling & Sales Management, 10, 1, S. 21-27.

Moon, J., Chadee, D., Tikoo, S. (2008), Culture, Product Type, and Price Influences on Consumer Purchase Intention to Buy Personalized Products Online, Journal of Business Research, 61, 1, S. 31-39.

Murray, K. (1991), A Test of Services Marketing Theory: Consumer Information Acquisition Activities, Journal of Marketing, 55 (Januar), S. 10-25.

Muthen, L., Muthen, B. (2006), Mplus User's Guide, Los Angeles.

Narver, J., Slater, S. (1990), The Effect of a Market Orientation on Business Profitability, Journal of Marketing, 54 (Oktober), S. 20-35.

Nerdinger, F. (2001), Psychologie des persönlichen Verkaufs, München.

O'Hara, B., Boles, J., Johnston, M. (1991), The Influence of Personal Variables on Salesperson Selling Orientation, Journal of Personal Selling & Sales Management, 11, 1, 61-67.

Oliver, R., Anderson, E. (1994), An Empirical Test of the Consequences of Behavior- and Outcome-Based Sales Control Systems, Journal of Marketing, 58 (Oktober), S. 53-67.

O'Shaughnessy, J. (1972), Selling as an Interpersonal Influence Process, Journal of Retailing, 47, 4, S. 32-46.

Palmatier, R., Scheer, L., Evans, K., Arnold, T. (2008), Achieving Relationship Marketing Effectiveness in Business-to-Business Exchanges, Journal of the Academy of Marketing Science, 36, 2, S. 174-190.

Parsons, A. (2002), What Determines Buyer-Seller Relationship Quality? An Investigation from the Buyer's Perspective, Journal of Supply Chain Management, 38, 2, S. 4-12.

Payan, J., McFarland, R. (2005), Decomposing Influence Strategies: Argument Structure and Dependence as Determinants of the Effectiveness of Influence Strategies in Gaining Channel Member Compliance, Journal of Marketing, 69 (Juli), S. 66-79.

Peccei, R., Rosenthal, P. (1997), The Antecedents of Employee Commitment to Customer Service: Evidence from a UK Service Context, International Journal of Human Resource Management, 8, 1, S. 66-86.

Peccei, R., Rosenthal, P. (2001), Delivering Customer-Oriented Behavior Through Empowerment: An Empirical Test of HRM Assumptions, Journal of Management Studies, 38, 6, S. 831-857.

Periatt, J., LeMay, S., Chakrabarty, S. (2004), The Selling Orientation-Customer Orientation (SOCO) Scale: Cross-Validation of the Revised Version, Journal of Personal Selling & Sales Management, 24, 1, S. 49-54.

Peterson, R., Lucas, G. (2001), What Buyers Want Most From Salespeople: A View from the Senior Level, Business Horizons, 44, 5, S. 39-45.

Pettijohn, C., Pettijohn, L., Taylor, A. (2002), The Influence of Salesperson Skill, Motivation and Training on the Practice of Customer-Oriented Selling, Psychology & Marketing, 19, 9, S. 743-757.

Pettijohn, C., Pettijohn, L., Taylor, A. (2007), Does Salesperson Perception of the Importance of Sales Skills Improve Sales Performance, Customer Orientation, Job Satisfaction, and Organizational Commitment, and Reduce Turnover? Journal of Personal Selling & Sales Management, 27, 1, S. 75-88.

Plouffe, C., Williams, B., Wachner, T. (2008), Navigating Difficult Waters: Publishing Trends and Scholarship in Sales Research, Journal of Personal Selling & Sales Management, 28, 1, S. 79-92.

Porter, S., Wiener, J., Frankwick, G. (2003), The Moderating Effect of Selling Situation on the Adaptive Selling Strategy – Selling Effectiveness Relationship, Journal of Business Research, 56, 4, S. 275-281.

Pullins, E. (2001), An Exploratory Investigation of the Relationship of Sales Force Compensation and Intrinsic Motivation, Industrial Marketing Management, 30, 5, S. 403-413.

Rabash, J., Steele, F., Browne, W., Goldstein, H. (2009), A User's Guide to MLwiN, Bristol.

Rahim, A. (1983), A Measure of Styles of Handling Interpersonal Conflict, Academy of Management Journal, 26, 2, S. 368-376.

Ramani, G., Kumar, V. (2008), Interaction Orientation and Firm Performance, Journal of Marketing, 72 (Januar), S. 27-45.

Ramsey, R., Sohi, R. (1997), Listening to Your Customers: The Impact of Perceived Salesperson Listening Behavior on Relationship Outcomes, Journal of the Academy of Marketing Science, 25, 2, S. 127-137.

Rao, A., Monroe, K. (1989), The Effect of Price, Brand Name, and Store Name on Buyers' Perceptions of Product Quality: An Integrative Review, Journal of Marketing Research, 26 (August), S. 351-357.

Rapp, A., Ahearne, M., Mathieu, J., Schillewaert, N. (2006), The Impact of Knowledge and Empowerment on Working Smart and Working Hard: The Moderating Role of Experience, International Journal of Research in Marketing, 23, 3, S. 279-293.

Reid, D., Pullins, E., Plank, R., Buehrer, R. (2004), Measuring Buyers' Perceptions of Conflict in Business-to-Business Sales Interactions, Journal of Business & Industrial Marketing, 19, 4, S. 236-249.

Reinartz, W., Kumar, V. (2002), The Mismanagement of Customer Loyalty, Harvard Business Review, 80, 7, S. 86-94.

Reynolds, K., Beatty, S. (1999a), Customer Benefits and Company Consequences of Customer-Salesperson Relationships in Retailing, Journal of Retailing, 75, 1, S. 11-32.

Reynolds, K., Beatty, S. (1999b), A Relationship Customer Typology, Journal of Retailing, 75, 4, S. 509-523.

Ricks, J., Williams, J., Weeks, W. (2008), Sales Trainer Roles, Competencies, Skills, and Behaviors: A Case Study, Industrial Marketing Management, 37, 5, S. 593-609.

Robinson, P., Faris, C., Wind, Y. (1967), Industrial Buying and Creative Marketing, Boston.

Roman, S., Munuera, J. (2005), Determinants and Consequences of Ethical Behaviour: An Empirical Study of Salespeople, European Journal of Marketing, 39, 5/6, S. 473-495.

Román, S., Ruiz, S. (2005), Relationship Outcomes of Perceived Ethical Sales Behavior: The Customer's Perspective, Journal of Business Research, 58, 4, S. 439-445.

Rozell, E., Pettijohn, C., Parker, S. (2004), Customer-Oriented Selling: Exploring the Roles of Emotional Intelligence and Organizational Commitment, Psychology & Marketing, 21, 6, S. 405-424.

Rust, R., Oliver, R. (2000), Should we Delight the Customer?, Journal of the Academy of Marketing Science, 28, 1, S. 86-94.

Saxe, R. (1979), The Customer Orientation of Salespeople, Doctoral Dissertation, University of California, Los Angeles.

Saxe, R., Weitz, B. (1982), The SOCO Scale: A Measure of the Customer Orientation of Salespeople, Journal of Marketing Research, 19 (August), S. 343-351.

Schneider, B., Ehrhart, M., Mayer, D., Saltz, J., Niles-Jolly, K. (2005), Understanding Organisation-Customer Links in Service Settings, Academy of Management Journal, 48, 6, S. 1017-1032.

Schurr, P., Stone, L., Beller, L. (1985), Effective Selling Approaches to Buyers' Objections, Industrial Marketing Management, 14, 3, S. 195-202.

Schwepker, C. (2003), Customer-Oriented Selling: A Review, Extension, and Directions for Future Research, Journal of Personal Selling & Sales Management, 23, 2, S. 151-171.

Sharma, A., Sarel, D. (1995), The Impact of Customer Satisfaction Based Incentive Systems on Salespeople´s Customer Service Response: An Empirical Study, Journal of Personal Selling & Sales Management, 15, 3, S. 17-29.

Sheth, J. (1973), A Model of Industrial Buyer Behavior, Journal of Marketing, 37 (Oktober), S. 50-56.

Sheth, J. (1976), Buyer-Seller Interaction: A Conceptual Framework, in: Proceedings of the Association for Consumer Research, Cincinnati, S. 382-386.

Sheth, J., Parvatiyar, A. (1995), Relationship Marketing in Consumer Markets: Antecedents and Consequences, Journal of the Academy of Marketing Science, 23, 4, S. 255-271.

Siders, M., George, G., Dharwadkar, R. (2001), The Relationship of Internal and External Commitment Foci to Objective Job Performance Measures, Academy of Management Journal, 44, 3, S. 570-579.

Siguaw, J., Honeycutt, E. (1995), An Examination of Gender Differences in Selling Behaviors and Job Attitudes, Industrial Marketing Management, 24, 1, S. 45-52.

Siguaw, J., Brown, G., Widing, R. (1994), The Influence of the Market Orientation of the Firm on Sales Force Behavior and Attitudes, Journal of Marketing Research, 31 (Februar), S. 106-116.

Soldow, G., Thomas, G. (1984), Relational Communication: Form Versus Content in the Sales Interaction, Journal of Marketing, 48 (Winter), S. 84-93.

Spiro, R., Weitz, B. (1990), Adaptive Selling: Conceptualization, Measurement, and Nomological Validity, Journal of Marketing Research, 27 (Februar), S. 61-69.

Stock, R., Hoyer, W. (2002), Leadership Style as a Driver of Salespeople's Customer Orientation, Journal of Market - Focused Management, 5, 4, S. 355-376.

Stock-Homburg, R. (2008), Kundenorientiertes Personalmanagement als Schlüssel zur Kundenorientierung, in: Bruhn, M., Homburg, Ch. (Hrsg.), Handbuch Kundenbindungsmanagement – Strategien und Instrumente für ein erfolgreiches CRM, 6. Auflage, Wiesbaden, S. 677-712.

Stump, R. (1995), Antecedents of Purchasing Concentration: A Transaction Cost Explanation, Journal of Business Research, 34, 2, S. 145-157.

Susskind, A., Kacmar, K., Borchgrevink, C. (2003), Customer Service Providers' Attitudes Relating to Customer Service and Customer Satisfaction in the Customer-Server Exchange, Journal of Applied Psychology, 88, 1, S. 179-187.

Swan, J., Bowers, M., Richardson, L. (1999), Customer Trust in the Salesperson: An Integrative Review and Meta-Analysis of the Empirical Literature, Journal of Business Research, 44, 2, 93-107.

Swanson, S., Kelley, S., Dorsch, M. (1997), Inter-Organizational Ethical Perceptions and Buyer-Seller Relationships, Journal of Business-to-Business Marketing, 4, 2, S. 3-31.

Swenson, M., Herche, J. (1994), Social Values and Salesperson Performance: An Empirical Examination, Journal of the Academy of Marketing Science, 22, 3, S. 283-289.

Tadepalli, R. (1992), Salespersons' Selling Strategies: An Empirical Investigation of Their Effects on Buyer and Seller, Journal of Marketing Management, 2, 1, S. 100-110.

Tadepalli, R. (1995), Measuring Customer Orientation of a Salesperson: Modifications of the Soco Scale, Psychology & Marketing, 12, 3, S. 177-187.

Tebbe, C. (2000), Erfolgsfaktoren des persönlichen Verkaufsgesprächs – Adaptives Verkaufen im Kundenkontakt, Frankfurt am Main.

Thakor, M., Joshi, A., (2005), Motivating Salesperson Customer Orientation: Insights from the Job Characteristics Model, Journal of Business Research, 58, 5, S. 584-592.

Thomas, R., Soutar, G., Ryan, M. (2001), The Selling Orientation-Customer Orientation (S.O.C.O.) Scale: A Proposed Short Form, Journal of Personal Selling & Sales Management, 21, 1, S. 63-69.

Thompson, D., Hamilton, R., Rust, R. (2005), Feature Fatigue: When Product Capabilities Become Too Much of a Good Thing, Journal of Marketing Research, 42 (November), S. 431-442.

Tullous, R., Munson, M. (1992), Organizational Purchasing Analysis for Sales Management, Journal of Personal Selling & Sales Management, 12, 2, S. 15-26.

Venkatesh, R., Kohli, A., Zaltman, G. (1995), Influence Strategies in Buying Centers, Journal of Marketing, 59 (Oktober), S. 71-82.

Vorhies, D., Rao, C., Kurtz, D. (1998), A Comparison of Buyer Trust in Goods and Services Salespeople, Journal of Marketing Management, 8, 2, S. 78-94.

Wachner, T., Plouffe, C., Grégoire, Y. (2009), SOCO's Impact on Individual Sales Performance: The Integration of Selling Skills as a Missing Link, Industrial Marketing Management, 38, 1, S. 32-44.

Wakefield, K., Blodgett, J. (1999), Customer Response to Intangible and Tangible Service Factors, Psychology & Marketing, 16, 1, S. 51-68.

Washburn, J., Plank, R. (2002), Measuring Brand Equity: An Evaluation of a Consumer-Based Brand Equity Scale, Journal of Marketing Theory & Practice, 10, 1, S. 46-61.

Webster, F. (1968), Interpersonal Communication and Salesman Effectiveness, Journal of Marketing, 32 (Juli), S. 7-13.

Webster, F., Wind, Y. (1972), A General Model for Understanding Organizational Buying Behavior, Journal of Marketing, 36 (April), S. 12-19.

Weeks, W., Kahle, L. (1990), Salespeople's Time Use and Performance, Journal of Personal Selling & Sales Management, 10 (Februar), S. 29-37.

Weitz, B. (1981), Effectiveness in Sales Interactions: A Contingency Framework, Journal of Marketing, 45 (Winter), S. 85-103.

Weitz, B., Bradford, K. (1999), Personal Selling and Sales Management: A Relationship Marketing Perspective, Journal of the Academy of Marketing Science, 27, 2, S. 241-254.

Weitz, B., Sujan, H., Sujan, M. (1986), Knowledge, Motivation, and Adaptive Behavior: A Framework for Improving Selling Effectiveness, Journal of Marketing, 50 (Oktober), S. 174-191.

Widmier, S. (2002), The Effects of Incentives and Personality on Salesperson´s Customer Orientation, Industrial Marketing Management, 31, 7, S. 609-615.

Wieseke, J., Homburg, C., Lee, N. (2008), Understanding the Adoption of New Brands Through Salespeople: A Multilevel Framework, Journal of the Academy of Marketing Science, 36, 2, S. 278-291.

Wieseke, J., Ullrich, J., Christ, O., Dick, R. (2007), Organizational Identification as a Determinant of Customer Orientation in Service Organizations, Marketing Letters, 18, 4, S. 265-278.

Williams, M. (1998), The Influence of Salespersons' Customer Orientation on Buyer-Seller Relationship Development, Journal of Business & Industrial Marketing, 13, 3, S. 271-287.

Williams, M., Attaway, J. (1996), Exploring Salespersons' Customer Orientation as a Mediator of Organizational Culture's Influence on Buyer-Seller Relationships, Journal of Personal Selling & Sales Management, 16, 4, S. 33-52.

Williams, B., Plouffe, C. (2007), Assessing the Evolution of Sales Knowledge: A 20-Year Content Analysis, Industrial Marketing Management, 36, 4, S. 408-419.

Williams, K., Spiro, R. (1985), Communication Style in the Salesperson-Customer Dyad, Journal of Marketing Research, 22 (November), S. 434-442.

Williams, K., Spiro, R., Fine, L. (1990), The Customer-Salesperson Dyad: An Interaction/Communication Model and Review, Journal of Personal Selling & Sales Management, 10, 3, S. 29-43.

Winkelmann, P. (2008), Vertriebskonzeption und Vertriebssteuerung – Die Instrumente des integrierten Kundenmanagements (CRM), 4. Auflage, München.

Wray, B., Palmer, A., Bejou, D. (1994), Using Neural Network Analysis to Evaluate Buyer-Seller Relationships, European Journal of Marketing, 28, 10, S. 32-48.

Yagil, D. (2001), Ingratiation and Assertiveness in the Service Provider - Customer Dyad, Journal of Service Research, 3, 4, S. 345-353.

Zahn, E. (1997), Vertrieb und Verkauf 2000, München.

Zeithaml, V., Berry, L., Parasuraman, A. (1996), The Behavioral Consequences of Service Quality, Journal of Marketing, 60 (April), S. 1-46.

GABLER RESEARCH

Schriftenreihe des Instituts für Marktorientierte Unternehmensführung (IMU),
Universität Mannheim
Hrsg.: Prof. Dr. Hans H. Bauer, Prof. Dr. Dr. h.c. mult. Christian Homburg und
Prof. Dr. Sabine Kuester
zuletzt erschienen:

Carmen-Maria Albrecht
Einkaufsstress
Messung, Determinanten und Konsequenzen
2009. XVII, 239 S., 8 Abb., 53 Tab., Br. € 59,90
ISBN 978-3-8349-2020-1

Tobias Donnevert
Markenrelevanz
Messung, Konsequenzen und Determinanten
2009. XVII, 278 S., 20 Abb., 66 Tab., Br. € 59,90
ISBN 978-3-8349-1564-1

Anja Düll
Aktive Produktindividualisierung
Ansatzpunkte zur nutzerorientierten Konzeption von Mass-Customization-Angeboten
im Konsumgütermarkt
2009. XVIII, 236 S., 10 Abb., 21 Tab., Br. € 49,90
ISBN 978-3-8349-1518-4

Isabel Martin
Kundenbindung im beratungsintensiven Einzelhandel
Eine empirische Untersuchung unter besonderer Berücksichtigung
von Konsumentenheterogenität
2009. XVIII, 278 S., 16 Abb., 45 Tab., Br. € 59,90
ISBN 978-3-8349-1600-6

Michael Müller
Effektives Verhalten von Vertriebsmitarbeitern im Kundenkontakt
Eine branchenübergreifende Untersuchung
2010. XVI, 197 S., 28 Abb., 18 Tab., Br. € 59,95
ISBN 978-3-8349-2206-9

Viviana Steiner
Modellierung des Kundenwertes
Ein branchenübergreifender Ansatz
2009. XVII, 164 S., 13 Abb., 21 Tab., € 49,90
ISBN 978-3-8349-1626-6

Änderungen vorbehalten. Stand: Dezember 2009.
Erhältlich im Buchhandel oder beim Verlag.
Gabler Verlag . Abraham-Lincoln-Str. 46 . 65189 Wiesbaden . www.gabler.de

GABLER

imu Institut für
Marktorientierte
Unternehmensführung
Kompetenz in Wissenschaft & Management
Prof. Dr. Hans H. Bauer,
Prof. Dr. Dr. h.c. mult. Christian Homburg,
Prof. Dr. Sabine Kuester

UNIVERSITÄT MANNHEIM

Institut für Marktorientierte Unternehmensführung (IMU)

Direktoren Professor Dr. Hans H. Bauer,
Professor Dr. Dr. h.c. mult. Christian Homburg und
Professorin Dr. Sabine Kuester

- **Praxisorientierte Arbeitspapiere („Management Know-How") zu aktuellen Themen in Marketing, Vertrieb und Unternehmensführung**

- **Wissenschaftliche Arbeitspapiere zu aktuellen Forschungsfragen in Marketing, Vertrieb und Unternehmensführung**

Weitere Informationen erhalten Sie beim IMU, Universität Mannheim, L5, 1, 68131 Mannheim (Telefon: 0621 / 181-1755) oder besuchen Sie unsere Internetseite: www.imu-mannheim.de.

Von der Promotion zum Buch

↗

WWW.GABLER.DE

Sie haben eine wirtschaftswissenschaftliche Dissertation bzw. Habilitation erfolgreich abgeschlossen und möchten sie als Buch veröffentlichen?

Zeigen Sie, was Sie geleistet haben.
Publizieren Sie Ihre Dissertation als Buch bei Gabler Research.
Ein Buch ist nachhaltig wirksam für Ihre Karriere.
Nutzen Sie die Möglichkeit mit Ihrer Publikation bestmöglich sichtbar und wertgeschätzt zu werden – im Umfeld anerkannter Wissenschaftler und Autoren.
Qualitative Titelauswahl sowie namhafte Herausgeber renommierter Schriftenreihen bürgen für die Güte des Programms.

Ihre Vorteile:

- Kurze Produktionszyklen: Drucklegung in 6-8 Wochen
- Dauerhafte Lieferbarkeit print und digital: Druck + E-Book in SpringerLink Zielgruppengerechter Vertrieb an Wissenschaftler, Bibliotheken, Fach- und Hochschulinstitute und (Online-)Buchhandel
- Umfassende Marketingaktivitäten: E-Mail-Newsletter, Flyer, Kataloge, Rezensionsexemplar-Versand an nationale und internationale Fachzeitschriften, Präsentation auf Messen und Fachtagungen etc.

▶ Möchten Sie Autor beim Gabler Verlag werden? Kontaktieren Sie uns!

Ute Wrasmann | Lektorat Wissenschaftliche Monografien
Tel. +49 (0)611.7878-239 | Fax +49 (0)611.7878-78-239 | ute.wrasmann@gabler.de

KOMPETENZ IN SACHEN WIRTSCHAFT **GABLER**